城市轨道交通概论

主　编　李　璐
副主编　陈聪聪　徐　石
主　审　马　驷

北京理工大学出版社
BEIJING INSTITUTE OF TECHNOLOGY PRESS

内 容 简 介

本书以概念和基本原理为主，相关章节内容注意了与后续相关专业相衔接，使学生能够了解城市轨道交通系统相关基础知识，掌握轨道交通系统规划、运营管理方面的基本理论、基本方法以及其中的关键技术。全书主要内容包括：绪论、城市轨道交通线路与车站、城市轨道交通车辆系统、城市轨道交通供电系统、城市轨道交通通信与信号系统、城市轨道交通车站设备系统、城市轨道交通运营管理、城市轨道交通安全管理共八章。

图书在版编目（ＣＩＰ）数据

城市轨道交通概论 / 李璐主编. --北京：北京理工大学出版社，2022.7

ISBN 978-7-5763-1457-1

Ⅰ.①城… Ⅱ.①李… Ⅲ.①城市铁路-轨道交通-概论-高等学校-教材 Ⅳ.①U239.5

中国版本图书馆 CIP 数据核字（2022）第 114156 号

出版发行 / 北京理工大学出版社有限责任公司
社　　址 / 北京市海淀区中关村南大街 5 号
邮　　编 / 100081
电　　话 / （010）68914775（总编室）
　　　　　　（010）82562903（教材售后服务热线）
　　　　　　（010）68944723（其他图书服务热线）
网　　址 / http：//www.bitpress.com.cn
经　　销 / 全国各地新华书店
印　　刷 / 涿州市新华印刷有限公司
开　　本 / 787 毫米×1092 毫米　1/16
印　　张 / 14　　　　　　　　　　　　　　　　责任编辑 / 王晓莉
字　　数 / 329 千字　　　　　　　　　　　　　文案编辑 / 王晓莉
版　　次 / 2022 年 7 月第 1 版　2022 年 7 月第 1 次印刷　　责任校对 / 刘亚男
定　　价 / 68.00 元　　　　　　　　　　　　　责任印制 / 李志强

前　　言

　　为适应我国城市轨道交通快速发展对高层次运输组织管理人才的需要，全书根据我国城市轨道交通运输发展实践，在吸收既有城市轨道交通系列规划教材基本内容基础上，以概念和基本原理为主，相关章节内容注意了与后续相关专业课相衔接，使学生能够了解城市轨道交通系统相关基础知识，掌握轨道交通系统规划、运营管理方面的基本理论、基本方法以及其中的关键技术。

　　本教材主要内容包括：绪论、城市轨道交通线路与车站、城市轨道交通车辆系统、城市轨道交通供电系统、城市轨道交通通信与信号系统、城市轨道交通车站设备系统、城市轨道交通运营管理、城市轨道交通安全管理共八章。

　　参加本书编写工作的人员：李璐（第三章、第七章）、陈聪聪（第四章）、徐石（第一章、第二章）、陈玲娟（第六章第三节、第四节、第五节）、占曙光（第六章第六节、第七节、第八节、第九节）、朱翠翠（第五章）、亓新凤（第八章）、楚红强（第六章第一节、第二节、第三节）。全书由李璐主编，西南交通大学马驷主审。

　　本书适合高等学校轨道交通运输专业学生使用，也可供从事城市轨道交通运营与管理的相关技术人员参考。

　　本书在编写过程中得到了多位同行和领导的大力支持和帮助，在此一并表示感谢。

　　由于本书涵盖内容较广，加之编写时间较紧和编者业务水平及所掌握资料有限，在全书内容组织和文献材料取舍方面，难免存在诸多不当和疏漏之处，热忱欢迎各位专家及读者批评指正。

编　者

2022 年 4 月

目　　录

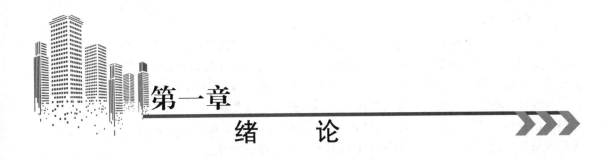

第一章

绪　论

第一节　城市轨道交通的产生与发展

一、城市轨道交通发展概述

（一）世界城市轨道交通的发展史

世界上最早的地铁是英国伦敦的大都会地铁，建于 1863 年，其干线长度约 6.5 km，采用蒸汽机车，1843 年英国人皮尔逊为伦敦市设计了世界上最早的城市地铁系统，由于种种原因，10 年后，英国议会才批准在法林顿和主教路之间修一条长不足 6 km 的地铁。经过近 10 年的建设，地铁初具规模。1863 年 1 月，"大都会地区铁路"正式开始营业。大都会地铁在 1890 年拥有第一辆可操作电动列车，1933 年成为综合交通运输系统的一部分，1985 年伦敦地铁网络成为一个单一的实体。大都会地铁至今已经历了 100 多年，目前这条地铁已延伸至 88.5 km，有 61 个车站，是当今世界上最长的一条地下铁道。

其他城市不久也纷纷仿效伦敦。布达佩斯地铁在 1896 年开通；波士顿地铁在 1897 年开通；巴黎通往郊区的地铁在 1900 年开通；纽约在 1904 年也开通了地铁。

1. 世界地铁之最

最古老的地铁是伦敦地铁，建于 1863 年。

车站最多的地铁是纽约地铁一期工程，共有 468 个车站，建于 1904 年。

最繁忙的地铁是北京地铁，日均客运量突破 1 000 万人次。

最深的地铁是朝鲜平壤市的地铁，由于地质原因，路线和车站都离地面七八十米深。

2. 纽约地铁

纽约地铁是美国纽约市的城市轨道交通系统，由纽约市政府拥有。纽约地铁是世界上最著名的十大地铁之一，也是国际地铁联盟（COMET）的成员。作为世界上最庞大的城市轨道交通系统，纽约地铁已经有 468 个站投入使用，运营长度 416 km，总铺轨长度长达约 1 370 km。纽约地铁全年提供 24 h 服务，车站覆盖纽约的曼哈顿、布鲁克林、皇后区和布朗克斯，另外斯塔滕岛上的斯塔滕岛铁路并未被官方认可为纽约地铁系统的一部分，而该铁路亦无任何铁轨与纽约地铁系统相连接，乘客若需前往纽约市的其他地区，必须乘坐斯塔滕岛渡轮或公交车。

3. 莫斯科地铁

莫斯科地铁，全称为列宁莫斯科市地铁系统，莫斯科地铁之所以广为人知，除了全世界最高（之一）的使用效率外，其精妙绝伦的造型设计，更是为其赢得了世界最漂亮地铁的美誉。莫斯科地铁站的建筑造型各异，华丽典雅。每个车站都由国内著名建筑师设计，各有其独特风格，建筑格局也各不相同，多用五颜六色的大理石、花岗岩、陶瓷和五彩玻璃镶嵌出各种浮雕、雕刻和装饰，照明灯具十分别致，好像富丽堂皇的宫殿，享有"地下的艺术殿堂"之美称。图 1-1 所展示的是其中一个车站的装饰。

图 1-1　莫斯科地铁站

（二）我国城市轨道交通的发展史

20 世纪 50 年代，我国开始筹备北京地铁网络建设，在 1965—1976 年建设了北京地铁一期工程（54 km）。随后建设了天津地铁（71 km，现已拆除重建）、哈尔滨人防隧道等工程。该阶段地铁建设主要突出人防功能。

20 世纪 80 年代末 90 年代初，我国仅有上海、北京、广州等几个大城市规划建设轨道交通。该阶段地铁建设开始真正以城市交通为目的。

进入 20 世纪 90 年代，一批省会城市开始筹划建设轨道交通项目，纷纷进行地铁建设的前期工作。由于要求建设的项目较多且工程造价高，1995 年 12 月国务院发布国办 60 号文，暂停了地铁项目的审批。同时，国家计委开始研究制定城市轨道交通设备国产化政策。该阶段政府通过研究制定相应政策来指导地铁的规划建设。1999 年以后，国家逐步鼓励大中城市发展城市轨道交通。

近 30 年来，中国城市轨道交通逐步进入稳步、有序和快速发展阶段，尤其是近 10 年来，由于国家政策的正确引导和相关城市对规划建设轨道交通的积极努力，轨道建设从发展速度、规模和现代化水平方面，都突显了后发优势。但是，与世界发达国家大城市的轨道交通发展现状相比，差距还很大。中国城市还均未形成有效的轨道交通运行网络，总体规模不大。

从我国城市轨道交通行业发展现状来看，近几年我国城市轨道交通保持快速发展势头，按照2020年总里程达到6 000 km计算，"十三五"期间每年要完成500 km，保持快速发展趋势。我国的城市轨道交通事业处在蓬勃发展时期，在未来20~30年会一直处于向上发展态势，这样的形势对城市轨道交通来说是一个千载难逢的历史机遇。

1. 北京地铁

北京地铁是我国大陆最早开始修建并通车的地铁系统。截至2022年7月，北京地铁运营线路共有27条、运营里程783 km，共设车站463座。在建线路15条，预计到2025年，北京地铁将形成总长1 177 km的轨道交通网络。

1953年，朝鲜战争结束后，中共北京市委首次提出修建地下铁道。参考苏联莫斯科地铁在战争中的重要作用，当时的地铁主要是以守卫北京为初衷设计的。由于中苏交恶，北京地铁的筹建工作曾搁置了几年。

1969年10月1日，北京地铁一期工程完工。这条我国大陆最早的地铁线路，全长23.6 km，共有17座车站。但是由于技术原因，运行事故时有发生。在试运行10余年后，1981年，北京地铁对外开放，并交由北京市地铁运营公司管理。

2010年，北京地铁亦庄线全线开通（图1-2）。亦庄线是我国第一条国产CBTC信号系统（Communication Based Train Control System）的示范线。信号系统以北京交通大学自主研发的ATP/ATO（Automatic Train Protection/Automatic Train Operation）系统作为核心技术进行深度集成，实现轨道交通信号核心技术国产化，对促进国内轨道交通行业技术水平发展具有重要意义。

在2019年12月20日，燕房线实现最高等级全自动运行，列车全过程无须人工操作；2021年，燕房线成功实现无人值守的全自动运营。

2. 北京磁浮

北京地铁S1线，又称北京磁浮线（图1-3），是北京首条中低速磁浮线路，中国第二条中低速磁浮线路（第一条是长沙磁浮快线，于2016年5月6日正式通车，是中国首条拥有完全自主知识产权的中低速磁浮铁路），于2017年12月30日开通。线路起于金安桥站，途经石景山区、门头沟区，贯穿门头沟、石景山，止于石厂站，是北京西部居民出行的重要交通线路。线路全长10.2 km，其中高架线9 953 m、隧道段283 m；共设置8座车站，全为高架站；采用标准B型列车。北京磁浮设计的最高时速为120 km/h，运行速度为100 km/h。

图1-2 北京地铁亦庄线

图1-3 北京磁浮列车专线S1线

3. 上海地铁

上海地铁第一条线路——上海轨道交通 1 号线，于 1993 年 5 月 28 日正式运营，是继北京地铁、天津地铁建成通车后中国大陆投入运营的第三个城市轨道交通系统。截至 2018 年 12 月，上海地铁运营线路共 16 条，共设车站 415 座（含磁浮线 2 座），运营里程共 705 km（含磁浮线 29 km），是我国地铁里程最长的城市。根据规划，上海市城市轨道交通 2030 年将形成线网总长度达 1 642 km，其中地铁线 1 055 km 的庞大轨道交通网络。

4. 上海磁浮

上海磁浮列车专线（图 1-4）西起上海轨道交通 2 号线的龙阳路站，东至上海浦东国际机场，全长 29.863 km，是中德合作开发的世界第一条磁浮商运线。2003 年 1 月 4 日正式开始商业运营，全程只需 8 分钟。上海磁浮设计的最高时速为 430 km/h，部分路段运行速度为 300 km/h。

5. 重庆轨道

重庆轨道交通于 2005 年 6 月 18 日正式开通运营，是中国西部地区第一个城市轨道交通系统。由于其"山城"的独特地理环境，重庆城轨采用了特有的轨道交通形式——跨座式单轨（图 1-5）。

图 1-4　上海磁浮列车专线

图 1-5　跨座式单轨

跨座式单轨是指通过单根轨道来支撑、稳定和导向，车体骑跨在轨道梁上运行的铁路。由于其载人较少，跨座式单轨的爬坡能力非常强，极大地适应了重庆多山的特点。除此之外，跨座式单轨还具有适应性强、噪声低、转弯半径小等优点，速度可以达到 80 km/h，但是运力相对不足。

6. 香港地铁

提到城轨的覆盖密度，人们的第一印象往往是东京的城轨，然而实际上，中国香港的城轨密集程度胜过东京。建成区只有大概 180 km² 的中国香港，却拥有近 264 km 的城市轨道线路，平均高达 1.47 km/km²，而东京的此项数据仅仅为 0.94（东京都 23 区面积 621.97 km²，城轨总长 584.8 km，2014 年数据）。根据 Arthur D. Little 公布的数据，中国香港的交通指数排名世界第一，香港地铁可谓功不可没。

二、城市轨道交通的概念与特点

在中国国家标准《城市公共交通常用名词术语》中，城市轨道交通定义为"通常以电能为动力，采取轮轨运转方式的快速大运量公共交通的总称"，具有运量大、速度快、安全、准点、保护环境、节约能源和用地等特点，包括地铁、轻轨、快轨、有轨电车等。

一般来说，城市轨道交通可以按照以下方式进行分类。

（一）按构筑物的形态或轨道相对于地面的位置，城市轨道交通可分为 3 类

（1）地下铁路：位于地下隧道内的那部分铁路称为地下铁路。

（2）地面铁路：位于地面的铁路称为地面铁路。

（3）高架铁路：位于地面之上高架桥的铁路称为高架铁路。

（二）按服务范围和列车运营组织方式，城市轨道交通可分为 3 类

（1）传统的城市轨道交通：服务范围以中心城区为主，包括城市与郊区、机场之间的传统的城市轨道交通，通常站间距在 5km 以内。

（2）区域快速铁路：服务范围包括城市郊区的轨道交通系统，通常站间距较大，含有地面线路或高架线路。

（3）市郊铁路：位于城市范围内、部分或全部服务于城市客运的那些城市间铁路，通常其所有权不属于所在的城市政府，而由铁路部门经营，主要运送往返于城市郊区与市区的乘客，故也称通勤铁路。这种铁路通常在郊区采用平交道口形式，在市区采用高架或地下铁路的立交形式。其站距长，运营组织方式与城市间铁路相近，可开行不停靠全部或部分中间站的直达列车；为减少环境污染，多采用电气化牵引方式。纽约、东京等国际大都市的市郊铁路都很发达，营业里程达到 2 000 km 以上。

（三）城市轨道交通的特点

世界上繁华的大城市通常都建有发达的轨道交通，尤其是地铁被认为是现代化大城市解决交通问题的根本性手段。城市轨道交通相较其他公共交通有如下优势：

（1）运输能力：城市轨道交通由于高密度运转，列车行车时间间隔短，行车速度快，列车编组辆数多而具有较大的运输能力。

（2）安全性：地铁和轻轨或深埋地下，或高架空中，即便行驶于地面也是全封闭的。每条轨道交通线路都采用双线独立运营，与地面交通之间完全是立交关系，因此其运营十分安全，比道路交通的安全性高得多，而且可全天候运行。

（3）正点率：正因为采取独立运营和立交方式，最大限度地避免了交通事故和交通阻塞，因此能确保行车的正点率在 98% 以上。在北京和上海乘地铁已经成为"上班族"出行的首选交通方式。

（4）舒适性：无论是在地铁车站，还是在车厢里，冬暖夏凉四季如春的小气候、柔和的色彩、明亮的灯火、优雅的环境，是颠簸急转的地面公共交通望尘莫及的。

（5）节能性：城市轨道交通车辆都采用电动车组，以电为牵引动力；而通常的城市地面车辆除电车外都是以柴油或汽油为能源。每一单位运输量的能源消费量，轨道交通系统仅为公共汽车的 3/5、私人用车的 1/6。所以说现代化的城市轨道交通是节能型的交通。

（6）环保性：城市轨道交通采用电气牵引，不产生废气污染。城市轨道交通的发展，还能减少公共汽车的数量，进一步减少了汽车的废气污染。唯一可能带来负面影响的是地

面线或高架路段列车行驶中产生的噪声污染，但采取必要的措施，如采用减震道床、隔声屏障或胶轮车等是可以防治的，而且轨道交通所产生的噪声是一种"集中型噪声"，人均噪声小，易于治理。

（7）空间利用：大城市地面拥挤、土地费用昂贵。城市轨道交通由于充分利用了地下和地上空间，不占用地面街道，能有效缓解由于汽车大量发展而造成的道路拥堵，有利于城市空间的合理利用，特别有利于缓解大城市中心区过于拥挤的状态，从而提高了土地利用价值，改善了城市景观。

第二节 城市轨道交通的类型

一、城市轨道交通的分类

（一）国外对城市轨道交通的分类

日本在铁道事业法实施规则中将铁道种类分为普通铁道（在两条钢轨上行驶的车辆，包括新干线、轻便铁道）、悬挂式铁道（悬挂式单轨）、跨座式铁道（跨座式单轨）、案内轨条式铁道（导轨巴士、自动导轨车辆）、无轨条铁道（无轨电车）、钢索铁道（缆车）、浮上式铁道（磁浮列车）和其他共8类。

法国的轨道交通制式主要分为：TGV、Inter City-Corail、RER/TER、Metro（包括VAL系统、胶轮系统）和Tramway（包括Guided Trolley）。

（二）我国城市轨道交通的定义分类

按照我国现行公共交通分类标准所确立的城市轨道交通体系，城市轨道交通系统分为地铁、轻轨、单轨、有轨电车、磁浮、自动导向轨道系统、市域快速轨道系统7类。

1. 地铁系统

地铁是一种大运量的轨道交通运输系统，采用钢轮钢轨体系，标准轨距为1 433 mm，主要在大城市地下空间建筑的隧道中运行，当条件允许时，也可穿出地面，在地上或高架桥上运行。按照选用车型不同，又可分为常规地铁和小断面地铁，根据线路客运规模不同，又可分为高运量地铁和低运量地铁。

2. 轻轨系统

轻轨系统是一种中运量级的轨道运输系统，采用钢轮钢轨体系，标准轨距为1 435 mm，主要在城市地面或高架桥上运行，线路采用地面专用轨道或高架桥，遇繁华街区，也可以进入地下或与地铁接轨。

3. 单轨系统

单轨系统是一种车辆与特制轨道梁组合成一体运行的中运量轨道运输系统，轨道梁不仅是车辆的承重结构，同时是车辆运行的导向轨道。单轨系统的类型主要有两种，一种是车辆跨骑在单根梁上运行的方式，称为跨座式单轨系统，另一种是车辆悬挂在单根梁上运行的方式，称为悬挂式单轨系统。

4. 有轨电车

单车或铰链式有轨电车是一种低运量的城市轨道交通，电车轨道主要铺设在城市道路路面上，车辆与其他地面交通混合运行，根据街道条件，又可分为混合车道、半封闭专用车道和全封闭专用车道。

5. 磁浮系统

磁浮系统在常温条件下，利用电导磁浮技术使列车上浮，因此车厢不需要车轮、车轴、齿轮传动机构和架空输电线网，列车运行方式为悬浮状态，采用直线电机驱动形式，现行标准轨距为 2 800 mm，主要在高架桥上运行，特殊地段也可在地面上或地下隧道中运行。目前，磁浮系统主要有两种基本类型，一种是高速磁浮列车，其最高速度可达 500 km/h，另一种是中低速磁浮列车，其最高速度为 100 km/h。

6. 自动导向轨道系统

自动导向轨道系统，是一种车辆采用橡胶轮胎在专用轨道上运行的中运量旅客运输系统，其列车沿着特制的导向装置行驶，车辆运行和车站管理采用计算机控制，可实现全自动化和无人驾驶，通常在繁华市区的线路采用地下隧道，市区边缘或郊外采用高架结构。

7. 市域快速轨道系统

市域快速轨道系统是一种大运量的轨道系统，客运量可达 20 万~45 万人次/日（一般不采用高峰小时客运量的概念）。市域快速轨道交通系统适用于城市区域内重大经济区之间中长距离的客运交通。市域快速轨道列车，主要在地面或高架桥上运行，必要时也可采用隧道。当采用钢轨体系时，标准轨距为 1 435 mm，由于线路较长，站间距相应较大，必要时可不设中间车站，因此可选用最高速度在 120km/h 以上的快速专用车辆，也可选用中低速磁浮列车，其运行比较经济。

二、城市轨道交通的技术制式

城市轨道交通的制式主要包括车辆制式、最高运行速度、列车编组与运输能力、供电制式等。

（一）车辆制式

随着城市轨道交通建设规模的扩大，轨道交通车辆制式也逐步多样化。目前的车辆制式有：普通轮轨车辆、胶轮导向车辆、单轨车辆、磁浮车辆、自动导轨车辆、直线电机车辆、索轨交通。

（1）普通轮轨车辆：由旋转电机牵引，钢轮钢轨支承、导向、驱动，车辆编组运行的轨道交通车辆。它是应用最早、最成熟、最广泛的一种轨道交通车辆系统。主要有 A 型车、B 型车和 C 型车，适合大、中运量的旅客输送，高峰小时单向运输能力可达到 2 万~7 万人。

（2）胶轮导向车辆：由旋转电机牵引，胶轮混凝土轨道支撑、驱动，专用导向装置导向，车辆编组运行的城市轨道交通车辆。于 20 世纪 50 年代始创于法国，是将一些技术装备、线路工程已经老化和陈旧的地铁线路改良，在原有线路基础上加入一些设施，在车辆上增加胶轮行走装置而形成的一种新的车辆制式。而 20 世纪 60 年代，日本研制出了一种新的胶轮地铁制式。鉴于城市化的迅速发展和第 11 届冬奥会的召开，1964 年 11 月，日本札幌市交通当局决定采用一种充气橡胶轮的胶轮车辆制式，该制式具有噪声低等特点。法国和日本的胶轮地铁虽然形成和发展过程不同，但都没有得到普遍发展。除了法国和受法国影响的几座城市（蒙特利尔、墨西哥城、圣地亚哥）之外，世界上没有其他地方建设有这种同时附有钢轮钢轨行走系统的胶轮地铁。而日本除了札幌市，也没有其他城市建设这种胶轮行走系统的地铁。

（3）单轨车辆：由旋转电机索引，胶轮轨道梁支撑、驱动，具有特殊导向和转折装置，车辆与特制轨道梁一体运行的一种中低运量轨道交通车辆制式。按其走行模式和构造的不同，分为跨座式单轨（Straddle Monorail）和悬挂式单轨（Suspended Monorail）两种类型。单轨交通起步和发展于西欧，20 世纪七八十年代在日本得到长足发展。目前，在美国、中国，以及东南亚等地的一些城市，也开始采用这种交通工具作为城市骨干交通或者其他短途客运交通。目前，世界各国建成的单轨交通已有 50 多条。

（4）磁浮车辆：由直线电机牵引，依靠电磁力悬浮、导向，编组运行在专用特制轨道上的中低运量轨道交通车辆。磁浮列车按系统可分为常导型磁浮列车和超导型磁浮列车，按速度分为高速磁浮列车和中低速磁浮列车。目前，比较有代表性的磁浮系统有德国的 Transpid、日本的 MLX 和 HSST、美国的 Magplane 等。超高速磁浮以日本的 MLX 和德国的 TR 系统为代表，适用于长大干线；日本的 HSST 系统适用于城市内的轨道交通；美国的 Magplane 适用于城市内和城市间的轨道交通。目前德国的 TR 系统比较成熟，已经在中国上海投入商业运营；日本的 HSST 也已经在日本名古屋建成商业运营线——东部丘陵线；日本的 MLX 技术还不成熟，处在实验阶段；美国 Magplane 正在筹建 1：1 工程试验线。

（5）自动导轨车辆：自动导轨车辆（Automated Guide-way Transit，AGT）是由旋转电机牵引，胶轮平板轨道支承、驱动，导向轨导向，计算机控制，单车或编组自动运行的中低运量轨道交通车辆。根据导向轨布置的位置不同，可以分为中央导向和两侧导向两种形式。具有造价低、运行灵活、安全可靠、污染较低等诸多优点，目前很多发达国家都在积极应用这种系统，其基本上是小运量的轨道交通系统。

（6）直线电机车辆：由直线电机牵引，钢轮钢轨支承、导向，依靠电磁力非黏着驱动，编组运行的中运量轨道交通车辆。直线电机技术问世以后，在加拿大、日本、俄罗斯、中国等国家都有着成功的运营经验，是一种应用前景较为广泛的城市轨道交通技术。

（7）索道交通车辆：由旋转电机牵引，胶轮索轨支撑、导向、驱动，车辆编组悬吊在轨道板下自主运行的低动量轨道交通车辆。索道车辆本身带有牵引动机装置，采用橡胶走行轮行驶于轨道面板上，可以进行编组行驶，具有稳定的载客量和运行速度，因而算作轨道交通的一种。索道车辆虽然是从普通缆车发展而来的，但其强大的功能和先进的技术是普通缆车无法比拟的。

（二）列车编组

1. 列车编组的分类

城市轨道交通车辆都可以采用编组运行的方式，不同的轨道交通系统编组辆数不同。一般为 3~8 辆编组，最高编组可达 10 辆（非城际轨道交通），而有轨电车通常采用单车运行或最多 2 辆编组。

考虑到客流量将逐年增加，按不同设计年限可以采用不同的编组形式。车辆编组形式通常有全动车编组、动拖车混合编组和单元车组 3 种方式。

（1）全动车编组：可以根据客流变化，灵活调整车辆编组辆数，而且具有整车性能不降低的优点，轴重分布均匀，全部可以采用电制动，易于控制，反应快，机械磨损小。但这种编组方式要求每辆都有独立的牵引控制系统，轴重较大，电机总功率较大，耗电量增加，维修和保养工作量增加。

（2）动拖车混合编组：根据具体情况，适当地增加动车和拖车，电机功率利用率较高，设备集中，维修方便，维修工作量小。但车辆种类增加，动车轴重较大，拖车轴重较小，全列车重量分配不均匀。

（3）单元车组：将几辆动车和拖车通过半永久式车钩固定连接成为一个车组，根据客流量确定列车单元个数的多少。这种编组方式，可以统一考虑设备布置——设备数量减少，设备能得到充分利用，重量分配均匀，维修工作量减少。列车由几个单元车组组成，这可能造成满载率过高或过低的现象。

2. 国内列车编组现状

国内目前常见的车辆编组方式及典型线路如下：

3 辆编组：广州 3 号线（初期）。

4 辆编组：广州 4 号线，北京机场线。

5 辆编组：苏州 1 号线、2 号线。

6 辆编组：广州 1 号线、2 号线、5 号线，深圳 1 号线、2 号线、3 号线、4 号线、5 号线。

8 辆编组：上海 1 号线，北京 6 号线。

（三）最高运行速度

最高运行速度应根据初步确定的牵引特性曲线，结合线路条件、站间距以及旅行的速度和时间的要求等进行模拟计算，以科学合理地选择既实用又经济的最高运行速度。

（1）国内外最高运行速度现状：线路长度、线路条件、站间距以及乘客旅行时间需求是选择车辆最高运行速度的主要依据。目前国内外主要城市轨道交通车辆的最高运行速度如表 1-1 所示。

表 1-1 国内外主要城市轨道交通车辆的最高运行速度

车辆类型	最高运行速度/(km·h⁻¹)
普通轮轨系统（A 型车、B 型车、C 型车）	60~140
直线电机系统	90~110
自动导轨系统	60~80
单轨系统	80
有轨电车系统	60~70
中低速磁浮系统	100~120

（2）最高运行速度的选择：考虑到各线长度及平均站间距离有一定差别，因此应对几个相关的列车性能进行计算，以推断其合适的站间距离以及能达到的行驶速度。不同最高运行速度下的列车最小站间距及旅行速度如表 1-2 所示。

表1-2 不同最高运行速度下的列车最小站间距离及旅行速度表

序号	最高运行速度/ (km·h⁻¹)	启动加速度/ [m·(s²)⁻¹]	制动加速度/ [m·(s²)⁻¹]	启动至停止时间/s	惰行时间/s	停站时间/s	启动至停止距离/m	最小站间距/km	旅行速度/ (km·h⁻¹)
1	80	0.6	1	60	5	15	658	0.77	35
2	100	0.55	1	79	10	20	1 088	1.37	45
3	120	0.5	1	100	15	25	1 667	2.17	55
4	140	0.45	1	126	20	30	2 437	3.22	66
5	160	0.4	1	156	30	40	3 457	4.79	76
6	200	0.35	1	215	60	60	5 635	9.29	100

三、城市轨道交通的制式选择

(一)影响因素分析

选择车辆制式时,应首先考虑城市自身条件,满足城市地形及客流要求,而不必片面追求形式上的新颖和所谓技术上的先进,在此基础上,再对车辆制式本身进行综合评价,选出经济效益最好的车辆制式。在进行车辆制式选择时,应着重考虑以下几个因素:

(1)运量等级要求:应依据预测的高峰断面显示单向最大客流来选择载客量适当、数量合适的车辆,并对近、远期客流有足够扩充余地。车辆载客量主要由车辆定员、编组、行车间隔、旅行速度来决定。各种车辆制式的客运能力及定位如表1-3所示。

表1-3 车辆制式的客运能力及定位

客运能力	普通轮轨	胶轮地铁	单轨车辆	直线电机	中低速磁浮	自动导轨	索道交通
编组	4~10	4~10	2~8	4~10	3	2~6	2~10
高峰/万人次	1~8	1~8	0.4~3	1~5	1	0.3~1	0.5
客运量单位	大中运量	大中运量	中运量	大中运量	中低运量	低运量	低运量

(2)线路条件的适应性:轨道交通线路大多运行在市区和近郊,为适应地形,往往线路的曲线半径小,坡度较大,铺设方式也是多种多样,这要求车辆制式满足复杂多变的线路工程条件,如表1-4所示。

表1-4 车辆制式对线路条件和气候条件的适应性

线路条件	普通轮轨		胶轮车辆	单轨车辆	直线电机	中低速磁浮	自动导轨	索道交通
	地铁	轻轨						
最小曲线半径/m	300,困难250	50	100	100	80,车辆段可取35	50	30,困难时25	50
最大坡度/‰	30~35	60	60	50~60	60~80	70	60	70~90

续表

线路条件	普通轮轨		胶轮车辆	单轨车辆	直线电机	中低速磁浮	自动导轨	索道交通
	地铁	轻轨						
铺设方式	灵活	灵活	灵活	高架	灵活	灵活	灵活	高架
气候适应性	雨雪天较差	雨雪天较差	雨雪天较差	雨雪天较差	无黏着驱动,雨雪天性能较好	无黏着驱动,雨雪天性能较好	雨雪天较差	易受风速和雷电影响

（3）技术安全可靠：轨道交通是城市大型的公共交通设施，轨道交通的安全是重中之重。进行车辆制式选择时也应该首选那些供电、信号等相关技术成熟可靠、有成功的商业运行经验的车辆制式。除考虑技术的安全可靠之外，还应考虑车辆与设备的安全性能、安全储备和二次救援能力，在突发事件下，能否进行有效的乘客疏散或实施救援也同样十分重要。各种车辆制式的安全可靠性和二次救援能力见表1-5。

表1-5 车辆制式的安全可靠性和二次救援能力

安全可靠性	普通轮轨	胶轮地铁	单轨车辆	直线电机	中低速磁悬浮	自动导轨	索道交通
运营线路	有	有	有	有	有	有	无
二次救援能力	可在路侧设置应急走行道，安全疏散有保障	可在路侧设置应急走行道，安全疏散有保障	线路高架，轨道梁无法设置应急通道，安全疏散保障	可在路侧设置应急走行道，安全疏散有保障	线路高架，轨道梁无法设应急通道，救援困难，磁浮力支撑，丧失浮力将无法移动	采用充气橡胶轮，需有预防爆裂和发生爆裂后的安全措施	发生事故时救援较为困难

（4）经济因素：投入与成本的最小化，效益和利润的最大化，是城市轨道交通建设和运营追求的目标。轨道交通的成本主要包括土建成本、车辆成本、系统设备成本和后期的运营成本，而这几项都与车辆制式的选择有很大关系。

车辆制式与土建成本：研究表明，地下线路建设总成本中，土建工程成本占总成本的34%~40%。其中，隧道和高架桥建设成本占相当大的比例。另外，车辆轴重和能否适应小半径曲线轨道，也是影响工程造价的重要因素。

车辆设备购置成本：就车辆本身来说，不同制式的造价相差很大。车辆价格根据车体的长度、材料、电机、电器、制动系统等配置的水平不同而相差很大。

车辆制式与运营成本：主要包括车辆及设备能耗和维修成本。不同车辆能耗、维修费用相差很大。

（5）环境因素：轨道交通是城市公益性基础设施，其最终目的是方便城市居民的出行，以发挥其社会效益。轨道交通线路在提供方便、舒适、快捷的交通的同时，还应考虑轨道交通线路沿线居民的生活，选择振动小、噪声低的环保车辆。而环境影响分析，是城市轨道交通运营后，针对周边人居环境的后评估，对于促进轨道交通沿线经济发展和人居环境的保障，具有较强的促进作用。

（6）资源共享因素：近年来，根据国内外城市轨道交通运营经验，出现了"经营地铁"的新理念：要开源节流，在节流方面很重要的内容就是建立网络化资源共享的理念和对策，节约工程投入和运营成本。资源共享可以包括线路共享、车辆共享、供电系统共享、人才资源共享、运营集成、组织管理集成等内容。要实现系统在这些方面的资源共享，制式的选择是前提，这往往决定着系统资源共享的可行性、范围和效果。所以在选择系统制式时，一定要考虑网络系统资源共享的要求，许多时候就要求局部服从全局，必要时对系统制式进行综合协调。

总之，无论从建设角度还是运营角度，资源共享的益处最终都体现在降低成本、减少投资这点上。

（二）车辆制式选择的基本原则

（1）车辆的选择应以满足客运量为前提，并以设计远期单向高峰小时最大断面客流为依据。

（2）车辆的选择应该满足该线所处的自然环境和线路条件。

（3）技术先进成熟也能实质性地影响国家对轨道交通电机设备国产化率的量化要求，方便运营管理和设备的维护保养，同时综合考虑国家的技术水平和当地城市的实力。

（4）有益于降低工程投资，经济实用性强。

（5）具有技术的兼容性，有利于将来城市轨道交通网络的形成，有利于资源共享。

（6）对城市环境的负面影响小，噪声、振动小。

第三节　城市轨道交通线网规划建设

一、城市轨道交通线网规划原则

轨道交通建设投资巨大且工期较长，对城市土地利用、交通结构、经济发展与城市环境均有很大影响，这决定了轨道交通规划的重要性。轨道交通线网规划是保证轨道交通建设的科学性、合理性、经济性以及可操作性的关键环节。

根据轨道交通线网与城市结构的相互作用关系，针对不同城市发展阶段，应考虑不同的核心因素进行线网规划。对于已经发展成熟的城市或区域，线网规划的核心是满足巨大的交通运输需求，缓解交通拥挤，此时的轨道线网布线应以目前交通需求期望路线图为主考虑；对于城市规模不断扩大、城市结构不断调整的城市，交通设施建设的投资属超前型投资，线网规划的指导思想是以轨道交通系统建设支撑城镇体系规划和发展战略，此时的轨道线网布线应以未来的交通需求期望路线图为主考虑，起到引导城市发展和城市合理结构形成的作用。

（一）轨道交通线网规划设计的一般原则

（1）满足城市主干客流的交通需求：建设轨道交通的根本目的是满足城市发展带来的现在与未来的交通需求，提高轨道交通分担率，调整城市和交通结构，解决交通拥挤、人们出行时间过长等问题。因此线网规划应重点研究城市土地利用形态、人口与产业分布特征，现在及未来路网客流分布特点，使城市轨道交通能够最大限度地承担交通需求大通道上的客流，提高轨道交通的分担比率。

（2）与城市发展规划紧密结合：轨道交通线网规划是城市发展总体规划的重要组成部分，线网规划应与城市总体规划相配合，支持形成合理的城市结构，支持城市发展与城市

结构调整战略目标的实现，并与城市的发展规划相适应。

（3）交通线网布设尽量沿城市干道：城市干道，尤其是主干道的交通最繁忙，是客流汇集最多的地方，并且空间较宽广，在工程实施时，不但工程量较少，而且对居民的干扰也相对要小。

（4）乘客换乘方便、换乘次数少：居民出行最关心的是"时距"而不是"行距"，即一次出行旅途中花费的时间。线网密度、换乘条件及换乘次数同出行时间关系极大，并且直接影响着吸引客流的大小。轨道交通作为骨干交通，要根据客户需求强度特点，在有需要的地方布设轨道交通线路，切不可机械地确定线网密度。

（5）与城市常规公共交通网衔接配合好：常规公共交通若能与轨道交通合理衔接，既能方便乘客，使其缩短出行时间，又能为轨道交通集散大量客流，使其充分发挥运量大的作用。

（6）客运负荷量要尽量均匀：要避免个别线路负荷过大或过小的现象，以提高运营效率和舒适性。

（7）与城市的性质、地貌和地形相联系：在选择线路走向时，应考虑沿线地面建筑的情况，注意保护国家重点历史文物古迹和保护环境。应充分考虑地形、地貌和地质条件，尽量避开不良地质地段和重要的地下管线等构筑物，以利于工程实施和降低工程造价。

（二）轨道交通线网规划方法

（1）点线面要素层次分析法：以城市结构形态和客流需求的特征为基础，对基本的客流集散点、重要的客流分布、重要的对外辐射方向及线网结构形态进行分层研究，充分注意定性分析和定量分析相结合，轨道工程学与交通测试相结合，静态与动态相结合，近期与远景相结合，多方案比较。

城市轨道交通线网规划是一个庞大而复杂的工程，因此线网构架研究必须分类分层进行，"点""线""面"既是三个不同的类型，又是三个不同层次的研究要素。"点"代表局部、个体性的问题，即客流集散点、换乘节点和起始点的分布；"线"代表方向性问题，即轨道交通走廊的布局；"面"代表整体性、全局性的问题，即线网的结构和对外出口的分布形态。

上述线网规划方法的优点是能够充分吸收规划人员的经验，便于从总体上把握线网的总体构架，其缺点是过分依赖经验，对未来客流需求特点的确切把握和反映不够。

（2）功能层次分析法：这种方法根据城市结构层次的划分，将整个城市的轨道交通网按功能分作三个层次，即骨干层、扩展层、充实层。骨干层与城市基本结构形态吻合，是基本线网骨架，扩展层在骨干层基础上向外围扩展，充实层是为了增加线网密度，提高服务水平。

（3）逐线规划扩充法：这种方法是以原有的快速轨道交通路网为基础，进行线网规模扩充，以适应城市发展。为此，必须在已建线路的基础上，调整规划已有的其他未建线路，来扩充新的线路，并将每条线路依次纳入线网后形成最终的线网规划方案。这种方法的优点是投资效益高，便于迅速缓解城市交通最严重的拥挤路段，缺点是不易从总体上把握线网构架，不易达到引导城市发展、形成合理城市结构的目的。

（4）主客流方向线网规划法：这种方法要点是根据城市居民的交通需求特点，确定近期最大限度满足干线的交通需求，远期引导合理的城市和交通结构形成的功能特点，进行初期、近期和远期的交通需求空间分布特点的量化分析，并结合定性分析与经验，提出若

城市轨道交通概论

干轨道交通线网规划方案。具体做法是在现状与未来道路网上进行交通分配，按照确定的原则绘制流量图，根据流量图确定主客流的方向，然后沿主客流方向布线提出若干线网规划方案。

（5）效率最大优化法：这种方法以路线效率最高为目标和原则，根据已知条件搜索出线路效率最大的一条或几条，作为最优轨道交通线路集来研究线网的基本构架。

二、城市轨道交通项目建设与管理

城市轨道交通是一个复杂的项目，在整个项目运行周期内，会涉及多方面的社会组织以及项目合作方。因此，为了能够更好地进行项目管理，需要科学的项目管理模式。当前国内流行的一些项目管理模式有：设计—招标—建造项目管理模式、设计—建造模式、设计—采购—施工交钥匙模式、BOT模式等。

（一）设计—招标—建造项目管理模式

设计—招标—建造模式即DBB模式（Design，Bid and Build），该模式是19世纪初形成的而后在国际上比较通用的一种工程项目发包模式。如图1-6所示，采用这种方法时，由业主委托建筑师和咨询工程师进行前期的各项工作，待项目评估立项后再进行设计，在设计阶段进行施工招标文件准备，随后在设计机构的协助下，通过竞争性招标将工程施工任务交给报价和质量都满足要求或者最具资质的投标人（总承包商）来完成。世界银行、亚洲开发银行贷款项目以及采用国际咨询工程师联合会（FIDIC）的合同条件的项目均采用这种模式。这种模式最突出的特点就是强调工程项目的实施必须按照设计—招标—建造的顺序方式进行，只有一个阶段结束后，另一个阶段才能开始。

1. 优点

（1）DBB模式下，参与项目的三方，即业主、设计机构、承包商在各自的合同约定下，各自行使自己的权利和履行相应的义务。因而，这种模式可以使三方的权、责、利分配明确，避免了行政部门的干扰。

（2）在该模式中，业主可以自由选择咨询设计人员，对项目的设计程序和质量要求进行控制，可自由选择监理人员对项目实施过程进行监督。

（3）由于受利益目标和市场竞争的驱动，业主更愿意寻找信得过、技术过硬的咨询设计机构，这种需求推动了设计咨询公司的产生和发展。

（4）由于长期而广泛地在世界各地采用DBB模式，经过大量工程实践的检验和修正，该模式的管理思想、组织模式、方法和技术都比较成熟，项目参与各方对该模式的运行程序都比较熟悉。

2. 缺点

（1）这种模式在项目管理方面的技术基础是按照线性顺序进行设计、招标、施工的管理，因此，建设周期长而容易导致投资成本失控。

（2）由于建造商无法参与设计工作，设计的"可施工性"差，设计变更频繁，所以建筑师、工程师与承包商之间协调困难，可能发生争端，这使得业主利益受损。

（3）另外，项目周期长，前期投入较高，变更时容易引起更多的索赔，导致发生较高的管理成本。

（二）设计—建造模式

设计—建造模式即DB模式（Design and Build），是近年来在国际工程中常用的现代

14

项目管理模式，在国际上也称为交钥匙模式（Turn-Key-Operate），在国内也称为设计—施工总承包模式（Design-Construction）。如图 1-7 所示，通常的做法是在项目的初始报价阶段，业主邀请一位或几位有资格的承包商（或具备资格的管理咨询公司），其根据业主的要求或者是设计大纲，会同自己委托的设计咨询公司提交初步设计和成本概算，中标后再进行施工设计和项目施工建造。根据不同类型的工程项目，业主也可能委托自己的顾问工程师准备更为详细的设计纲要和招标文件，中标的承包商将负责该项目的设计和施工。DB 模式的设计范围不仅包括了私人投资的项目，也包括了政府投资的基础公共设施项目。

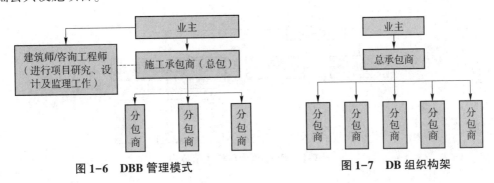

图 1-6　DBB 管理模式　　　　　图 1-7　DB 组织构架

DB 模式与传统模式相比具有很多优点，其中最显著的优点有：避免了设计和施工的矛盾，可以明显缩短工期以显著降低项目成本；责任明确，减少了不必要的争端和索赔，减轻了业主管理的压力。DB 模式要求业主在项目前期筹划阶段做好充分的准备，这其中包括项目的招投标。项目的招投标要求业主对工程的范围、工程的标准、评标的程序、评标的内容做详细而明确的说明。

1. 优点

（1）和承包商密切合作，完成项目规划直至验收，减少了协调的时间和费用。

（2）承包商可在参与初期将其材料、施工方法、结构、价格和市场等知识和经验融入设计中。

（3）有利于控制成本，降低造价。外国经验证明：实行 DB 模式，平均可降低造价 10%左右。

（4）有利于进度控制，缩短工期。

（5）责任单一，从总体来说，业主的责任是按合同规定的方式付款，总承包商的责任是按时提供业主所需的产品，总承包商对于项目建设的全过程负有全部责任。

2. 缺点

（1）对最终设计和细节的控制能力较低。

（2）总承包商的设计对工程经济性有很大影响，在 DB 模式下承包商承担了更大风险。

（3）质量控制权主要取决于业主招标描述书的质量，而且总承包商的水平对设计质量有较大的影响。

（4）时间较短，缺乏特定的法律、法规约束，没有专门的险种。

（5）方式操作复杂，竞争性较小。

（三）设计—采购—施工交钥匙模式

设计—采购—施工（Engineering, Procurement and Construction, EPC）交钥匙（Turnkey）项目管理模式，又被业内称为设计、采购、施工总承包。如图1-8所示，这是一种包括设计、设备采购、施工、安装和调试，直至竣工移交的总承包模式。首先由建设单位作为业主将建设工程发包给总承包单位，然后由总承包单位承揽整个建设工程的设计、采购和施工，并对所承包的建设工程的质量、安全、工期、造价等全面负责，最终向建设单位提交一个符合合同约定、满足使用功能、具备使用条件并经竣工验收合格的建设工程。

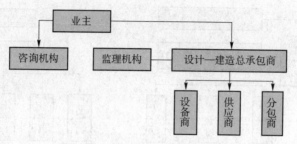

图1-8　EPC总承包模式示意图

国际咨询工程师联合会（International Federation of Consulting Engineers, FIDIC）编制的《设计采购施工（EPC）/交钥匙工程合同条件》（银皮书）就是对这一模式的最好诠释和应用。项目投资人与EPC承包商签订了EPC合同，EPC承包商负责从项目的设计、采购到施工进行全面的严格管理，在总价固定（Lump-Sum Price）的前提下，投资人基本不参与项目的管理过程，业主重点只在竣工验收或成品交付时参与，EPC承包商承担项目建设的大部分风险。

这种模式与通用的设计—建造模式类似，但承包商往往承担了更大的责任和风险，由业主代表对项目进行直接的较宏观的管理，不再设置工程师。业主代表具有业主子合同中委托的全部权利，包括设计管理、质量、工期管理以及支付、变更等工作。

EPC主要应用于以大型装置或工艺过程为主要核心技术的工业建设领域，如通常包括大量非标准设备的大型石化、化工、橡胶、冶金、制药、能源等项目，这些项目共同的特点即工艺设备的采购和安装与工艺的设计紧密相关，成为投资建设最重要、最关键的过程。

1. 优点

（1）由单个承包商对项目的设计、采购、施工全面负责，项目责任单一，简化了合同组织关系，有利于业主管理。

（2）EPC项目属于总价包干（不可调价），因此业主的投资成本在早期即可得到保证，不用再花费精力去考虑合同履行过程中的市场变化因素。

（3）项目各方的责、权、利划分明确。采用EPC工程总承包模式，业主的项目运作费用和承担的风险都相对降低了，而且由于总承包商对工程进行全过程的管理，合同界面大大减少，业主、EPC承包商、监理或项目管理公司之间各方职能、责任、权利、义务界定明确，有效避免了工程参与各方的扯皮现象，从而确立了以项目目标的实现为中心任务的组织结构，有利于工程的顺利进行。

（4）能够较好地将工艺的设计和设备的采购和安装紧密结合起来，有利于项目综合效益的提升。EPC 总承包商模式下由于承包商介入项目较早，工期具有更大的确定性，设计与施工顺利地配合使工程在质量和投资上达到良好的协调，另外，设计和采购之间经常交流避免了采购中一些不必要的损失。EPC 模式融设计、采购、施工于一体，减少了项目各阶段的中间环节，使整个项目在统一的框架下展开工作，从而使目标一致、行动一致，能够保证项目目标的顺利实施。

（5）有利于提高承包商的综合竞争力。由于 EPC 工程承包模式融设计、采购、施工于一体，因此对承包商提出了更高层次的要求，总承包商必须加强资源整合力度，优化生产要素的合理配置。这不但要求总承包商具有设计、采购和施工能力，还要求其具有较强的融资和项目管理能力，促使承包企业全面提升综合竞争力。

2. 缺点

（1）能够承担 EPC 大型项目的承包商数量较少。

（2）承包商承担的风险较大，工程项目的效益、质量完全取决于 EPC 项目承包商的经验及水平。

（3）工程的造价可能较高。

3. 风险分析

EPC/Turnkey 模式下业主与承包商的风险与 DB 模式基本相同，但在 EPC/Turnkey 模式下，承包商承担了更大的风险。

（四）BOT 模式

BOT 是 Build-Operate-Transfer 的缩写，意为"建设—经营—转让"，是私营企业参与基础设施建设，向社会提供公共服务的一种方式。BOT 模式在中国称为"特许权投融资方式"，它具有民营化、全额投资、特许期和垄断经营四个基本特征，其含义如图 1-9 所示。国家或政府部门通过特许权协议，授予签约方的外商投资企业承担公共性质基础设施项目的投资、建造、经营和维护责任；在协议规定的特许期限内，项目公司拥有投资建造设施的所有权；允许向设施使用者收取适当费用，由此收回项目投资融资、经营和维护成本并获得合理的回报；特许期届满，项目公司将设施无偿地移交给签约方政府部门。实际上，BOT 模式是指私营机构（含外国资本）参与国家公共基础设施项目，在互惠互利的基础上分担该项目的资源、风险和利益的项目融资方式，是政府与承包商合作经营基础设施项目的一种特殊运作模式。

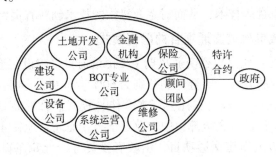

图 1-9 BOT 模式的参与者

BOT 模式的特点是：资金投入量大，负债远高于股本，收回期较长，投入产出比较简单；项目比较成熟，市场相对稳定，融资工具多元化与国际化；需要技术、财务与法律等专才，协商内容广泛且冗长。

1. 优点

（1）缓解资金压力：采用 BOT 模式可以在一定程度上缓解城市轨道交通建设庞大资金需求的矛盾。BOT 模式是减轻政府及公共部门负担、缓解基础设施建设资金短缺矛盾的有效方式。

（2）规避风险：城市轨道交通项目的建设运营具有长期性和不稳定性的特点，在项目的整个运营过程中存在一系列的风险，采用 BOT 方式后，风险转移到项目承办者等相关当事人，对于政府来说则无疑可避免因风险可能造成的损失。

（3）成本可控：采用 BOT 模式，通过承办人的投资收益与其合同履行情况相联系，以防超支，有利于承办人通过有效的设计，严格控制预算，保证项目按时、按质完成。

（4）提高运作效率：项目资金投入大且周期长，由于有企业机构参加，贷款机构对项目的审查、监督就比政府直接投资方式更加严格。同时项目承办者为了降低风险，获得较多的收益，客观上就更要加强管理，控制造价，这从客观上为项目建设和运作提供了约束机制和有利的外部环境。

（5）学习先进技术和管理经验：BOT 模式的项目通常都由境外发达国家和地区具有实力的机构来承包，因而多采用业界先进技术和管理经验，既给本国的承包商带来较多的发展机会，也促进了国际经济的融合。

（6）开发当地资本市场和吸引外资：采用 BOT 模式，可以通过鼓励当地机构和人士发展自己的基础设施而汇集本地资本，也可以通过吸引国外投资来支持本地基础设置建设。

2. 缺点

（1）BOT 模式是将城市技术设施项目在一定时期内全权交给承办商去建设运营，所以在特许期内政府对项目失去了控制权。

（2）项目承办者为了保证向政府提供最高的资金价值，为了给投资者和贷款者一个合理的回报，同时为了自己能够获得盈利，不得不把投标的价格定得高一些，不仅要考虑项目所在政府在项目建设中的目标，也要考虑投资者和自己的权益。

（3）在项目的初始阶段，前期工作基本上都是由当地政府进行或报政府审批。这个阶段基本上没有企业机构参与，使得企业机构参与项目的建设和运营工作时，所采用的技术就必须是已经过政府审批的技术，从而对企业机构的技术创新有很大的限制。

（五）我国主要城市轨道交通项目的融资模式

（1）北京轨道交通：北京轨道交通早期主要由政府投资建设，近几年来主要采用政府投资和融资贷款相结合的方式，资金比例分别为 60% 和 40%，另外还采用 BT 模式和 PPP（Public-Private-Partnership，政府和社会资本合作）模式。如北京地铁 1 号线、2 号线是计划经济时期修建的，建设资金全部由中央政府承担。而北京地铁 4 号线，是我国第一个成功采用 PPP 模式建设的轨道交通项目，由政府投资方（北京基础设施投资有限公司和北京首都创业集团有限公司）控股 51%，香港地铁控股 49% 组成公私合营公司。

（2）上海轨道交通：目前，上海轨道交通投入的资金主要来自两个渠道：政府提供 40% 资本金，其余 60% 通过银行贷款、发行债券、盘活存量资产、滚动投资等方式解决。

如：上海地铁 1 号线利用外国政府和外汇贷款来投资；地铁 2 号线、5 号线仍由政府全额投资，但开始采取市区两级政府共同投资的新模式；从地铁 3 号线开始，申通集团采用市、区两级出资+吸收商业贷款进行投资。

（3）广州轨道交通：目前在建的地铁项目的融资方式依然以政府投资为主，剩余资金缺口由银行贷款。广州市政府在广州地铁建设的融资中占了总投资的 60% 以上，剩余资金缺口由银行贷款。如：广州地铁 3 号线总投资 157.93 亿元，其中政府投入 92.93 亿元（部分是国债专项基金）、银行贷款 65 亿元，贷款全部由政府承诺还本付息。

（4）深圳轨道交通：深圳轨道交通一期实行以政府财政投资为主导的投融资模式，二期开始探索实行"地铁+物业"投融资模式，并在前海车辆段等尝试实践，三期全面实行"地铁+物业"投融资模式。如深圳市政府将深圳地铁 2 号线全线委托香港地铁公司成立的项目公司——港铁深圳公司统一运营，并授予港铁深圳公司 30 年的特许经营权。

第二章
城市轨道交通线路与车站

第一节　城市轨道交通线路

城市轨道交通线路是城市轨道列车运行的道路设施，是城市轨道交通系统的基本组成部分。

线路的选定应根据城市轨道交通线网规划进行，其设计必须满足行车安全、线路平顺与养护方便等要求，并保证一定的舒适度及符合有关设计规范的要求。城市轨道交通线路具有以下特点：

（1）城市轨道交通线路一经建成，无论是在地下、地面还是在地面以上，位置的改变都十分困难，建成后的改建会造成周围建筑、道路等大量拆迁，并破坏多年来形成的环境协调。因此，线路设计要做长期的考虑。

（2）城市轨道交通线路一般为双线，通常每条线路设有一个车辆段和一个停车场。线路车站没有经常性的调车作业，为节省用地，一般车站不设到发线，车辆集中停放在车辆段或停车场。

（3）市内客运的运距短，且分布在整个城市区域内，为保证线路的客流吸引力，通常站距设置为5km以内，因此，站点设置密，停车频繁。

（4）由于线路各站点的吸引范围小，城市客流可容忍的等待时间较短，这要求发车间隔时间不能太长，一般不长于10分钟，短时间里聚集的客流量有限，因而列车编组长度通常为4~8节车厢，较城际列车编组短。

一、城市轨道交通线路分类

城市轨道交通系统线路的整体布置基本模式如图2-1所示。按线路在运营中的作用可分为正线、辅助线和车场线。

（一）正线

正线是指连接所有车站，贯穿运营线路始点、终点，供车辆载客运营的线路。城市轨道交通正线是独立运行的线路，大多数线路为全封闭，一般按双线设计，采用上下行分行，实行右侧行车制，以便与地面交通的行车规则吻合。正线行车速度高、密度大，且要

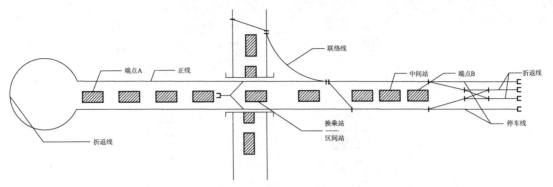

图 2-1　城市轨道交通系统线路的整体布置基本模式

保证行车安全和乘坐舒适，因此，线路标准要求高。线路与其他交通线路相交处，一般采用立体交叉。在特殊条件下（如运营初期），两条线路或交通方式的运量均较小时，经过计算，通过能力满足要求时，也可考虑采用平面交叉。

（二）辅助线

辅助线是指为列车进行折返、停放、检查、转线及出入段作业所设置的线路。辅助线包括车辆段出入线、停车场出入线、车站配线（存车线、渡线、折返线）及两线路之间的联络线。辅助线是城市轨道交通系统的重要组成部分，直接关系到系统运营组织的效率。例如，列车在正线上运行时，倘若突然出现故障，而上下行线路没有岔道时，列车既不能改变方向，也不能超越，便有可能造成全线瘫痪。为了运营时段意外事故发生后能迅速进行抢修，每相隔 2~3 个车站应选择一处设置渡线和临时停车线等辅助线，用于特殊情况下应急使用。

1. 折返线

折返线是在线路两端终点站或者准备开行折返列车的区间站，供运营列车往返运行时掉头而设置的线路。

城市轨道交通线路一般都较长，全线的客流分布不太均匀，这时可组织区段运行。区段运行是指列车根据运行调度的要求，在尽端站与中间站或中间站与中间站之间进行列车折返掉头，故在这些地方需要设置折返线，折返线的形式应能满足折返能力的要求。折返线除了供运营列车往返运行时的掉头转线使用外，有些也可以作为夜间存车使用。

折返线根据不同的折返方法可分为：

（1）环形折返线（俗称灯泡线）：将端点折返作业转化为沿一个环形单线区段运行的作业。一般适用于线路较短、线路延伸可能性较小且该端点站又往往在地面的情况。

（2）尽端折返线：分为单线折返、双线折返与多线折返等不同布置方法。利用尽端折返，弥补了环线折返的不足，使端点站既可有效组织折返，又可备有停车线供故障停车、检修、夜间停车等作业使用。

折返线示意图如图 2-2 所示。

2. 渡线

渡线是指用道岔将线路上行线、下行线及折返线连接起来的线路。渡线有单渡线和交叉渡线两种。渡线单独设置时，用来临时折返列车增加运营列车调度的灵活性。渡线与其他辅助线合用时，能完成或增强其他辅助线的功能，如图 2-3 所示。

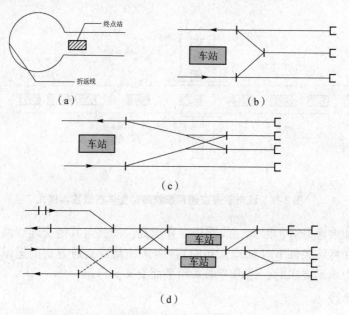

（a）环形折返；（b）单线折返；（c）双线折返；（d）多线折返

图 2-2　折返线示意图

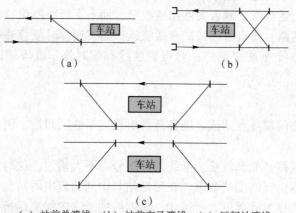

（a）站前单渡线；（b）站前交叉渡线；（c）区间站渡线

图 2-3　渡线折返示意图

3. 联络线

联络线是沟通两条轨道交通线路的连接线。联络线按其布置形式可分为单线联络线、双线联络线和联络渡线。十字交叉单线联络线如图 2-4 所示。

4. 停车线

停车线是用于停放列车、进行少量检修作业的线路，一般设置在端点站。在车辆基地则有众多的停车线，提供夜间列车停止运营后的停放。需要进行检修作业的停车线应设有地沟。

5. 出入线

为保证运行列车的停放和检修，在城市轨道交通沿线适当的位置应设置车辆段。车辆

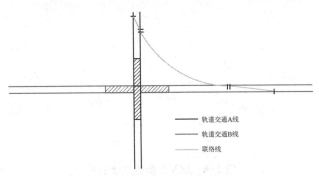

图 2-4　十字交叉单线联络线

轨道交通A线
轨道交通B线
联络线

段与正线连接的线路为车辆段出入线，是车辆段与正线之间的联络通道。出入线可以设计为双线或单线，与城市道路或其他方式的交叉处可采用平交或立交，具体方案要根据远期线路通过能力来确定。图 2-5 所示为出入线示意图。

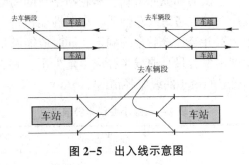

图 2-5　出入线示意图

6. 安全线

安全线是列车运行隔开设备（其他隔开设备还有脱轨器、脱轨道岔、防溜设备等）。安全线的设置主要是为了防止在车辆段（场）出入线、折返线和道岔（支线）行驶的列车未经允许进入正线与正线列车发生冲突，保证列车安全、正常运行。安全线的长度一般不小于 40 m，在困难条件下可设置脱轨道岔。

（三）车场线

在车辆基地内部用于停运后列车入库、检修、试车及调车等作业的线路，统称为车场线。由于列车在场内行驶速度较小，故线路标准只要满足场区作业即可。

二、城市轨道交通线路设计

城市轨道交通线路设计包括平面设计、中断面设计及横断面设计。

经过选定的地铁线在空间的位置是用线路中心来表示的。线路中心线在水平面上的投影叫作线路的平面，线路的平面可以表示出线路的平直状态；线路中心线在垂直面上的投影，叫作线路的纵断面，线路纵断面可以表示线路的坡度变化。

（一）线路平面技术要素确定

城市轨道交通线路在平面上主要由直线和曲线组成，其中曲线包括圆形曲线和缓和曲线，如图 2-6 所示。线路平面技术要素设计的主要内容为圆曲线半径及长度、缓和曲线线型及长度以及夹直线及其长度。

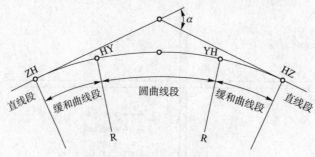

图 2-6　线路平面组成示意图

（1）圆曲线半径及长度：当列车以一定的速度在曲线上行驶时，车辆会受到离心力的作用，离心力大小与速度的平方成正比、与曲线半径成反比。离心力的作用影响列车行驶的平稳性与安全性，造成外侧车轮轮缘紧压外轨内侧面而加剧其磨损。同时，由于列车在曲线段行驶时动轮踏面会产生横向和纵向滑动，车轮与钢轨间的黏着系数随之下降，牵引力减小。因此，曲线半径应在综合考虑线路性质、车辆性能、行车速度、地形地物条件以及工程难易程度和造价等因素并经比选后合理确定，同时应能满足有关规范对最小曲线半径的限制要求。从运营角度出发，最小曲线半径应尽量少用。表 2-1 所示为《地铁设计规范》（GB 50157—2003）规定的最小曲线半径值。

表 2-1　最小曲线半径值

线路		一般情况/m		困难情况/m	
		A 型车	B 型车	A 型车	B 型车
正线	$v \leqslant 80$ km/h	350	300	300	—
	80 km/h$<v \leqslant 100$ km/h	550	500	450	—
联络线、出入线		250	200	150	
车场线		150	110	110	

圆曲线长度短，则有利于保证行车视距、减少行车阻力和养护维修工作量。但当其长度短于车辆的全轴距时，车辆会同时位于 3 种不同的线型上，影响行车的平稳性及乘客的舒适性，并可能危及行车安全。一般来说，正线和辅助线的圆曲线长度，对于 A 型车不宜小于 25 m，对于 B 型车不宜小于 20 m，在困难条件下不得小于一个车辆的全轴距。

（2）缓和曲线线型及长度：缓和曲线为设置在直线与圆曲线之间、曲率半径渐变的一种曲线，如图 2-6 所示。由于直线段的曲率半径为无限大，在直线和一定曲率半径的圆曲线之间插入一段曲率逐渐变化的缓和曲线，有利于行车安全、平顺、舒适地由直线过渡到圆曲线或由圆曲线过渡到直线。

为使具有固定轴距的轨道交通车辆顺利通过曲线，在圆曲线半径很小的曲线上，轨距应适当扩大，这种扩大称为轨距加宽，如图 2-7 所示。轨道交通车辆通过曲线部分时，由于离心力作用，有向外抛出的趋势，为防止这种趋势的发生，保证行车安全，在圆曲线半径较小时，可使圆曲线部分的外侧钢轨比内侧钢轨高，以利用列车的自重分力来平衡离心力，这种设置称为外轨超高，如图 2-8 所示。在直线和圆曲线之间设置缓和曲线，还可以实现轨距加宽和外轨超高的逐渐过渡。缓和曲线线型有螺旋线、三次抛物线、五次抛物线、一波正弦曲线等，一般采用三次抛物线。《地铁设计规范》（GB 50157—2003）规定，缓和曲线应根据圆曲线半径、超高设置和设计速度等因素设置，其长度可按表 2-2 的要求设计。

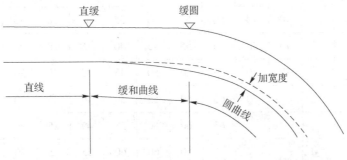

图 2-7 轨距加宽示意图

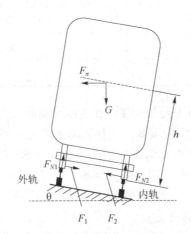

图 2-8 外轨超高示意图

表 2-2 缓和曲线长度

曲线半径/m	设计速度/km													
	100	95	90	85	80	75	70	65	60	55	50	45	40	35	30
3 000	30	25	20												
2 500	35	30	25	20	20										
2 000	40	35	30	25	20	20									
1 500	55	50	45	35	30	25	20								
1 200	70	60	50	40	35	30	25	20	20						
1 000	85	70	60	50	45	35	30	25	25	20					
800	85	80	75	65	55	45	40	35	30	25	20				
700	85	80	75	70	60	50	45	35	30	25	20	20			
650	85	80	75	70	60	55	45	40	35	30	20	20			

曲线半径/m	设计速度/km														
	100	95	90	85	80	75	70	65	60	55	50	45	40	35	30
600		80	75	70	70	60	50	45	35	30	20	20	20		
550			75	70	70	65	55	45	40	35	20	20	20		
500				70	70	65	65	50	45	35	20	20	20	20	
450					70	65	60	55	50	40	25	20	20	20	
400						65	60	60	55	45	25	20	20		
350							60	60	60	55	45	30	25	20	20
300								60	60	60	35	30		20	20
250									60	60	40	35	30	20	20
200										60	40	40	35	25	20
150											40	40	35	25	

（3）夹直线及其长度：位于两条相邻缓和曲线或圆曲线之间的直线称为夹直线。城市轨道交通布线条件往往受到一定的限制，当相邻两条曲线相邻两端点过近，即夹直线较短时，会出现一辆车行驶时同时跨越两条曲线的情况，造成车辆左右摇摆，影响行车平稳性，同时也不易保持夹直线方向，增加养护困难。因此，对夹直线最小长度应有所限制。《地铁设计规范》（GB 50157—2003）规定：正线及辅助线上相邻曲线间的夹直线长度（不含超高顺坡及轨距递减段的长度），A 型车不宜小于 25 m，B 型车不宜小于 20 m，在困难情况下不得小于一个车辆的全轴距；车场线上的夹直线长度不得小于 3 m。

（二）线路纵断面设计

线路纵断面由直线坡度段和相邻坡度段间插入的竖曲线所组成。线路纵断面设计的主要技术要素包括坡度、坡长、坡段间的连接等，如图 2-9 所示。

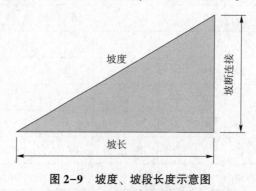

图 2-9 坡度、坡段长度示意图

（1）坡度：坡段坡度是该坡段前后两个变坡点高差与坡段长度的比例，是坡段特征表达指标之一。

线路纵断面设计应控制最大纵坡值和最小纵坡值，对于城市轨道交通而言，其目的主要是保证行车安全性、旅客舒适度、运营速度以及满足排水需要，同时最大纵坡对线路埋深、工程造价等也有较大影响。一般来说，在满足排水和高程控制要求的条件下，线路坡度尽可能设置得平缓些。

对于最大纵坡的控制值，《地铁设计规范》（GB 50157—2003）规定：正线的最大坡度不宜大于30‰，困难地段可采用35‰，联络线、出入线的最大坡度不宜大于40‰（均不考虑各种坡度折减值）。

通常，地下区间线路的最小纵坡不宜小于3‰，在保证纵向排水需要的前提下，困难地段也可采用小于3‰的坡度；高架线和地面线正线，在采取了排水措施后，最小纵坡可不受限制。

（2）坡长：坡段长度是该坡段前后两个变坡点之间的水平距离，是坡段特征的又一表达指标。

列车通过变坡点（两个坡段的连接点，也即坡度变化点）时会产生附加力和附加加速度，为保证行车平稳和旅客舒适，坡段长度宜设计得长一些，但坡段太长则有可能发生较大的工程量，增加工程造价和施工困难。因此，在确定坡段长度时，需综合考虑上述两方面因素。

对于最小坡段长度值，《地铁设计规范》（GB 50157—2003）规定：线路坡段长度不宜小于远期列车长度，并应满足相邻竖曲线间的夹直线长度要求，其夹直线长度不宜小于50 m。

（3）坡段连接：在纵断面上，将若干个坡段直接相连则形成一条折线，如图2-10所示。为缓和变坡点坡度的急剧变化，使列车通过变坡点时产生的附加加速度控制在允许的范围内，保证行车安全、平稳及舒适，当两相邻的坡度代数差等于或大于2‰时，应设置圆曲线型的竖曲线连接。

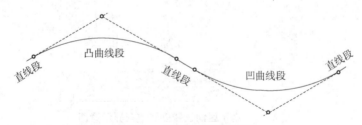

图2-10　线路纵断面示意图

《地铁设计规范》（GB 50157—2003）不仅对竖曲线半径做了规定（表2-3），同时，还对竖曲线设置规定如下：车站站台计算长度内和道岔范围内不得设置竖曲线，竖曲线离开道岔端部的距离不应小于5 m；碎石道床线路竖曲线不得与平面缓和曲线重叠，当不设平面缓和曲线时，竖曲线不得与超高顺坡段重叠。

表2-3　竖曲线半径

线别		一般情况/m	困难情况/m
正线	区间	5 000	3 000
	车辆端部	3 000	2 000
联络线、出入线		2 000	
车场线		2 000	

（三）线路纵断面设计

城市轨道交通列车运行时应有足够的空间，以供车辆通行以及布置线路结构、供电和给排水等设备，同时为保证列车安全运行，线路周边各种建（构）筑物与线路之间必须保持一定的距离。

根据各种参数和特性，经过计算确定后能够保证列车安全运行的空间尺寸称为限界。限界越大，虽然安全程度越高，但工程量及工程造价也随之增加。因此，根据不同车辆的轮廓尺寸和性能、线路特征、设备安装以及施工方法等因素确定限界时，应综合考虑列车的运行安全与建设成本的节约。线路横断面尺寸是根据限界确定的，其横断面设计必须满足线路各个横断面列车通过的限界要求。

1. 限界的类型

城市轨道交通限界分为车辆限界、设备限界和建筑限界 3 种，如图 2-11 所示。限界应根据车辆轮廓线和车辆有关技术参考，结合轨道和接触网或接触轨的相关条件，并计入设备和安装误差，按规定的计算方法计算确定。

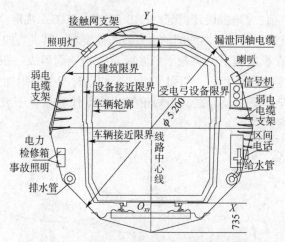

图 2-11　地下区间直线段隧道限界示意图

（1）车辆限界：车辆限界是车辆在正常运行状态下形成的最大动态包络线。车辆轮廓线依据车辆横剖面包络而成，是设计限界的基础资料。受电弓限界和受流器限界是车辆限界的组成部分。直线地段车辆限界分隧道内车辆限界和高架或地面线车辆限界，高架或地面线车辆限界应在隧道内车辆限界的基础上，另加当地最大风荷载引起的横向和竖向偏移量。

（2）设备限界：设备限界在车辆限界基础上考虑轨道出现最大允许误差时引起的车辆偏移和倾斜等附加偏移量，以及在设计、施工、运营中难以预计的因素在内的安全预留量后确定的空间尺寸。它是一条限制设备安装的控制线，一切固定设备以及土木工程的任何部分不得侵入此控制线内。

直线地段设备限界是在直线地段车辆限界外扩大一定安全间隙后形成的。通常，车体肩部横向向外扩大 100 mm，边梁下端横向向外扩大 30 mm，接触轨横向向外扩大 185 mm，车体竖向加高 60 mm，受电弓竖向加高 50 mm，车下悬挂物下降 50 mm，转向架部件最低点设备限界离轨顶面距离是 A 型车 25 mm、B 型车 15 mm。

曲线地段设备限界应在直线地段设备限界的基础上，按平面曲线不同半径、过超高或欠超高引起的横向和竖向偏移量，以及车辆、轨道参数等因素计算确定。相邻的双线，当双线间无墙、柱及其他设备时，两设备限界之间的安全间隙不得小于 100 mm。

（3）建筑限界：建筑限界是在设备限界的基础上，考虑了设备和管线安装尺寸后的最小有效断面。

在宽度方向，设备和设备限界之间应留出 20~50 mm 的安全间隙。如果建筑限界侧面和顶面没有设备或管线，建筑限界和设备限界之间的间隙也不宜小于 200 mm，困难条件下不得小于 100 mm。

2. 超限限界

超限限界指货物任何部分的高度和宽度超过机车车辆限界时，称为超限限界。根据货物超限的程度可分为：一级超限、二级超限、超级超限，如图 2-12 所示。

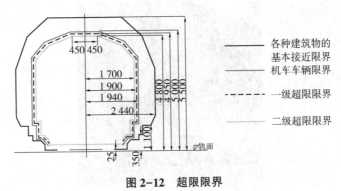

图 2-12　超限限界

三、城市轨道交通轨道结构

轨道是城市轨道交通运营设备的基础，它直接承受列车载荷，并引导列车运行，因此轨道的各个组成部分必须具有足够的强度和稳定性，能够承受来自列车的纵向和横向的位移推力，保证列车按照规定的速度、方向不间断运行。轨道具有耐久性及适量的弹性，以确保列车安全、平稳、快速运行和乘客舒适；城市轨道交通均采用电力牵引，故要求轨道结构具有良好的绝缘性以减少杂散电流；轨道应采用相应的减震轨道结构，达到减震、降噪的要求。轨道由钢轨、垫板、联结零件、道床、防爬设备和木枕等组成，如图 2-13 所示。下面分别进行介绍。

（一）钢轨

（1）钢轨的作用：钢轨支撑和引导机车车辆的车轮运行，把车轮传来的压力传给轨枕，并为车轮滚动提供阻力最小的表面。钢轨还有为供电、信号电路提供回路的作用。钢轨应当耐压、耐磨，且具有为减轻车轮对钢轨冲击作用的韧性。因此制造钢轨所用的材料一般都含有适量的碳、锰、硅，并进行全面淬火工艺，以在提供强度、耐磨和韧性的同时延长钢轨的使用寿命。

（2）钢轨的组成：钢轨断面形状为"工"字形，由轨头、轨腰和轨底三部分组成（图 2-14）。

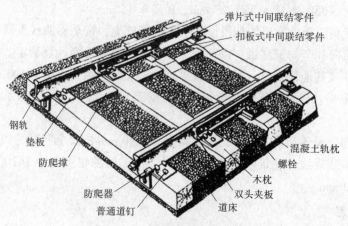

图 2-13　轨道的基本组成

图 2-14　钢轨断面

（3）钢轨的类型：钢轨的类型按每延米的质量来区分，有 43 kg/m、50 kg/m、60 kg/m、75 kg/m。城市轨道交通正线采用 50 kg/m、60 kg/m 轨，在车辆段可采用 43 kg/m、50 kg/m 轨。我国标准钢轨的长度有 12.5 m、25 m 两种，在曲线上可使用标准缩短轨。

钢轨具有热胀冷缩的特性，因此在两根钢轨接头处应留有轨缝，以便温度升降时钢轨能自由伸缩。

地铁正线地段与半径为 250 m 及以上的曲线地段应铺设无缝线路。无缝线路是将 25 m 轨端无螺栓孔的钢轨焊接成 1 km 及以上长度的轨条铺设在轨枕上，大大减少接缝，因此消灭了列车通过接头区的冲击力，从而减小了振动与噪声。由于在 1 km 长的钢轨内不存在轨缝，当温度升高或者降低时钢轨内部就产生了巨大的温度压力或拉力，这是无缝线路的一个显著特点。在一定的温度下将钢轨锁定在轨枕上，尽可能降低这种拉应力和压应力以防止胀轨。隧道内温度变化的幅度较小，由温度变化产生的拉应力和压应力也较小，因此铺设无缝线路十分有利。如在地面线路铺设无缝线路则需要加强养护与监控，并适时进行应力放散工作，以防止线路胀轨跑道。

（4）钢轨养护与更换：钢轨在使用过程中会发生折断、裂纹、磨耗及其他影响和限制钢轨使用性能的损伤，危及行车安全，因此钢轨的日常养护是十分重要的。除要及时更换部分或全部钢轨外还要对钢轨进行维修，包括磨修和焊修，以消除和延缓钢轨表面的接触疲劳层剥离掉块，改善钢轨的平面及纵面状况。

（二）轨枕

（1）轨枕的作用：轨枕是轨道的基础部件，它承垫于钢轨之下，将钢轨所承受的压力和应力分散传递到道床上，同时又能有效地保持钢轨的轨距和方向。轨枕要有必要的坚固性、弹性和耐久性，能固定钢轨，有抵抗纵向和横向位移的能力。

（2）轨枕的种类：轨枕按制造材料分类，常用的可分为木枕和钢筋混凝土轨枕，如图 2-15 所示。

①木枕：木枕的制造材料为木材，制造木枕的木材必须经过特别加工和防腐处理。

木枕的优点：木材的弹性和绝缘性较好，受周围介质的温度变化的影响小；重量轻，加工以及在线路上更换较简便，并且有足够的位移阻力，比其他轨枕更能够吸收列车行驶所产生的重量而不易断裂；其使用寿命一般在 15 年左右。

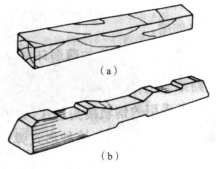

（a）木枕；（b）钢筋混凝土轨枕

图 2-15　轨枕

木枕的缺点：木枕容易腐朽，而且木枕上的道钉孔会因使用时间长而松弛，木枕的强度始终不足以承受长轨带来的巨大应力，加上其寿命远远不及钢筋混凝土轨枕，所以通常只应用在临时轨道或需承受较大震荡的道岔枕木上。

②钢筋混凝土轨枕：钢筋混凝土轨枕是使用钢筋和混凝土浇筑而成的。按其结构形式可分为整体式、组合式和短枕式。

钢筋混凝土轨枕的优点：使用寿命长、稳定性高、养护工作量小，损伤率和报废率比木枕要低得多；在无缝线路上的稳定性比木枕高、自重大，能更有效地防止钢轨爬行，增加了轨道的稳定性，更适用于高速行驶线路，因此，在城市轨道交通线上已经得到广泛应用。

钢筋混凝土轨枕的缺点：造价高昂，而且笨重，不便搬运；另外，若轨道常有重载列车行驶的话，容易使轨枕断裂。

轨枕按铺设位置可分为用于区间线路的普通轨枕、用于道岔的岔枕、用于桥梁的桥枕；按结构可分为横向和纵向轨枕、短轨枕和长轨枕、宽轨枕。地面线路采用国家标准轨枕铺设，隧道等如果采用钢筋混凝土短轨枕式混凝土整体道床，短轨枕宜在工厂预制，混凝土强度等级宜采用 C50，底部宜伸出钢筋以加强与混凝土整体道床的连接；如果采用连续支承混凝土整体道床，应采用整体灌注式。每千米铺设轨枕的标准按照《地下铁道设计规范》规定要求进行。

（三）联结零件

联结零件分为接头联结零件和中间联结零件。

（1）接头联结零件：接头联结零件由夹板、螺栓和垫圈等组成，如图 2-16 所示。它们把钢轨联结起来，使钢轨接头部分具有和钢轨一样的整体性以抵抗弯曲和移位，并满足热胀冷缩的要求。

在城市轨道交通中已基本上采用无缝线路结构。钢轨接头联结零件数量大大减少，但在无缝线路的缓冲区、轨道电路的绝缘区、有道岔的线路区段中，接头联结零件还是不能少的。

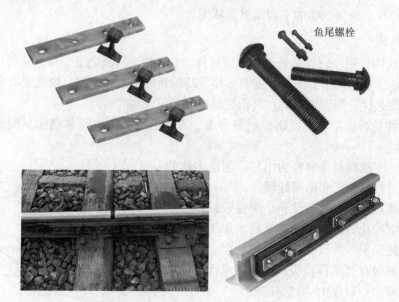

图 2-16　接头联结零件

（2）中间联结零件：钢轨与轨枕的联结是通过中间联结零件实现的，这种联结零件称为扣件，其作用是将钢轨固定在轨枕上以保持轨距，并阻止钢轨相对于轨枕的纵、横向移动。扣件必须具有足够的强度、耐久性和一定的弹性，以有效地保持钢轨与轨枕的可靠联结。此外，扣件还应简单，便于安装和拆卸。

扣件由钢轨扣压件和轨下垫层件组成，主要包括：弹性扣件，用来把钢轨紧扣在轨枕上；承托物，用来把扣件固定于轨枕上；弹性垫板，使钢轨与轨枕间互相绝缘，避免钢轨漏电，减少杂散电流，并增加轨道弹性，如图 2-17 所示。

图 2-17　扣件

扣件按其结构分为扣板式、弹片式、弹条式等，城市轨道交通线路多采用弹条式扣件。弹条式扣件用锚固法把螺旋道钉固定在轨枕上预留的孔内，再装上弹条，拧上螺母，使弹条压紧轨底。在钢轨与承轨台之间设绝缘减震垫层以减小车辆振动，降低噪声，绝缘以减少杂散电流。

（四）道床

道床的主要作用是支承轨枕，把来自轨枕上部的巨大载荷均匀地分布到路基面上，以减少路基的变形。道床依靠本身和轨枕间的摩擦起到固定轨枕位置，阻止轨枕纵向或横向移动的作用。

（1）道床的作用：

扩散压力：将来自轨枕的巨大载荷分散并传于路基，使路基面的应力均匀并小于其容许强度。

保持轨距：提供道床阻力以约束轨道框架，保持轨道的方向和高低等几何形位。

减震：提供轨道所需要的弹性和阻尼，衰减列车通过时产生的振动，避免过大的动作用力传到路基等下部结构上。

排水：道床所使用的透水性材料，可提供良好的排水性能，对减轻轨道冻害及提高路基的承载能力有着重要的作用。

方便维修养护：轨道在行车中产生的不平顺及方向不良可以通过一些道床维护方法加以整治。

（2）整体道床结构：城市轨道交通多采用整体道床结构，也有部分地面线路采用传统铁路的方式。

整体道床又称混凝土整体道床，也称无砟道床，是现代轨道交通中常用的道床形式。整体道床是指在坚实基底上直接浇筑混凝土以取代传统道砟层的轨下基础，常用于地下铁道隧道内和无砟桥梁上。整体道床又分为无枕式整体道床和轨枕整体道床两种，就是指道床内可预埋木枕、混凝土枕或混凝土短枕，也可在混凝土整体道床上直接安装扣件、弹性垫层和钢轨。

①无枕式整体道床：亦称整体灌注式道床，它的建筑高度较小，主要采用就地连续灌注混凝土基床或纵向承轨台。一些国家和地区修建城市轨道交通隧道时常采用这种道床。这种道床结构简单，减震性能也较好，要比轨枕式整体道床大。此外施工时需采用刚度较大的模架，施工较为复杂，如图2-18所示。

②轨枕式整体道床：可分为短枕式和长枕式两种。短枕式整体道床稳定、耐久，结构比较简单，施工方法简便，施工进度较快，一般设中心排水沟。长枕式整体道床设侧向水沟，一般长轨枕预留圆孔让道床纵筋穿过，这就加强了与道床的联结。它适用于软土地基隧道，可采用排轨法施工，施工进度会快。

整体道床的优点是：整体性强，纵向、横向稳定性好，具有较高的可靠性；平顺性和弹性好。乘坐更舒适；整体道床坚固稳定、耐久，使用寿命长；较少的维修工作量和维修成本；表面整洁，建筑高度较小，减少了隧道净空，节省投资，综合经济效益好；无砟轨道上的无缝线路不会发生涨轨跑道。高速行车时不会有石渣飞溅起来造成伤害。

整体道床的缺点是：造价高昂，且要求较高的施工精度和特殊的施工方法；在运营过程中一旦出现病害，整治非常困难，如一旦基底发生沉陷，修补极为困难。

图2-18 无枕式整体道床

（五）防爬设备

列车运行时常常产生作用在钢轨上的纵向力使钢轨做纵向移动，有时甚至带动轨枕一起移动，这种纵向移动叫作爬行。列车速度越高、轴重越大，爬行就越严重。

线路爬行往往引起接缝不匀、轨枕歪斜等现象。对线路的破坏性很大，甚至造成胀轨跑道，危及行车安全。因此，必须采取有效措施来防止爬行。我国广泛采用的穿销式防爬器由带挡板的轨卡及穿销组成，这种防爬器每个可以承受 3 500 kg 的爬行力。为充分发挥防爬器的作用，通常在轨枕之间还安装防爬撑，防爬撑把 3~5 根轨枕联系起来共同抵抗钢轨爬行，如图 2-19 所示。

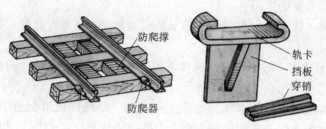

图 2-19　防爬设备

（六）道岔

道岔是一种线路连接设备，它用来使车辆从一股道转向或越过另一股道。常见的线路连接有单开道岔、对称道岔、三开道岔、交分道岔四种。以下主要介绍一下单开道岔和对称道岔。

（1）单开道岔：单开道岔是最常见、最简单的线路连接设备，约占全部道岔的 90%以上。普通单开道岔有转辙器部分、辙叉及护轨部分、连接部分组成，如图 2-20 所示。

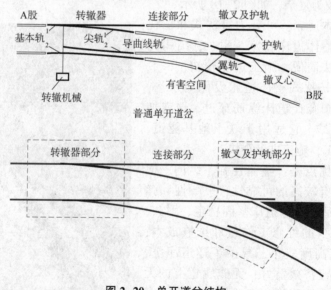

图 2-20　单开道岔结构

①转辙器部分：包括两根尖轨、两根基本轨和转辙机械。尖轨是转辙器的主要部件，通过连接杆与转辙机械相连，操作转辙机械可以改变尖轨的位置，确定道岔的开通方向。单开道岔的主线为直线，侧线由主线向左或向右岔出，分为左开及右开两种形式，如图 2-21 所示。

图 2-21　单开道岔转辙器部分

②辙叉及护轨部分：包括辙叉心、两根翼轨及两根护轨。从翼轨最窄处到辙叉实际尖端之间存在着一段轨段中断的间隙，叫作辙叉有害空间，如图 2-22 所示。当机车车辆通过辙叉的有害空间时，轮缘有走错辙叉槽而引起脱轨的危险。因此必须设置护轨，对车轮的运行方向实行强制性引导。

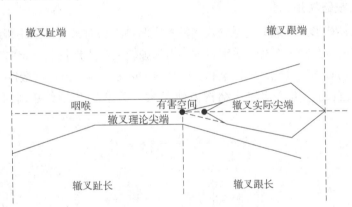

图 2-22　辙叉部分构造

道岔的有害空间是限制列车过岔速度的一个重要原因。为了提高单开道岔的过岔速度，除了可以采用辙叉号数较大的道岔外还可以采用活动心轨道岔，它从根本上消灭了有害空间，适应列车高速运行要求。

我国铺设的活动心轨单开道岔，其辙叉心轨和尖轨是同时搬动的，在正常情况下辙叉心轨的尖端总是同一根翼轨密贴，而与另一根翼轨分离。运营实践证明，由于消灭了有害空间，活动心轨具有行车平稳、直向过岔速度限制较少等优点，因而适合在运量较大、高速行车的线路上使用。

③连接部分：包括两根直轨和两根导曲线轨，把转辙部分和辙叉部分连接起来，使之成为一组完整的道岔。由于导曲线部分不设缓和曲线和外轨超高，列车突然通过道岔时如果速度过高，突然产生的离心力就很大，特别是当侧向通过时，车轮对尖轨、护轨和翼轨都有冲击。速度过大，冲击力就很大，这样不仅会造成很大程度的摇晃，使乘客感到不适，而且威胁行车安全，因此必须限制列车的过岔速度。

（2）对称道岔：对称道岔由主线向两侧分为两条线路，道岔各部分均按辙叉角平分线对称排列，两条连接线路的曲线半径相同，且无直线和侧向之分，因此两侧线的运行条件相同，如图 2-23 所示。

图 2-23 对称道岔

除此之外，在车场等线路比较多的地方还会有三开道岔、菱形道岔、复式交分道岔等。

（七）独轨铁路轨道结构

独轨交通按结构形式一般分为悬挂式和跨座式两种。相对来讲，采用跨座式较多，轨道梁、转辙机和转向架是独轨系统的关键技术。由于独轨系统的走行轮、定向轮都采用橡胶轮胎，因此车体结构必须轻量化，轨道梁和支座材料的耐温、耐潮湿和耐酸性要求也很高。

（1）跨座式轨道：跨座式轨道结构由轨道梁、道岔、支柱和基础构成，如图 2-24 所示。

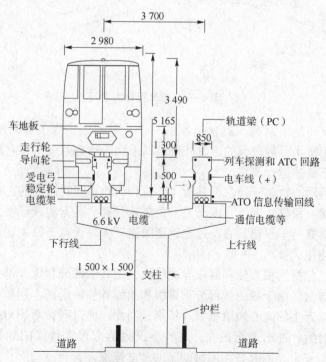

图 2-24 跨座式独轨系统的轨道断面（单位：mm）

轨道结构通常为支柱上端的预应力钢筋混凝土轨道梁，其上铺设钢轨，车轮自车厢的下部支承于钢轨上。轨道梁的作用是引导列车运行，直接承受车轮传来的巨大压力，并将压力通过立柱传递到基础上。支柱的作用是支撑轨道梁，承受由轨道梁传递的车辆载荷。轨道梁的上表面是车辆走行的行驶路面，两个侧面是水平向轮的导轨，也是水平稳定轮的支撑。轨道梁在两侧中部设有刚性滑触式导电轨，在梁内两顶角处设有信号系统 ARP/TD 感应环线，梁体底部设有供电和通信、信号系统电缆托架，梁下托架在桥墩处设支架绕过支座。跨座式独轨车辆走行装置跨座在走行轨道上，器车体重心处于走行轨道的上方。车辆以车身包围路轨，因此不容易出轨。

跨座式轨道道岔由一定长度的道岔梁组成，如图 2-25 所示。道岔梁一端可以移动，整个梁与梁下方的支撑台固定在一起，由台车上的电动机驱动。其道岔分为两类，一类是柔性铰接型，可使道岔梁连续完成曲线；另一类为简易铰接型，转辙时道岔梁在转辙点前方保持一定距离的直线。与普通铁路道岔一样，独轨铁路根据连接线路的形式，其道岔可分单开道岔和交叉道岔。

图 2-25 跨座式轨道道岔

（2）悬挂式独轨铁路轨道结构：悬挂式独轨铁路与跨座式独轨铁路的轨道结构比较相似，有共同的优点，所不同的是车辆控制装置和空调设备等不是装在车地板下面，而是装在车顶部位，如图 2-26 所示。

图 2-26 悬挂式轨道

悬挂式独轨铁路的轨道梁，由一定跨距的钢支柱或钢筋混凝土支柱架在空中，车辆悬挂在轨道梁下运行。它的特点是轨道梁为钢制断面，底部有开口，充气轮胎组成的转向架在轨道内走行，车体悬挂在转下架的下面，车辆走行平稳，噪声低。

（八）磁浮轨道

磁浮系统突破了传统的钢轮钢轨系统的界限，是一个无车轮、无接触的轨道交通系统。磁浮系统的轨道结构由轨道梁、支架、道岔等组成。轨道梁不仅起支撑列车负荷、引导列车前进方向的作用，而且还是列车动力产生的要素之一。磁浮系统轨道梁的结构形式与磁浮系统类型有关。

磁浮轨道也称为导轨，按导轨结构形式划分，有"T"形导轨、"U"形导轨和"一"形导轨。

（1）"T"形导轨：导轨梁横断面为"T"形，如图 2-27 所示。电机驱动绕组及悬浮绕组均安装在导轨梁两侧翼的下方，导向绕组安装在两侧翼的外端。导轨梁直接安装在桥墩上。其优点是列车"抱着"导轨运行，安全性好，且线路半径可以设置得比较小。缺点是对轨道梁的加工精度和列车的悬浮及导向的控制要求很高。德国高速磁浮捷运和日本中低速 HHST 系统采用了这种导轨。

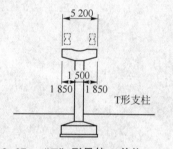

图 2-27 "T"形导轨（单位：mm）

（2）"⊥"形导轨：类似城市轨道交通中的跨座式交通。日本在早期实验中曾经采用，但现已淘汰。

（3）"U"形导轨：导轨梁横断面为"U"形，列车在"U"形槽中运行。地面的驱动、悬浮及导向绕组均安装在"U"形槽的内侧壁。导轨梁可用高架结构架设在桥墩上，也可用无砟轨道形式铺设在路基上。与"U"形导轨相比，"U"形轨道梁的加工精度及对列车的悬浮控制、导向控制的要求较低，但最小曲线半径较大。

（4）"一"形导轨：车辆绕组均安装在车辆的正下方，列车在导轨梁上方运行。导轨梁一般架设在桥墩上，采用高架结构。"一"形导轨结构简单，但导向功能稍差，主要用于中低速磁浮系统。

四、施工与监护

（一）地下隧道施工

地下线路主要用于交通繁忙路段和市区繁华路段，地质条件复杂，环境保护要求高，施工难度较大。相应的施工方法和工艺如下：

（1）明挖法：明挖法是指挖开地面，由上向下开挖土石方至设计标高后，自基底由下向上顺作施工完成隧道主体结构，最后回填基坑或恢复地面的施工方法。

明挖法是各国地下铁道施工的首选方法，在地面交通和环境允许的地方通常采用明挖法施工，浅埋地铁车站和区间隧道也经常采用明挖法。明挖法施工属于深基坑工程技术。由于地铁工程一般位于建筑物密集的城区，因此深基坑工程的主要技术难点在于对基坑周围原状的保护，防止地表沉降，减少对既有建筑物的影响。明挖法的优点是施工技术简单、快速、经济，常被作为首选方案；但缺点也是明显的，如阻断交通时间长，噪声与振动等对环境造成影响。

明挖法工序一般可以分为四大步：维护结构施工，内部土方开挖，工程结构施工，管线恢复及覆土。

（2）盖挖法：盖挖法是由地面向下开挖至一定深度后将顶部封闭，其余的下部工程在封闭的顶盖下进行的施工方法。主体结构可以顺作，也可以逆作。在城市繁忙地带修建地铁时往往占用道路、影响交通。当地铁车站设在主干道上，而交通不能中断，且需要确保一定交通流量要求时，可选用盖挖法。

①盖挖顺作法：盖挖顺作法是在地表作业完成挡土结构后，以定型的预制标准覆盖结构（包括、横梁和路面板）置于挡土结构上维持交通，往下反复进行开挖和加设横撑，直至设计标高。由下而上依次是：施工主体结构和防水措施；回填土并恢复管线路或埋设新的管线路；最后拆除预制标准覆盖结构，回填和恢复路面。在道路交通不能长期中断的情况下修建车站主体时，可考虑采用盖挖顺作法。

②盖挖逆作法：盖挖逆作法是先在地面向下做基坑的维护结构和中间桩柱。和盖挖顺作法一样，基坑维护结构多采用地下连续墙或帷幕桩，中间支撑多利用主体结构本身的中间立柱以降低工程造价。随后即开挖表层土体至主体结构顶板地面标高，利用未开挖的土体作为土模浇筑顶板。顶板可以作为一道强有力的横撑，防止维护结构向基坑内变形，待回填土后将道路复原，恢复交通。以后的工作都是在顶板覆盖下进行，即自上而下逐层开挖并建造主体结构直至底板。如果开挖面积较大、覆土较浅、周围沿线建筑物过于靠近，为尽量防止因开挖基坑而引起临近建筑物的沉陷，或需及早恢复路面交通但又缺乏定型覆盖结构，常采用盖挖逆作法施工。

③盖挖半逆作法：盖挖半逆作法与逆作法的区别在于顶板完成及恢复路面后，向下挖土至设计标高后先浇筑底板，再向上逐层浇筑侧墙、楼板。在半逆作法施工中，一般都必须设置横撑并施加预应力。

（3）暗挖法：暗挖法是在特定条件下不开挖地面，全部在地下进行开挖和修筑衬砌结构的隧道施工方法。暗挖法主要包括钻爆法、盾构法、掘进机法、浅埋暗挖法、顶管法、沉管法等。其中尤以浅埋暗挖法和盾构法应用较为广泛。

①浅埋暗挖法：浅埋暗挖法即松散地层的新奥法施工。新奥法（即新奥地利隧道施工方法的简称）是充分利用围岩的自承能力和开挖面的空间约束作用，采用锚杆和喷射混凝土为主要支护手段对围岩进行加固，约束围岩的松弛和变形，并通过对围岩和支护的量测、监控，指导地下工程的设计施工。浅埋暗挖法是针对埋置深度较浅、松散不稳定的上层和软弱破碎岩层施工而提出来的，如深圳地铁区间隧道大部分采用了浅埋暗挖法施工。浅埋暗挖法的施工技术特点：围岩变形波及地表；要求刚性支护或地层改良；通过试验段来指导设计和施工。

②盾构法：修建地铁隧道盾构法施工是以盾构这种施工机械在地面以下暗挖隧道的一种施工方法。盾构是一个既可以支撑地层压力又可以在地层中推进的活动钢筒结构，钢筒

的前端设置有支撑和开挖土体的装置，钢筒的终端安装有顶进所需的千斤顶，钢筒的尾部可以拼装预制或现浇隧道衬砌环。盾构每推进一环距离，就在盾尾支护下拼装（或现浇）一环衬砌，并向衬砌环外围的空隙中压注水泥浆以防止隧道及地面下沉。盾构推进的反力由衬砌环承担。盾构施工前应先修建一竖井，在竖井内安装盾构，盾构开挖出的土体由竖井通道送出地面。盾构法的主要优点：除竖井施工外，施工作业均在地下进行，既不影响地面交通又可减少对附近居民的噪声和振动影响；盾构推进、出土、拼装衬砌等主要工序循环进行，施工易于管理，施工人员也比较少；土方量少；穿越河道时不影响航运；施工不受风雨等气候条件的影响；在地质条件差、地下水位高的地方建设埋深较大的隧道，盾构法有较高的技术经济性优越性。

（二）地面与高架结构施工

（1）地面筑堤法：是一种从地面筑起护堤，在堤上铺设道床和轨道的方法。地面筑堤方式虽然建设费用不高，但堤下土地不能利用，造价反而更高。其施工步骤为：堆筑路基—压实成型—铺设道床。

（2）高架桥法。高架桥主要是用混凝土建造。高架桥法类似于城市高架桥和公路高架桥的形式，有拱形桥、梁形桥和刚性框架桥。高架桥主要由梁、墩台和基础三部分组成，高架桥跨越一般河流时，桥孔孔径应保证设计满足洪水、流水及其他漂流物或船只通过的安全要求。当高架桥跨越铁路、公路或城市道路时，桥梁孔径及净空应满足有关规范的规定限界。一般情况下，城市地势平坦，全线采用高架结构，为了节省轨道交通的造价，高架桥结构要求有较小的建筑高度。高架桥施工步骤为：打桩与浇筑桩基—浇筑承台与支柱—安装或现场浇筑轨道梁。

第二节　城市轨道交通车站

城市轨道交通车站具有供列车停靠和方便旅客乘降、集散的功能，车站的选址、布置、规模等对轨道交通运营效果具有决定性意义。优良的车站建筑既能为乘客提供安全、便捷、舒适的乘车条件，又能吸引更多的客流，获得更好的运营效益，同时可以美化城市环境，取得经济、社会、环境的综合效益。

一、城市轨道交通车站的分类

车站是城市轨道交通中最重要的组成部分之一，除了具有供列车停靠和方便旅客乘降、集散的功能，某些车站还须提供折返、停车检修、临时待避与存放车辆的功能。因此要求车站能安全、迅速、方便地组织乘客进出，能全面、可靠、机动地满足运营的要求，同时具备良好的通风、除湿、照明、防灾、清洁卫生、减噪减震条件，以及要具备内部装修统一和谐、外部建筑景观协调的特点。车站按不同的方法有不同的分类，下面介绍几种分类方法。

（一）按车站运营性质

按车站运营性质可分为终点站、一般中间站、中间折返站、换乘站，如图2-28所示。

（1）终点站：始发、终点站往往位于线路的两个端头，需要大量办理列车的终点折返和始发作业。线路两端的车站一般设有多个股道，用于旅客乘降、列车折返、少量的检修作业。

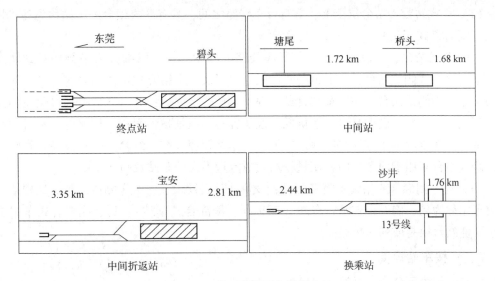

图 2-28　按运营性质分类的车站

（2）中间站：中间站也叫一般中间站，设于城市轨道交通运营线上，仅供乘客上下车。它功能单一，是城市轨道交通线数量最多、最常见的车站。

（3）中间折返站：中间折返站同样位于城市轨道交通运营线上，但它主要设于轨道线路行车密度不同的交界处，具有折返设备，可用于旅客乘降，列车小交路折返。车站因某一方向的到发客流较大而需设置列车折返设施，以满足列车开行的合理组织。

（4）换乘站：指在两条或两条以上轨道交通线交叉点设置的车站，用于线路之间的换乘。换乘站位于两条及以上线路交叉处，往往有大量的乘客在此换乘不同线路的列车。因此，换乘站需要设置方便不同线路乘客的换乘通道。

（5）通勤站：设在车站与车辆基地的联络线上，供内部职工上下班通勤乘降使用。

（二）按车站站台形式

按车站站台形式可分为岛式站台，侧式站台，岛、侧混合式站台，如图 2-29 所示。

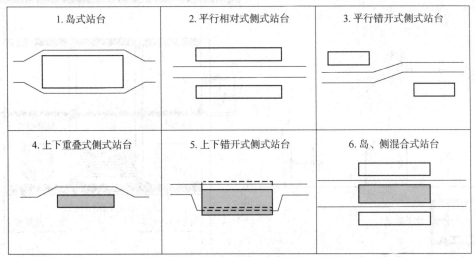

图 2-29　按站台不同形式分类的车站

（1）岛式站台：站台位于上、下行行车线路之间，具有岛式站台的车站称为岛式站台车站（简称岛式车站）。

（2）侧式站台：站台位于上、下行车线路的两侧，又可以细分为平行相对式侧式站台、平行错开式侧式站台、上下重叠式侧式站台以及上下错开式侧式站台等。具有侧式站台的车站称为侧式站台车站（简称侧式车站）。侧式车站站台上、下行乘客可避免相互干扰，正线和站线间不设喇叭口，造价低，改建容易，但是站台面积利用率低，不可调剂客流，乘客中途改变乘车方向须经地道或天桥，车站管理分散，站台空间不及岛式宽阔，因此，侧式站台多用于两个方向客流量较均匀或流量不大的车站及高架车站。

（3）岛、侧混合式站台：将岛式站台及侧式站台同设在一个车站内，具有这种站台形式的车站称为岛、侧混合式站台车站（简称岛、侧混合式车站）。岛、侧混合式车站主要用于两侧站台换乘或列车折返。

（三）按车站规模

按车站规模可分为一级站、二级站、三级站。

（1）一级站：客流量大，多建于城市中心区的大型商贸中心、大型交通枢纽中心、大型集会广场、大型工业园区和位置重要的政治中心地段。

（2）二级站：客流量较大，多建于较繁华的商业区、中型交通枢纽中心、大型文体中心、大型公园及游乐场、较大的居住区及工业区地段。

（3）三级站：客流量较小，多建于不太繁华的地段和郊区。

对于客流量特别大，有特殊要求的车站，其规模等级可列为特级站。车站等级是车站设置相应机构和配备定员的基本依据之一。

（四）按车站所处位置

按车站所处位置可分为地下车站、地面车站、高架车站，如图2-30、图2-31所示。

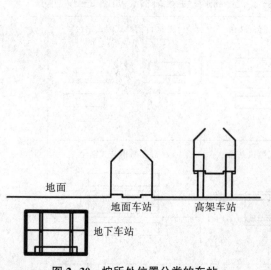

图 2-30　按所处位置分类的车站

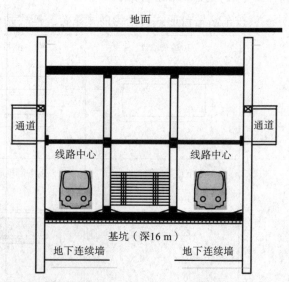

图 2-31　地下车站横剖面图

二、城市轨道交通车站的组成

按照车站的使用功能，城市轨道交通车站一般包括站厅、设备区、站台。其中站厅分为付费区和非付费区。按照车站的建筑空间位置，车站一般包括车站主体、出入口及通道、通风道及风亭（地下）和其他附属建筑物。如图2-32所示。

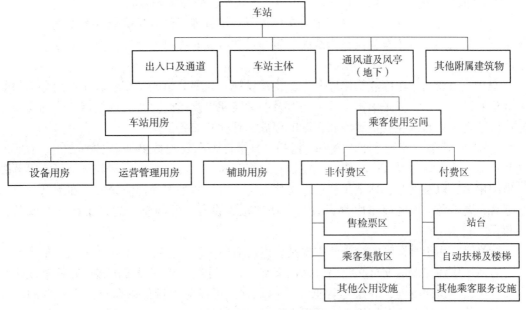

图2-32　车站组成示意图

车站主体是列车的停车点，它不仅要供乘客上下车、集散、候车，一般也是办理运营业务和运营设备设置的地方。车站主体根据功能分为两大部分：

（一）乘客使用空间

乘客使用空间约占总面积的50%，主要包括：站厅、站台、出入口、通道、售票处、检票口、问讯处、公用电话、小卖部、楼梯及自动扶梯等，可分为非付费区和付费区。非付费区的最小面积一般可以参照能容纳高峰小时5分钟内聚集的客流量的水平来推算。一般车站，通常非付费区的面积应略大于付费区。

（二）车站用房

车站用房包括运营管理用房、设备用房和辅助用房。

（1）运营管理用房：保证车站正常运营和营业秩序的办公用房，主要包括：站长室、行车值班室、业务室、广播室、会议室、公安保卫室、清扫员室等。

（2）设备用房：保证列车正常运行、车站内具有良好环境条件及在事故灾害情况下能及时排除灾情不可缺少的设备用房，主要包括：环控室、变电所、综合控制室、防灾中心、通信机械室、信号机械室、自动售检室、泵房、冷冻站、机房、配电等设备的用房和值班室。

（3）辅助用房：保证车站内部工作人员正常工作生活所设置的用房。供站内工作人员使用的，主要包括：厕所、更衣室、休息室、茶水间、盥洗间、储藏室等。

第三节　城市轨道交通车辆基地

一、城市轨道交通车辆基地的功能

车辆基地主要由车辆段、停车场（库）、检修库、列检所等组成。

车辆段：是城市轨道交通系统中对车辆进行运用管理、停放及维修保养的场所。一般情况下一条线路设一个车辆段，当线路长度超过 20 km 时可以考虑设一个车辆段、一个停车场。

车辆段主要由停车库、检修库和办公生活设施三大部分组成。车辆段主要划分为检修区和运营区，主要任务是承担车辆的运营及各种定期检修作业。所有的检修工作均集中在检修区进行，运营区主要负责段属车辆的停放、列检和乘务工作。

停车场（库）：兼有停车、整备、清扫、日常检查和驾驶员出乘等多种功能。为实现这些功能，停车库除设有停车线外，还设有运用车间、运转值班室、驾驶员待班室等驾驶员出乘用房，以及列车、列车车载信号检修用房。由于列车本身价值昂贵，在地铁运行中占据着重要地位，因此停车库都设置自动防灾报警设备，并与整个地铁消防系统联系在一起。

检修库：用于对车辆的检修，方式是在库内对列车的走行部、车体及车顶设备进行检查。为便于作业和保证安全，线路应采用架空形式。除线路中间设置地沟，在检修线两侧应设三层立体检修场地，底层地坪低于库内地坪，可以对走行部以及车体下布置的电气箱、制动单元、蓄电池进行检查；顶层主要对车辆顶部的受电弓、空调设备进行检修，车顶平台设有安全栏杆。

列检所：利用列车的停放时间和停放场地对车辆的重要部件进行例行技术检查，对危害行车安全的一般故障进行重点修理。列检所一般设在停车场（库）或列车折返时停留和准备场所的停车线旁。

（一）车辆段功能

车辆段的主要功能有：承担所属线路的车辆停放、清洁、列检工作；承担所在线路车辆及以下车辆检查维修和临修工作；承担所属线路和由多条联络线互相沟通的线路的车辆架修、大修工作；承担车辆部件的检测、修理工作，满足车辆换部件的需求。其维修能力的设置也可使其成为地铁网络的车辆部件维修点为其他车辆服务。

车辆段一般还兼有综合检修基地功能，是保障线路各系统正常运行的保障基地和管理部门。在停车场一般设置各系统的维修工区，属综合检修基地管辖。综合检修基地的功能和任务如下。

（1）承担所辖线路沿线隧道、线路和桥梁等设施的检查、保养和维修工作。

（2）承担所辖线路车站建筑和地面建筑的保养和维修工作。

（3）承担所辖线路变电所、接触网、供电线路和设备的运行管理、检查、保养和维修工作。

（4）承担所辖线路各机电系统及设备的运行管理、检查、保养和维修工作。

（5）承担所辖线路通信、信号系统的运行管理、检查、保养和维修工作。

（6）承担所辖线路自动售检票系统和设备的运行管理、保养和维修工作。

（7）承担所辖线路防灾报警系统、设备监控系统的检查、保养和维修工作。

（8）承担所辖线路运营、检修所需的各类材料、设备以及备品配件的采购、储备、保管和发放工作。

（二）车辆段组成

车辆段主要由列车停放区、车辆清洗区、检查和小修库、大修车间、机车库组成。车辆段的典型布置形式及其主要设备如图 2-33 所示。

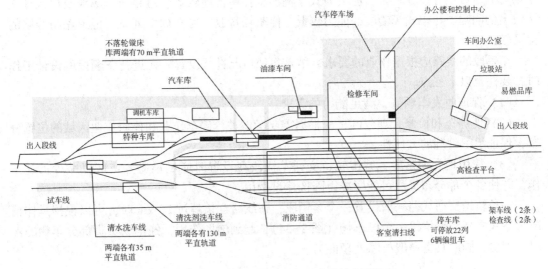

图 2-33　车辆段的典型布置形式及其主要设备

（1）车辆段应有足够的停车场地，确保能够停放管辖线路的回段车辆。车辆段的位置应保证列车能够安全、便捷地进入正线运行，并应尽量避免车辆段出入线坡度过大、过长。

（2）车辆段内需设检修车间。检修车间的工作地点为架修库、定修库和月修库；列检作业在列检库或停车库（线）进行；架、定修库内要有桥式起重机和架车设备、车轮镟削机床及存轮库，必要时应设不落轮车轮镟床；架、定修库内应有转向机、电机、电气、制动机维修间，应设转向架等设备的清扫装置，单独设立喷漆库；车辆段内还应有车辆配件仓库。

（3）根据运营管理模式的要求，多数运营单位在段内设运用车间，车间下辖乘务队、运转值班室、信号楼、乘务员备乘休息室、内燃轨道车班等。

（4）车辆段内还应有设备维修车间，负责段内的动力设施及通用设备维修。

（5）有车辆清洗设备，并设专用的车辆清扫线。

（6）车辆段内一般还设有为供电、通信信号、工务和站场建筑服务的维修管理单位。

（7）有办公楼与其他服务设施，如培训场地、食堂、会议厅等。

轨道交通车辆段根据生产需要和所担负的任务范围一般应设置下列线路：

连接线路：出入段线。

停放线路：列车停放线。

作业线路：列检作业线、月检作业线、定修线、临修线、架修线。

辅助作业线路：外皮清洗线、吹扫线、油漆线、不落轮线。

试验线路：静态调试线、动态试车线。

辅助线路：调机停放线、牵出线、材料装卸线、回转线、干线铁路联络线、救援列车线等。

二、车辆段及停车场的布置

车辆段一般可布置为贯通式或尽端式，贯通式由于两端均可收发列车，能力较强，停车场每股道可以停放 3 列车。但贯通式车辆段也存在占地较大、道路与车场线及出入线交叉较多的问题。尽端式车辆段的能力较低，停车场每股道可停放 2 列车，但道路与线路的交叉较少。

车辆段的线路应根据作业的要求，结合实地情况进行设置。在进行车辆段的设计工作时，要注意以下三点。

（1）保证收发车顺畅，满足能力的需求。

（2）使停车和检修合理分区，应根据需要考虑进行停车作业和检修作业区域的位置分布，保证组织管理的方便性。

（3）使用地合理紧凑，城市轨道交通车辆段在设置时应尽量避开市区以减少拆迁工作，并使各个部分布局尽可能紧凑以降低建设费用。

一条轨道交通线路一般设置一个车辆段，在线路全长超过 20 km 时，可以根据具体情况考虑在本条线路增设一个停车场（图 2-34），起到辅助作用，停车场负责部分车辆的停放、列检，同时具备一般故障处理能力。

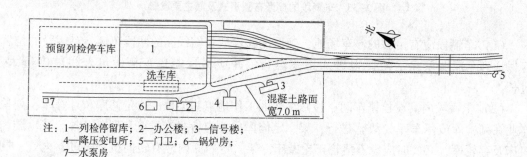

注：1—列检停留库；2—办公楼；3—信号楼；
4—降压变电所；5—门卫；6—锅炉房；
7—水泵房

图 2-34　某停车场的总平面布置图

习　题

1. 线路平面技术要素设计的主要内容包括哪些？
2. 轨道由哪些基本部件组成？
3. 车站由哪几部分组成？各自的作用是什么？
4. 车辆基地由哪几部分组成？各自的作用是什么？

第三章
城市轨道交通车辆系统

第一节　城市轨道交通车辆的类型

目前城市轨道交通车辆的供应商较多，导致各个拥有地铁的城市，其车辆规格各异。同时，城市轨道车辆形式的划分也没有一个十分严格的标准，本书中的划分方法主要依据《城市轨道交通工程项目建设标准》（建标104—2008）及《地铁车辆通用技术条件》（GB 7928—2003）。根据城市轨道交通的形式，目前车辆大致可以划分为地铁车辆、轻轨车辆、独轨车辆等。然而还可以根据其他方式进行分类：

（一）根据车体宽度划分

只有车辆的宽度最具有参考性，不同的宽度满足不同的运能需要，而且宽度一旦成型就无法改变，因此车辆宽度才是区分不同车型的唯一标准。各种城市轨道交通车辆的主要技术特征和规格如表3-1所示。

表3-1　各种城市轨道交通车辆的主要技术特征和规格

运能类型	Ⅰ级	Ⅱ级	Ⅲ级	Ⅳ级	Ⅴ级
系统类型	高运量	大运量地铁	中运量轻轨、独轨	次中运量轻轨、独轨	低运量轻轨
适用车辆类型	A 型车	B 型车和 Lb 型车	C-Ⅰ、Ⅲ型车 和 Lb 型车	C-Ⅱ型车	现代有轨电车
最大客运量 /单向小时人次	4.5 万~ 7.5 万	3.0 万~ 5.5 万	1.0 万~ 3.0 万	0.8 万~ 2.5 万	0.6 万~ 1.0 万
线路形态	隧道为主	隧道为主	地面或高架	地面为主	地面
路用情况	专用	专用	专用	隔离或少量混用	混用为主
站台高低	高	高	高	低（高）	低
车辆宽度/m	3.0	2.8	2.6（C 型车） 2.8（Lb 型车）	2.6	2.6

运能类型	Ⅰ级	Ⅱ级	Ⅲ级	Ⅳ级	Ⅴ级
车辆定员 /[人·(m²)⁻¹]	310	240	217	220	104~202
最大轴重/t	16	14	11（C型车） 13（Lb型车）	10	9
最大时速 /(km·h)⁻¹	80~100	80~100	80（C型车） 90（Lb型车）	70	45~60
平均运行速度/(km·h)⁻¹	34~40	32~40	30~40	25~35	15~25
轨距/mm	1435	1435	1435	1435	1435
额定电压/V	DC1500	DC750	DC1500/750	DC750/600	DC750/600
受电方式	架空线	第三轨	架空线/第三轨	架空线	架空线

注：① 广州地铁 3 号线 A 型车设计最高时速为 120 km/h，上海地铁 11 号线北段车辆设计最高时速为 108 km/h。

② 广州地铁 4 号线、5 号线直线电机车辆采用 DC1 500 V 第三轨供电方式。

③ A、B、C 型车为旋转电机车辆系列，Lb 型车为直线电机车辆系列。

（二）按车辆的牵引控制系统划分

按照车辆的牵引控制系统，可分为直流车辆，交流变压、变频车辆等。

（三）按车体材料划分

按车体材料可分为不锈钢车、铝合金车和耐候钢车辆等。

（四）按受电方式划分

按受电方式可分为受电弓车、第三轨受流器车及受电弓加受流器车辆等。

（五）按电压等级划分

按电压等级可分为直流 1 500 V 和直流 750 V 两种类型。

（六）车辆技术参数含义

车辆技术参数是概括地介绍车辆技术规格的某些指标，是从总体上表征车辆性能及结构的一些参数，一般可分为性能参数与主要尺寸两大类。

1. 车辆性能参数

（1）自重、载重：车辆自重是指车辆本身的全部质量；车辆载重是指车辆允许的正常最大装载质量。

（2）构造速度：构造速度是指车辆基于安全及结构强度的考虑，设计时所允许的车辆最高行驶速度。车辆的实际运行速度一般不允许超过构造速度。

（3）轴重：轴重是每根车轴允许负担的最大总质量，包括轮对自身的质量。

（4）最小曲线半径：最小曲线半径是指车辆在站场或厂、段内调车时所能安全通过的最小曲线半径。当车辆在此曲线区段上行驶时不得出现脱轨、倾覆等危及行车安全的事故，也不允许转向架与车体底架或车下其他悬挂物相碰。车辆通过曲线最小半径的大小与车辆的运行速度有关。

（5）速度：速度参数包括最大启动速度、平均启动加速度和最大制动减速度。

（6）冲击率：用来衡量由于工况改变引起的列车中各车辆所受到的纵向冲击。在城轨车辆中，主要用于说明车辆本身电气及制动控制系统所应达到的冲动限制。用加速度变化率来衡量，单位为 m/s³。

（7）车辆平稳性指标：车辆平稳性是评定乘客舒适程度的主要依据，反映了车辆振动对人体感受的影响，因此评定车辆平稳性的方法主要以人的感觉疲劳程度为依据，通常以平稳性指标表示。

（8）座椅数及每平方米地板面积站立人数：此参数与列车尺寸相关，也与设计的服务水平相关。

（9）每延米轨道载重：车辆设计中与桥梁、线路强度密切相关的一个指标，同时又是能否充分利用站线长度、提高运输能力的一个指标，其数值是车辆总质量与车辆全长之比。城市轨道车辆该参数按设计任务书规定。

2. 车辆的主要尺寸

（1）车体的长、宽、高：车体的长、宽、高又有车体外部和内部的区别。车体内部的长、宽、高必须满足乘客舒适乘坐的要求，而车体外部的长、宽、高应符合车辆限界的要求。车体外部（内部）长度是指车体两端墙板外（内）表面间的水平距离；车体外部（内部）宽度是指车体两侧墙板外（内）表面的水平距离；车体外部（内部）高度是指由地板下（上）平面至车顶中央部位外（内）表面间的垂直距离。

（2）车辆的长、宽、高：车辆的长度是指车辆处于自由状态，车钩呈锁闭状态时，两端车钩连接面之间的距离；车辆的宽度是指车辆两侧的最外突出部之间的水平距离；车辆的高度是指空车时，车体上外表面至轨面的垂直距离。

（3）车辆最大宽度：指车体横断面上最宽部分的尺寸。

（4）车辆最大高度：指车辆顶部最高点与钢轨顶面之间的距离。通常需说明与最高点相关的结构，如有无空调、受电弓的状态等。

（5）车辆定距（又称转向架中心距）：指同一车辆的两转向架回转中心之间的距离。

（6）固定轴距：指同一转向架的两车轴中心线之间的距离，图3-1所示为车辆主要尺寸的关系示意图。

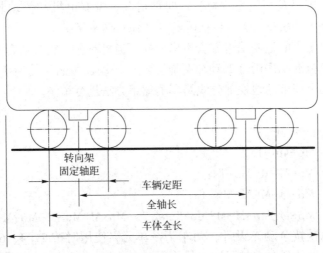

图3-1　车辆主要尺寸的关系示意图

（7）车钩高：指车钩连接面中点至轨面的高度，取新造或修竣后空车的数值。列车中各车辆的车钩高基本一致，是保证车辆正确连挂、列车运行中正常传递牵引力及不会发生脱钩事故所必备的因素。不同车型车钩高有所差异。

（8）地板面高度：指车辆地板面与钢轨顶面之间的距离。地板面高度与车钩高一样，指新造或修竣后空车的数值。它受两方面的制约，一是车辆本身某些结构高度的限制，如车钩高及转向架下心盘面的高度；二是与站台高度标准有关，规定车辆地板面应与站台高度相协调。不同车型地板面高度有所差异。

第二节　城市轨道交通车辆机械组成部分

城市轨道交通车辆是技术含量较高的机电设备，也是城市轨道交通工程中最关键的设备，其选型和技术参数不仅是界定线路技术标准的基础，同时也是确定系统运营管理模式和维修方式的基本条件，而且还是系统设备选型和确定设备规模的重要依据。各城市的城市轨道交通车辆结构和性能不尽相同，但是它们都是尽可能结合城市各自的特点，以满足城市交通容量大、安全、快速、舒适、美观、节能和环保的要求，并具有先进性、可靠性和实用性。

由于城市轨道交通车辆是运载乘客的工具，应满足乘客对乘车舒适、准时的要求，所以要在综合考虑各项因素后对车辆整体进行科学的编组。按照预期的目的，将各独立的车辆连接起来，成为一个运行体，称为车辆编组。

车辆编组一般应考虑：线路坡度、运营密度、站间距离、舒适度、安全可靠性、工程投资、客流大小等因素。例如：必须满足单向高峰小时断面客流量的需要；兼顾信号系统设备所能达到的行车密度（或行车间隔），即系统设计能力；既满足高峰时的客流要求，又能提高平时的车辆满载率，实现节能和降低运营成本；考虑编组对初、近、远期客流变化的适应能力；结合运行交路的设计，合理选择车辆编组，实现经济、合理、高效。

为了编组运营的需要，城市轨道交通车辆划分为动车、拖车等多种形式。有电机和传动装置的车辆称为动车。而动车又分为无受电弓（M 或 C）、有受电弓（Mp 或 B）、有司机室（Mc）、有受电弓及司机室（Mcp）四种情况。没有电机和传动装置的车辆称为拖车。而拖车又分为无司机室（T）和有司机室（Tc）两种情况。

目前我国各个城市的地铁编组方法不尽相同，但是具体编组方法都采用动、拖车混编的方式。一般动、拖混编采用"四动加两拖"或"六动加两拖"的连接方式。

下面以中国几个城市的地铁部分线路车辆编组方法进行举例。

上海地铁：

3 节编组：Mcp-M-Mcp；

4 节编组：Tc-Mp-Mp-Tc；

6 节编组：Tc-Mp-M-M-Mp-Tc；

7 节编组：Tc-Mp-M-M-M-Mp-Tc；

8 节编组：Tc-Mp-M-Mp-M-M-Mp-Tc 或 Tc-Mp-M-Mp-M-Mp-M-Tc。

早期的北京地铁按全动车设计，两车为一单元，使用时按 2、4、6 辆编挂组成列车组。目前，北京地铁的列车有带司机室的拖车（Tc1 车、Tc2 车）、不带司机室的拖车（T车）和不带司机室的动车（M 车）三种车型，采用贯通式车厢，乘客可任意走动。一个动车和一个拖车为一个制动单元，使用时按 2、4、6 节进行编组。当采用 6 节编组时，排列为：Tc1-M1-M3-T3-M2-Tc2。

天津滨海轻轨车辆在开通初期为 4 节编组，采用"二动二拖"形式，编组为 Mcp-T-T-Mcp。

远期为 6 节编组，采用"三动三拖"形式，编组为 Mcp-T-T-M-T-Mcp。

每个城市会根据自己特有的客流量、车站位置、运行路线等方面的情况采用相应的编组方法，以达到整体运营的最优效果。

城市轨道交通车辆的结构基本由车体、车门、车辆连接装置、车辆走行装置、制动系统、牵引系统、辅助设备（包括辅助电源、通风和空调设备、照明设备）和列车控制系统等组成。

一、车体

（一）车体

车体是容纳乘客和司机（对于有司机室的车辆）的部分，又是安装和连接其他设备及组件的基础，是城市轨道交通车辆最重要的部件之一。车体底架下部及车顶上部安装有大量的机电设备，构成车辆的主体。车体设计要求其具有较好的隔音、减震、隔热、防火等性能，在事故状态下尽可能保证旅客安全，同时车体自身的质量要求也较为严格。

城市轨道交通车辆的车体采用模块化设计，是由底架、侧墙、端墙、车顶四大部分组成的封闭筒形薄壳整体承载结构，如图 3-2 所示。其部件间的连接方式主要是手弧焊接、接触点焊、螺栓连接、铆钉连接等。车体的主要承载件，如地板梁、侧梁、侧墙板、车顶板等均由断面较复杂且承载能力较强的大型中空挤压型材制成。

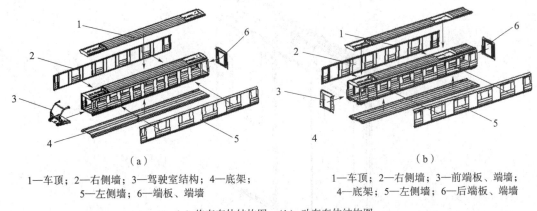

1—车顶；2—右侧墙；3—驾驶室结构；4—底架；
5—左侧墙；6—端板、端墙

1—车顶；2—右侧墙；3—前端板、端墙；
4—底架；5—左侧墙；6—后端板、端墙

（a）拖车车体结构图；（b）动车车体结构图

图 3-2　车体结构图

车体按照所使用的材料不同可分为碳素钢车体、铝合金车体和不锈钢车体三种类型，早期的城市轨道车辆车体材料基本上是以碳素钢（包括普通低碳钢和耐候钢）为主，目前主要使用铝合金和不锈钢材料。

车体各部分结构、组成如下：

（1）车顶：车外顶板两侧小圆弧部分采用形状复杂的中空截面挤压铝型材，中部大圆弧部分为带有纵向加强杆件的挤压成型的车顶板，其长度与车顶等长，车顶组装时仅留下几条与车顶等长的纵向长焊缝。

（2）侧墙、端墙：以上海地铁 11 号线 11A01 型电客列车为例，车体的侧墙左右各有 5 扇车门和 4 个车窗，侧墙被分隔成 6 块带窗框、窗下间壁及左右窗间壁或门间壁的分部件，全车共 12 块，在组装时分别各自与底板、车顶拼接，各块分部件亦为整体的挤压铝型材。客室内的侧墙、端墙都采用阻燃的密胺树脂胶合板，内侧均涂抹阻尼层并贴有保温材料，所以侧墙、端墙都具有隔热保暖的功能。

（3）地板：直流传动车辆与交流传动车辆的客室地板的结构是不同的。直流传动车的地板是先在底板上纵向布置 4 mm 厚的橡胶条，再铺设 16 mm 厚的多层夹板，用螺钉将多层夹板固定在底架上，然后在多层夹板上粘贴 2.5 mm 厚的灰色 PVC 材料地板。PVC 是一种理想的具有耐磨、阻燃和防滑功能的地板面材料。由于粘贴塑料地板的黏结剂在潮湿的环境中很容易丧失胶性，因此如果多层夹板受潮，塑料地板就很容易起泡，甚至脱落。制造商在生产交流传动车时做了改进，将多层夹板改换成表面很平坦的铝型材，然后在铝型材表面直接粘贴 PVC 塑料地板，这就避免了塑料地板起泡和脱落的弊病。

（二）车门

（1）车门的结构与原理：根据城市轨道交通的特点，城市轨道车辆的车门应方便乘客或司机，并尽量缩短乘客上、下车时间，满足列车运行密度的要求，因此需要车门有足够的有效宽度并分布均匀。图 3-3 所示为城市轨道车辆一种典型的客室车门系统结构。

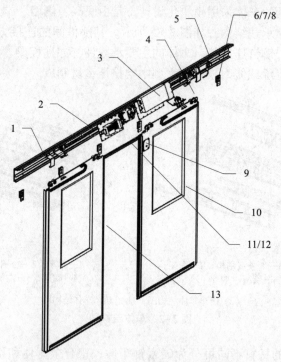

1—承载驱动机构；2—驱动部件；3—EDCU 部件；4—内操作装置；5—电机；6—安装螺母板；7—安装板；8—垫片；9—隔离锁；10—右门页；11—上密封毛刷；12—压板；13—左门页

图 3-3 典型的客车车门系统结构

一般情况下，城市轨道车辆的客室车门系统具有以下几个关键部件：

门页：每个客室车门由左右两个门页组成。

上部执行器：主要功能是确保门页做对称运行和协调运行，即确保车门的正常工作状态，其中主要的部件包括车门驱动系统和电子门控单元（Electrical Door Control Unit，ED-CU）。车门驱动装置主要是驱动车门做对称运行的执行装置。电子门控单元是车门的核心控制单元，接受来自司机室并通过列车控制总线传递的车门控制指令，并在列车运行过程中，与列车控制系统交换车门开启和闭合信息、紧急装置被操作信息、门位置传感器故障诊断信息等。另外 EDCU 与车门系统内部组件也进行相应的通信工作，从而完成相应的车门动作。

车门控制板：在司机室每侧的门柱上安装有控制客室车门的按钮，可根据选定侧打开同侧车门。在城市轨道车辆正常运行状态下，只有在运行司机室才能够控制车门。

车门切除系统：每一扇车门都安装了一个锁紧/切除装置，目的是当某车门出现故障时可以将该车门从服务状态切除并机械锁紧，不能再使用紧急解锁功能打开该门。可以在车内和车外，通过旋转双位方形钥匙（锁紧位、切除位）来实现。

（2）车门的种类：目前世界各国城市轨道车辆车门种类较多，可按其驱动方式和开启方式进行分类。

①按驱动方式分类：

电气风动门：由压缩空气驱动传动气缸，再通过机械传动系统和电气控制系统完成车门的开关动作。机械传动系统的作用是将传动气缸活塞杆的运动传递至车门，使车门动作。电气控制系统具有开关门控制、车门动作监视和列车控制电路联锁等功能。

电控驱动门：由电机提供驱动力，通过机械装置将滑行运动传送给门页。由于采用电机进行调速，因此在车门开关速度方面较电气风动门更容易控制；另外，电控驱动门也避免了电气风动门在布置时需额外铺设气路管道及其在运行过程中可能会出现漏气等问题，所以在城市轨道车辆车门实际选择使用时电控驱动门更受青睐。

②按开启方式分类：

内藏门：开关车门时门页在车辆侧墙的外挡与内护板之间的夹层内移动，传动装置设于车厢内侧车门的顶部，装有导轮的门页可在导轨上移动并与传动装置的钢丝绳或皮带相连接，借助汽缸或电动机驱动传动机构，从而使钢丝绳或皮带带动门页动作。内藏门外观如图 3-4 所示。

内藏门的特点是，驱动机构占用车辆上的空间较小，这与内藏门的运动方式有关，内藏门只做沿车长方向的直线运动，没有曲线运动，驱动机构相对较为简单，质量较轻，手动开、关门所需力量较小。

外挂门：也称为外移门，与内藏门区别在于开关车门时，门页均处于侧墙的外侧。外挂门采用模块化设计和安装，门页、车门悬挂机构以及传动机构的部分部件安装于车体侧墙外侧，电子门控单元和驱动电机装于车体侧墙的内侧。此外，车门还装有车门关闭行程开关、锁闭行程开关、切除开关以及紧急解锁开关。外挂门由电机带动丝杆转动，丝套在丝杆上的横向移动带动门叶在导轨上滑动。外挂门外观如图 3-5 所示。

采用外挂门形式的列车车厢内空间相对较大，由于门页始终位于车体侧墙的外侧，车辆运行过程中会产生一定的运行阻力。

塞拉门：主要由门页、电机、支承杆、托架组件、车门导轨、传动组件、制动组件、紧急解锁机构、车门旁路系统以及 EDCU 等组成。车门还装有锁闭行程开关、切除开关、紧急解锁开关和 EDCU 复位开关，实现对车门的电气控制。塞拉门外观如图 3-6 所示。

图 3-4 内藏门外观图

图 3-5 外挂门外观图

塞拉门的特点是，在开启状态时，车门移动到侧墙的外侧；在关闭状态时车门外表面与车体外墙成一平面，这不仅使车辆外观美观，而且有利于减小列车在高速行驶时的空气阻力和降低空气涡流产生的噪声，也便于自动洗车装置对车体的清洗。

另外，在绝大多数轨道车辆驾驶室前端还设有逃生门（图3-7）。通常情况下，逃生门处于锁闭状态。因紧急疏散或按计划对门进行维护时才打开。该逃生门系统为手动铰链式，在驾驶室内或室外都可开启，其打开方式为向外下方翻转，一旦门锁开启车门就能自动倒向路基，并且有缓冲器，从而不会导致车门开启的加速度过大而使门损坏。逃生门主要由门框、门扇、保险锁、气弹簧及铰链等零部件组成。逃生门一般为可伸缩的套节式踏级板机构，两侧设有扶手栏杆，中间铝合金踏板上涂有防滑漆，故乘客在上面行走时不会滑跌。

图 3-6 塞拉门外观图

图 3-7 逃生门

二、转向架

把两个或多个轮对用专门的构架（或侧架）连接，组成一个形似小车的走行装置，称为转向架，车体就坐落在前后两个转向架上。转向架是支承车体并担负车辆沿着轨道行驶的走行装置，是城市轨道交通车辆最重要的组成部件之一，也是保证车辆运行品质、动力性能和行车安全的关键部件。转向架安装在车体与轨道之间，用来牵引和引导车辆沿着轨道行驶，承受与传递来自车体及线路之间的各种载荷并具有缓和各种冲击力的作用。

（一）转向架作用和组成

1. 转向架的作用和特点

转向架的作用有以下几点：

（1）车辆采用转向架可以增加车辆的载重、长度和容积。

（2）通过轴承装置使车轮沿着钢轨的滚动转化为车体沿线路方向的平动，并保证在正常运行条件下，车体都能可靠地坐落在转向架上。

（3）支承车体，承受并传递来自车体与轨道之间的各种载荷及作用力，并使轴重均匀分配。

（4）实现弹簧悬挂装置的安装，使车辆具有良好的减震特性，以缓和车辆和线路之间的相互作用，减小振动和冲击，提高车辆运行的平稳性和安全性。

（5）实现制动装置、牵引电机和减速装置等车辆关键部件的安装。

转向架的特点有以下几个方面：

（1）转向架相对车体可自由回转，能灵活地沿直线线路运行及顺利通过曲线，减少运行阻力与噪声，提高运行速度。

（2）适应轮轨接触状态的变化，充分利用轮轨之间的黏着作用，传递牵引力和制动力。

（3）转向架的结构便于安装各类车辆关键走行部件。

（4）转向架是车辆的一个独立部件，与车体之间连接件较少，并且结构简单，装拆方便，便于独立制造和维修。

由于转向架结构具有许多明显的优点，现代大多数轨道车辆的走行装置都采用转向架的结构形式。

转向架主要技术参数（以上海地铁 11 号线为例）如表 3-2 所示。

表3-2　转向架主要技术参数

轮对内侧距/mm	轴距/mm	轴重/t	车轮滚动圆直径（新轮）/mm	车轮滚动圆直径（全磨耗）/mm	齿轮传动比
1 353	2 500	≤16	840	770	6. 32

2. 转向架的组成

根据城市轨道交通车辆有动车、拖车两种形式，转向架一般分为动力转向架和非动力转向架，分别配置在动车和拖车上。动力转向架和非动力转向架区别主要在于是否安装有牵引电机和齿轮变速装置。一般在 Tc-Mp-M-M-Mp-Tc 六节编组的列车上，转向架的配置方式如图 3-8 所示。

由于城市轨道车辆的用途、运用条件与要求不同，不同厂家生产的转向架会也有一定的差别，但它们的基本组成部分和主要功能是相同的。动力转向架和非动力转向架如图 3-9 所示。

转向架主要由构架、轮对轴箱装置、弹簧悬挂装置、中央牵引连接装置、牵引电机与齿轮变速传动装置、基础制动装置组成。

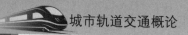
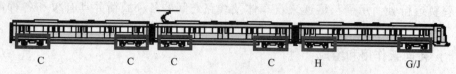

C　　　　　C　　　　C　　　　　　C　　　　H　　　　　G/J

动力转向架（C车）　　　动力转向架（B车）　　　非动力转向架（A车）

C—动力转向架；H—拖车转向架（不带 ATC 和轮缘润滑装置）；

G—拖车转向架（带 ATC 装置）；J—拖车转向架（带 ATC 和轮缘润滑装置）

注：ATC：列车自动控制系统；轮缘润滑装置：为了减少轮缘非正常磨耗配置的润滑装置。

图 3-8　一个单元编组列车上的转向架配置方式

（a）　　　　　　　　　　　　　　　　　（b）

（a）动力转向架总成图；（b）非动力转向架总成图

1—齿轮变速传动装置；2—牵引电机；3—中央牵引连接装置；4—构架；5—空气弹簧；

6—系弹簧悬挂装置；7—二系弹簧悬挂装置；8—轮对轴箱装置

图 3-9　动力转向架和非动力转向架

（二）构架

车架是转向架各组成部分的安装基础，通过构架把转向架的组成部件组合成一个整体。构架也是转向架承载的主要部件，如图 3-10 所示，其结构有如下特征：

图 3-10　构架三维模型

（1）构架是由两根侧梁和一根横梁焊接成的"H"形结构。

（2）侧梁为箱形结构，在中部将高度降低以安装空气弹簧，侧梁上焊有一、二系弹簧座、减震器座、抗侧滚座和转臂定位座。横梁主要承载结构由两根无缝钢管组成，横梁上焊有电机、齿轮箱、基础制动装置等安装座。

（3）构架焊接设计和制造符合标准焊接体系。

（4）构架上各主要部件安装面采用整体加工，保证转向架零部件组装时具有很高的定位精度。

（三）轮对轴箱装置

轮对轴箱装置由轮对和轴箱装置两部分构成，如图 3-11 所示。轮对承担车辆全部载荷，同时还承受着从车体、钢轨传来的各种力的作用；轴箱装置使轮对沿钢轨的滚动转化为车体沿线路的平动，并把车辆的重量以及各种载荷传递给轮对。两者相互配合引导车辆沿着钢轨运行。

图 3-11 轮对轴箱装置

1. 轮对

轮对是轨道交通车辆上与钢轨相接触的部分，由左右两个车轮牢固压装在同一根车轴上，是组成转向架的重要部件之一。轮对承担车辆全部重量，且在轨道上转动，同时还承受从车体、钢轨两方面传递来的其他各种静、动作用力，受力很复杂。

目前我国城市轨道交通车辆的车轮主要采用的是整体辗钢轮形式。整体辗钢轮由踏面、轮缘、辐板和轮毂组成。车轮与钢轨的接触面称为踏面，一侧沿着圆周突起的圆弧部分称为轮缘，是保持车辆沿钢轨运行、防止脱轨的重要部分。踏面沿径向的厚度部分称为轮辋。轮毂是轮与轴互相配合的部分。轮辋与轮毂连接的部分称为辐板。

2. 轴箱装置

轴箱装置一般包括轴箱体、轴承、轴圈等。轴箱体一般为整体铸钢结构。其作用是：

（1）将轮对和构架联系在一起，是一系悬挂装置的定位基础；

（2）使轮对沿钢轨的滚动转化为车体沿线路的平动；

（3）把车辆的重量以及各种载荷传递给轮对；

（4）保证良好的润滑性能，减少磨耗，降低运行阻力。

轴箱装置按其采用的轴承形式可分为：滚动轴承轴箱和滑动轴承轴箱。

目前，轨道交通车辆采用滚动轴承结构的轴箱装置。滚动轴承的滚动体形状分类主要有圆柱滚动轴承、圆锥滚动轴承、球面滚动轴承等几种。由于轴承在车辆运行中承受着巨大静、动载荷的作用，因此，要求轴承具有承载能力大、强度高、耐震、耐冲击、寿命长等特点。

（四）弹簧悬挂装置

车辆在轨道上运行时，由于线路的不平顺，轨隙、道岔、轨面的缺陷和磨耗以及车轮踏面的斜度、擦伤和轮轴的偏心等原因，必将伴随产生复杂的振动和冲击。为了提高车辆运行的平稳性，保证旅客乘坐的舒适度，目前城市轨道交通车辆上均设有弹簧悬挂装置。

车辆上安装的弹簧悬挂装置按其安装位置不同，可分为两类：第一类为一系弹簧悬挂装置（简称一系悬挂），主要位于轮对和构架之间，主要包括轴箱弹簧（一系弹簧）、一系垂向液压减震器等；第二类为二系弹簧悬挂装置（简称二系悬挂），主要位于构架和车体间，主要包括空气弹簧（二系弹簧）、二系垂向液压减震器、二系横向液压减震器、抗侧滚扭杆、横向止挡等。

车辆在弹簧悬挂形式选择上，有一次减震悬挂和两次减震悬挂两种，一次减震悬挂形式只选择一系悬挂装置或二系悬挂装置作为弹簧悬挂形式；而两次减震悬挂为一系悬挂装置和二系悬挂装置的串联形式。

采用两次减震悬挂可以减小整个车辆悬挂装置的总刚度，增大静挠度、改善车辆垂向运动平稳性，减小车辆与线路之间的动作用力。城市轨道车辆目前都采用两次减震悬挂的形式。

1. 一系弹簧悬挂装置

主要功能是将轮对定位在构架上，从而连接轮对与构架、传递牵引力和制动力、缓冲牵引力及制动力的冲击、支承构架及车体重量。

（1）轴箱弹簧（一系弹簧）：一系弹簧悬挂装置的定位和承载功能主要通过轴箱弹簧（一系弹簧）来实现，通过轴箱弹簧的作用可以约束轮对与轴箱之间的相对运动，实现轴纵、横向不同定位刚度的要求，达到较为理想的定位性能，从而可避免车辆在运行速度范围内蛇形运动失稳，保证在曲线运动时车辆具有良好的导向性能，减轻轮缘与钢轨间的磨耗和噪声，确保运行安全和平稳性。

目前轴箱弹簧的选择一般有钢质弹簧和橡胶弹簧两种。钢质弹簧在垂向定位上能较好满足轴箱定位要求，但在横、纵方向上需要一定的装置辅助才能满足定位要求，这种装置通常称为轴箱定位装置。橡胶弹簧由于可以自己确定其在三维方向的形状，所以在垂、纵和横向上，都能较好满足轴箱的定位要求，不需要额外的轴箱定位装置。城市轨道交通车辆常见的轴箱弹簧形式有：

①采用转臂式轴箱定位方式的钢制螺旋圆弹簧：转臂式定位通常又被称为弹性铰定位，其固定的轴箱弹簧通常为钢制螺旋圆弹簧形式。定位转臂一端与圆筒形的轴箱体固接，另一端以橡胶弹性节点与焊接在构架上的安装座相连接，如图 3-12 所示。

②采用拉杆式轴箱定位方式的钢制螺旋圆弹簧：拉杆两端分别与构架轴箱连接，拉杆可以容许轴箱与构架在垂向有较大的相对位移。拉杆中的橡胶关节分别限制轴箱与构架之间横向与纵向的相对位移，该定位方式适用于轴箱弹簧为两组钢制螺旋圆弹簧的结构形式，如图 3-13 所示。

③圆锥形橡胶弹簧：随着橡胶元件的发展，逐步采用圆锥形橡胶弹簧取代钢圆弹簧一系轴箱悬挂装置。该圆锥形橡胶弹簧既能起到垂向承载的作用，又能较好提供适合的横向和纵向定位刚度，如图 3-14 所示。

图 3-12 转臂式轴箱定位

图 3-13 拉杆式轴箱定位

④V形橡胶弹簧：在构架与轴箱之间装设压剪型层叠式橡胶弹簧，其设计的垂向刚度一般较小，使轴箱相对构架有较大的上下方向位移，从而保证车辆垂向运行的舒适性。而它的纵、横方向需具有适宜的刚度以实现良好的弹性定位，如图 3-15 所示。

图 3-14 圆锥形橡胶弹簧定位

图 3-15 V形橡胶弹簧定位

（2）一系液压减震器：城市轨道车辆上的减震器目前均采用液力传动的方法，称为液压减震器。液压减震器主要是利用液体黏滞阻力所做的负功来吸收振动能量，它的优点在于它的阻力是振动速度的函数，其特点是振幅的衰减与幅值大小有关，振幅大时衰减量也大，反之亦然。这种"自动调节"减震的性能，非常符合客车车辆对振动性能高要求的特点。

城市轨道交通车辆的弹簧悬挂装置还采用液压减震器与一系弹簧或二系弹簧相互配合的形式，分别称为一系液压减震器和二系液压减震器。在弹簧悬挂装置中，弹簧主要起缓冲作用，缓和来自轨道的冲击和振动的激扰力，而减震器的作用是减小振动，它的作用力总是与振动的方向相反，起着阻止振动、消耗振动能量的作用。

液压减震器按照其布置方向的不同一般又分为横向和垂向两种形式，主要用于减小垂直和水平方向上的摆动和振动。以上海地铁 11 号线为例，每个动车转向架和拖车转向架均装有 4 个一系垂向液压减震器、2 个二系垂向液压减震器和 1 个二系横向液压减震器，并且拖车转向架和动车转向架的液压减震器布置形式完全相同，如图 3-16 所示。

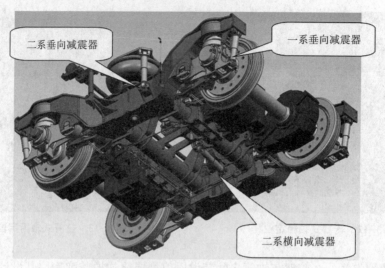

图 3-16　减震器在转向架上的一般布置形式

　　一系垂向液压减震器与一系悬挂系统的螺旋弹簧并行布置，用于减小各轮对的垂向运动，从而保证轮对的平行。此外，一系垂向液压减震器还可用作上升止挡，实现脱轨和复轨时车体的小量提升。

　　2. 二系弹簧悬挂装置

　　二系弹簧悬挂装置如图 3-17 所示，包括空气弹簧系统、二系垂向液压减震器、二系横向液压减震器、抗侧滚扭杆、横向止挡等。二系弹簧悬挂装置的主要功能包括：支承车体重量；减小振动、避免共振，提高车辆的运行平稳性；通过高度阀调节确保车辆地板面高度始终处于一个合理的高度范围等。

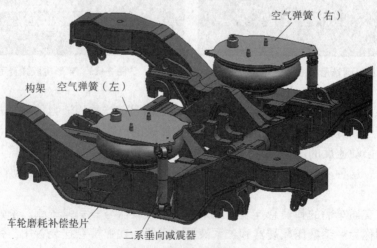

图 3-17　二系弹簧悬挂装置

　　（1）空气弹簧系统：空气弹簧系统是城市轨道车辆控制振动的关键部件之一，每台转向架设置两个空气弹簧，分别安装在构架的左、右两个侧梁上面，车体重量通过这两个空气弹簧进行支撑。

　　每一空气弹簧包含一个橡胶气囊和一个应急弹簧，当空气弹簧气囊泄气时，应急弹簧可作为保护装置保证车辆能够继续前行至线路终点，但乘坐舒适度会有所降低；当车体负载变化时，空气弹簧通过高度阀调节进行充放气，确保车体地板高度限制在允许的范围内，从而保证车辆运行的平稳性和舒适度。目前空气弹簧已广泛应用于铁路客车、地铁、轻轨和动车组上，如图 3-18 所示。

图 3-18　空气弹簧

（2）空气弹簧的主要优点：

①空气弹簧的刚度可选择较低的值，从而降低车辆的自振频率。

②空气弹簧具有非线性特性，可以根据车辆的振动性能需要，设计成比较理想的弹性特性曲线。在平衡位置振动幅度较小时（正常运行时的振幅），刚度较低，若位移过大，刚度显著增加，以限制车体的振幅。

③空气弹簧的刚度随载荷而改变，从而保持空、重车时车体的自振频率几乎相等，使空、重车不同状态的运行平稳性几乎相同。

④空气弹簧用高度控制阀控制时，可使车体在不同静载荷下，保持车辆地板面距轨面的高度不变。这一性能应用在地铁和轻轨上则可保持车辆的地板面与站台面的高差始终不变。

⑤同一空气弹簧可以同时承受三维方向的载荷。利用空气弹簧的横向弹性特性，可以代替传统的转向架摇动台装置，从而简化城市轨道车辆转向架的结构，减轻自重。

⑥空气弹簧具有良好的吸收高频振动和隔音性能。

（3）空气弹簧的主要缺点：由于空气弹簧的附件（如高度控制阀、差压阀）较多，所以成本较高，同时增加了维护与检修的工作量。另外，空气弹簧垂直静挠度的增加降低了车辆系统的抗侧滚刚度，需加设抗侧滚扭杆机构。

（五）中央牵引连接装置

与传统的铁路车辆不同，城市轨道交通车辆普遍采用了无摇枕结构的转向架。由于没有摇枕，车体直接坐落于空气弹簧上，必须靠转向架中央牵引装置来实现摇枕所具有的传递纵向力和转向功能，所以要求牵引连接装置具备以下功能：

（1）能够传递纵向的驱动力和制动力，同时允许二系弹簧在垂向和横向上柔软地动作；

（2）纵向具有适当的弹性，以缓和由于转向架点头、车轮重量不平衡等引起的纵向振动；

（3）结构上应便于车体与转向架的分离和连接；

（4）使转向架能够相对于车体旋转，使列车自由通过曲线。

（5）图 3-19 所示是一种典型的城轨车辆的中央牵引连接装置，其结构是中心销上端用螺栓固定在车体枕梁上，下部插在能够传递纵向力的牵引梁孔中，能够自如地垂向运动和回转。牵引梁与构架横梁之间设有牵引叠层橡胶，它的特性是纵向较硬、横向柔软，所以既能有效地传递纵向力，又能随空气弹簧做横向运动。

（6）图 3-20 所示是另一种中央牵引连接装置结构，它由牵引杆组件、牵引座等组成。牵引杆组件是一个推拉杆，一端安装在构架横梁上的牵引杆安装座上，另一端安装在牵引座上，牵引座则安装在车体上。牵引杆的作用相当于一个推拉杆，它借助于牵引橡胶关节将车体和转向架构架连接起来。由于牵引橡胶关节是橡胶件，所以它能够缓冲车体和转向架构架之间的相对运动。

图 3-19　中心销

图 3-20　某型号转向架的中央牵引连接装置

（六）齿轮变速传动装置

齿轮变速传动装置又称齿轮变速箱，装配于城市轨道交通车辆的动力转向架上，主要由牵引电机（交流电机或直流电机）、联轴器、齿轮变速箱三大部分组成。工作过程中，牵引电机将电机轴高速、低扭矩的旋转运动通过联轴器传递至齿轮变速箱，再经过齿轮变速箱减速后转换为轮对低速、高扭矩的旋转运动，然后利用轮轨接触面之间的黏着作用使轮对沿钢轨滚动，从而带动车辆行驶。

齿轮变速传动装置的设计、制造和装配应满足如下要求：

（1）传动装置应保证能使牵引电机性能得到有效发挥；

（2）牵引电机安装时应采取良好的减震措施；

（3）牵引电机轴应尽量与车轴位于同一高度，从而尽可能地减少轨道不平顺导致的车轴振动对齿轮变速箱内齿轮的损害；

（4）传动装置中各部件应尽量简单、可靠，且尽可能地减少磨耗件的使用；

（5）当牵引电机发生损坏时，应易于拆卸。

三、车辆连接装置

车辆连接装置主要包括车钩、车钩缓冲器和贯通道装置，通过它们使列车中的各车辆相互连接，从而实现相邻车辆之间的纵向力传递和通道的连接。

（一）车钩

在各种城市轨道车辆上都有车钩缓冲装置（以下简称车钩），它用来连接列车各车辆，实现车辆之间机械、电气和气路的连接。车钩缓冲装置是车辆最基本的，也是最重要部件之一。

1. 车钩的作用

车钩是用来连接列车的各车辆，使之彼此保持一定的距离，并且传递和缓和列车在运行中或在调车时所产生的纵向力或冲击力的装置。其作用具体包括：

（1）连接作用：使车辆和车辆之间能够联挂和解编，并保持有一定距离。

（2）牵引作用：把动车的牵引力传递给其他车辆。

（3）缓冲作用：缓和与衰减运行中由于牵引力的变化和制动力前后不一致而引起的冲击和振动。

2. 车钩的基本组成

车钩一般由钩头、缓冲器、电气连接装置和钩尾座等部分构成，如图 3-21 所示。钩头的主要作用在于机械连接并完成牵引力和冲击力的传递，通过钩头内的机械连接装置完成待挂、连接、解钩的三态动作；缓冲器用来缓和列车运行过程中车辆之间的冲击，并吸收冲撞能量；电气连接装置是实现车辆之间电路连接的装置；钩尾座是车钩与车体相连的部件。

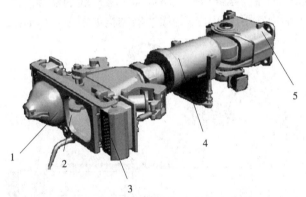

1—钩头；2—空气连接管；3—电气连接装置；4—缓冲器；5—钩尾座

图 3-21　车钩的基本构成

3. 车钩的分类及配置形式

目前，城市轨道交通车辆使用的车钩基本分为全自动车钩、半自动车钩和半永久车钩三种类型，以上海地铁六节编组列车为例，它们在列车上的一般配置方式如图 3-22 所示。

（1）全自动车钩位于 Tc 车的前端，一般用于列车与列车间的相互联挂，主要是为了方便故障列车的救援及库内调车。

（2）半自动车钩一般用于一列车的两个或三个单元之间的连接，一般位于 M 车 2 位端。

（3）半永久车钩主要为了实现 Mp、M 车能组成一个固定单元。Mp 车的半永久车钩位于 2 位端，而 M 车的半永久车钩位于 1 位端。在有的列车编组中，Tc 车与 Mp 车之间也使用半自动车钩代替半永久车钩。

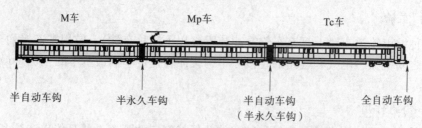

图 3-22　一个单元编组列车上的车钩一般配置方式

（二）车钩缓冲器

1. 车钩缓冲器的基本工作原理和作用

车钩缓冲器是车钩缓冲装置的重要组成部分，位于钩头与车体之间。缓冲器的基本工作原理是借助于弹性元件来缓和冲击作用，同时在变形过程中借助摩擦和阻尼吸收冲击能量。其作用是缓和列车在运行中牵引力变化或制动及调车作业时，车辆之间相互碰撞而引起的冲击和振动，吸收能量以缓和车辆之间的冲击力，减少车辆之间的纵向动力作用，从而提高列车运行的平稳性和乘坐的舒适性。

2. 车钩缓冲器的分类

根据车钩缓冲器的结构和工作原理，一般可将其分为以下几种类型：弹簧式缓冲器、摩擦式缓冲器、橡胶缓冲器、摩擦橡胶式缓冲器、液压缓冲器等。

城市轨道交通车辆中常用的液压车钩缓冲器结构如图 3-23 所示。

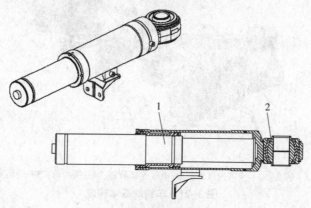

1—液压缓冲器；2—支承座

图 3-23　液压车钩缓冲器

（三）贯通道

贯通道装置位于两节车厢的连接处，是连接两车辆通道的重要组成部分，是车辆与车辆之间的连接通道，如图 3-24 所示。

贯通道装置使乘客可以在车厢之间走动，从而使乘客均匀分布；通过它可以实现车辆之间的柔性连接，是车辆通过曲线时的关节部位。同时贯通道装置具有良好的防雨、防风、防尘、隔音、隔热等功能，所以也称风挡装置。贯通道风挡包含两个单体风挡，是车辆上灵活可动的部分，可以让相邻的两个车厢相对运动，提供给乘客一个安全舒适的通道，并且基于风挡的结构，它拥有较长的使用寿命。

图 3-24　贯通道

贯通道分为整体式和分体式。上海、广州、深圳等城市的地铁车辆均为宽体封闭式贯通道，采用分体式结构，即风挡装置的一半装在每辆车的端部，包括两个配对的可分解的波浪折棚、两个渡板（车辆侧面）和车辆联挂的滑动支撑等。

1. 波浪折棚组成

波浪折棚是由灵活的棚布波浪组成的，底部的双层波浪、顶部和侧面的双层波浪折棚缝在一起并与铝框连接。波浪折棚通过底部棚布和连接框及螺钉框连接起来，棚布采用双层夹心结构，大大提高了风挡的隔音、隔热性能。

2. 连接框

连接框与螺钉框相同，都是由焊接的铝合金型材制成。在连接框顶部装有两个支架，用以连接框侧顶板铰接组件。连接框包含一个集成的锁紧装置和对中系统。连接框侧渡板栓在连接框上并放置在安装到车厢连挂处滑动支撑的支撑架上。

（1）锁紧装置：每个单体风挡都包含一个锁紧装置。锁紧活动通过锁杆完成。锁紧装置安装在垂直于连接框的部分，锁柄放置在连接框内。

（2）对中系统：每套单体风挡都包含两个定位销和定位座。在连挂阶段，定位销和定位座相嵌合。

（3）限制装置：限制装置禁止单体风挡的自由运动和摆动，尤其是连接框在未连挂的状态下。限制装置包含四个限制绳，每个限制绳上都装有安全钩。每一根限制绳通过吊环螺母安装到连接框上。

3. 连接顶板

连接顶板总成包含每个连接框和螺钉框侧的顶板部件。连接框侧的单层顶板嵌在螺钉框侧双层顶板的槽中。将连接顶板直接装在连接框的优点就是在连挂和解挂过程中，这些组件不会分开。车厢侧连接顶板通过铰链连接到螺钉框的平面支架上。连接顶板部件可以消除两车厢之间的高度差。

4. 移动侧墙

移动侧墙板是由铝合金型材板制成的。两块侧墙板通过销轴装置进行相互运动，以便能适应车厢的相对运动。侧墙板通过固定在其端口的支架栓到车厢一侧铰接面进行连接。

在另一侧，车厢铰接面的连接通过装在车厢铰接面的上下锁紧装置的销来完成。

5. 滑动支撑

滑动支撑坐落在车钩的贯通道支座上，实现支撑贯通道的功能，它的上部与支撑金属板相连。

6. 渡板、车厢和连接框侧

车厢侧渡板包含三个支架、两块不锈钢渡板和一个铰链。可移动渡板通过铰接与固定渡板连接。车厢侧渡板支架连接在螺钉框上，并且车厢侧渡板的地板连接在车厢地板上。

连接框侧渡板总成包含一个支撑架、一块地板、五个铰链、一个固定支架和四个翻板，每个翻板上安装有一个滑动支架。地板通过铰链与支撑支架相连。四个翻板通过铰链与地板相连。滑动支架安装在翻板的底端。由于渡板间能相对移动，所以能够抵消高度位移和侧滚运动，保障乘客平稳地通过通道。

四、制动系统

（一）制动系统概述

对于城市轨道交通车辆来说，为了使运行列车能迅速地减速或停车，必须对它施行制动；为了防止列车在下坡道上运行时由于列车的重力作用导致列车速度增加，也需要对它施行制动；同时为避免停放的车辆因重力作用或风力吹动而溜车，还需要对它施行制动（称停放制动）。对已经施行制动的列车，为了使其重新启动或再次加速，必须解除或减弱其制动作用，这种做法称为列车制动缓解。

为了能施行制动或缓解制动，需要在列车上安装由一整套零部件组成的一个完整的制动装置，总称为列车制动系统。

1. 制动基本概念

（1）制动力：要改变运动物体的运动状态，必须对它施加外力。由制动装置产生的与列车运行方向相反的外力，称为制动力。制动力是人为的阻力，它比列车在运行中由于各种自然原因产生的阻力要大得多。因此，尽管在列车制动减速的过程中，列车运行阻力（自然阻力）也在起作用，但起主要作用的还是列车制动力（人为阻力）。

（2）制动距离：从列车自动控制系统自行实施制动或司机手动施行制动（将司机控制手柄拉至制动位）的瞬间起，到列车速度降为零的瞬间止，列车在这段时间内所行驶的距离，称为列车制动距离。这是综合反映列车制动效果的主要技术指标。有的国家不用制动距离而用（平均）减速度作为其主要技术指标，其实两者的实质是一样的，只是制动距离较为具体，而减速度较为抽象而已。

（3）制动能力：列车的制动能力是指能使列车在制动系统的作用下在规定的制动距离内安全停车的能力，一般情况下用安全制动距离来表征列车的制动能力。

（4）制动功率：从能量的角度看，制动的实质就是将列车的动能转移出去，其转移动能的能力就是制动功率。从安全的目的出发，一般列车的制动功率要比驱动功率大 5 ～ 10 倍。

2. 制动方式

列车制动方式可按制动时动能转移方式、制动力获取方式或按制动源动力的不同进行分类，如图 3-25 所示。

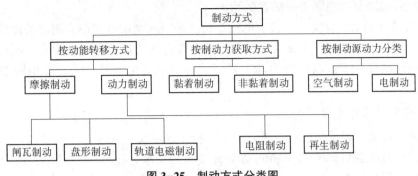

图 3-25　制动方式分类图

（1）按列车动能转移方式分类：

①摩擦制动方式，即动能通过摩擦副的摩擦转变为热能，然后消散于大气。城市轨道交通车辆常用的摩擦制动方式有闸瓦制动、盘形制动及轨道电磁制动（一种补充制动方式）。

②动力制动方式，即把动能通过牵引电机转化为电能，转化而来的电能处理方式有两种：反馈给供电触网或消耗在车辆底部的制动电阻上，分别称为再生制动和电阻制动。

（2）按制动力获取方式分类：列车的制动方式按其制动力的获取方式，可分为黏着制动与非黏着制动。

①黏着制动：制动时，车轮与钢轨之间有三种可能的状态，如表 3-3 所示。

表 3-3　车轮与钢轨间的状态

状态	车轮在钢轨上运动形式	车轮与钢轨之间的制动力	特点
纯滚动状态	纯滚动，二者之间为静摩擦	二者之间的静摩擦力	是一种难以实现的理想状态
滑行状态	滑行	二者之间的动摩擦力	是一种必须避免的事故状态
黏着状态	滚动、滑行兼有，滚动为主	黏着力	是车辆运行常见状态

纯滚动状态：车轮与钢轨的接触点无相对滑动，车轮在钢轨上做纯滚动。这时车轮与钢轨之间为静摩擦，车轮与钢轨之间可能实现的最大制动是轮轨之间的最大静摩擦力。这是一种难以实现的理想状态。

滑行状态：车轮在钢轨上滑行，这时车轮与钢轨之间的制动力为二者的动摩擦力。这是一种必须避免的状态，由于动摩擦系数远小于静摩擦系数，因此一旦发生这种工况，制动力将大大减小，制动距离延长；同时车轮在钢轨上长距离滑行，将导致车轮踏面的擦伤，危及行车安全。

黏着状态：制动时车轮在钢轨上处于连滚带滑（基本上是滚动）的状态，这种状态称为黏着状态。黏着状态下，车轮与钢轨间的最大水平作用力称为黏着力。依靠黏着滚动的车轮与钢轨黏着点之间的黏着力来实现车辆的制动称为黏着制动。黏着状态是轨道车辆运行时，车辆与钢轨间最常见的一种状态。

②非黏着制动：制动时，制动力大小不受黏着力限制的制动方式称为非黏着制动。即非黏着制动的制动力不从轮轨之间获取，因而它可以得到较大的制动力。

显然，在上面介绍的制动方式中，闸瓦制动、踏面制动、电阻制动和再生制动均属于黏着制动；而磁轨制动则属于非黏着制动。

（3）按制动源动力分类：在目前电动车组所采用的制动方式中，制动的源动力主要有压缩空气和电。以压缩空气为源动力的制动方式称为空气制动方式，如闸瓦制动、盘形制动等都为空气制动方式；以电为源动力的制动方式称为电制动方式，如电阻制动和再生制动。

3. 车辆制动系统主要功能

现代城市轨道交通系统的特点是站距短，行车速度快，乘客上下数量波动大，发车频率高，因此，对车辆启动、加速和制动都有很高的要求。特别是对制动，出于安全的考虑，必须做到万无一失。

为此，现代城市轨道交通车辆的制动系统应具有如下功能：

（1）操纵灵活，制动减速度大，作用灵敏可靠，列车编组前后车辆制动、缓解作用一致。

（2）具有足够的制动能力，保证列车在规定的制动距离内安全停车。

（3）制动系统应包括电制动（动力制动）和空气制动（摩擦制动）两种制动方式，需具备电制动与空气制动协调配合的制动功能。并且在正常制动过程中，应充分发挥电制动能力，以减少空气制动对城市的环境污染并降低车辆维修成本。

（4）制动系统应保证列车在长大下坡道上制动时，其制动力不会衰减。

（5）电动车组各车辆的制动能力应尽可能一致，制动系统应具有载荷校正能力，根据乘客量变化自动调节制动力，使车辆制动力保持恒定，限制列车制动时引起的冲动，从而有效保证乘客乘坐的舒适性。

（6）具有紧急制动能力。遇有紧急情况时，能在司机的操控下使城市轨道列车在规定距离内安全停车。另外，紧急制动系统在必要时还可由列车上的乘客利用客室内的紧急按钮进行操纵。

（7）城市轨道列车在运行中发生诸如列车分离、制动系统故障等危及行车安全的事故时，应能自动发挥紧急制动作用。

4. 车辆制动系统的组成

根据现代城市轨道交通车辆制动系统应具备的功能要求，目前城市轨道交通车辆系统一般包括以下两个组成部分：

（1）制动装置：它一般与牵引系统连在一起形成列车牵引系统主回路，包括再生反馈电路和制动电阻器，将动力制动产生的电能反馈给供电触网或消耗在制动电阻器上。

（2）空气制动装置：它由供气部分（又称供气系统）、制动控制部分（又称制动控制系统）和执行部分（又称基础制动装置）等组成。供气部分有空气压缩机组、空气干燥器和风缸等；制动控制部分有电子制动控制单元、空气制动控制单元和电气指令单元；执行部分包括闸瓦制动装置和盘形制动装置等。

供气系统是向整个列车提供压缩空气的气源。它不仅针对空气制动装置，而且也为其他用气部件提供气源，例如车辆二系悬挂设备、车门控制装置、气动喇叭、刮雨器、受电弓气动控制设备和车钩操作气动控制设备等。供气系统主要由空气压缩机组，风源设备（风缸）及其他空气管路部件等组成。

一般城市轨道交通列车是以单元编组的，所以供风系统一般也是以单元为单位来设置的。每一个单元设置一个空气压缩机组，安装在该单元其中 Tc 车或 M 车的底架上。一套空气压缩机组包括电动机、空气压缩机、空气干燥器和压力控制开关等。

空气压缩机组弹性装置安装在底架上，这样有利于减小空压机的振动幅度，如图 3-26、图 3-27 所示。

图 3-26　空气压缩机组实物图

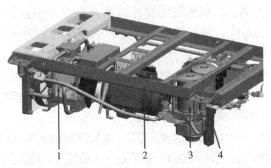

1—空气压缩机；2—框架；3—空气干燥器；4—微孔滤油器
图 3-27　空气压缩机组布置图

（二）制动控制系统

制动控制系统是空气制动装置的核心，接受司机或自动驾驶系统（ATO）的指令，并采集车上各种与制动有关的信号，将指令与各种信号进行处理并计算，得出列车所需的制动力，再向电制动装置和空气制动装置发出制动信号。牵引控制系统将能够产生的电制动力通过电信号的方式反馈给制动控制系统，得出相应的空气制动力，从而实现列车制动减速的要求。

1. 制动模式

为配合满足列车制动系统的特点要求，在列车制动系统的操纵方式上有以下几种制动模式可供选择。

（1）常用制动：是在列车正常运行情况下调节和控制列车运行速度的主要措施，作用比较缓和，制动力可以人为调节。

在常用制动模式下，动力制动和空气制动一般都处于激活状态，以便于电制动和空气制动之间平滑转换。常用制动时，第一优先再生制动，这取决于接触网线路吸收能力，即与网压高低有关；第二优先电阻制动，承担不能再生的那部分制动电流；第三优先空气制动，在列车运行的高速及低速区段，由于牵引电机自身的特性限制，其电制动力无法满足制动减速度的要求，因此需要提供一定的空气制动力来满足制动的要求。常用制动时还须提供防滑保护和冲击限制功能。

（2）紧急制动：是列车在出现事故等紧急情况下，仅靠空气制动来实现列车停车的一种制动方式，其目的是要求列车尽快停止运动，因此其制动作用比较猛烈，制动力为制动装置的全部制动能力。另外，紧急制动装置经常有冗余设备，其可靠性非常高，以确保在列车发生断电、车体分离等紧急情况下也能保持制动效果，这与常用制动有一定的区别。

目前运营的地铁车辆紧急制动减速度都在 1.2 m/s 以上，全部由空气制动执行。紧急制动命令不可逆，一经施加，不能撤除，直至列车停车。

紧急制动可由以下系统触发：紧急按钮；ATP 系统（Automatic Train Protection，列车自动保护系统）；控制电源失电；司机台上紧急按钮按下；紧急制动回路失电；列车超速；车钩断钩等。

紧急制动一经触发，列车安全回路中断，触发信号同时传输给列车控制单元和牵引控制单元，牵引控制单元中断牵引系统工作。紧急制动过程中列车滑动防护和冲击保护功能失效。

（3）快速制动：是为了使列车迅速停车而实施的制动，其制动力高于常用制动，与紧急制动的制动力相当（上海、广州地铁的快速制动力高于常用制动的 22%）。这种制动方式是在紧急情况下、制动系统各部分作用均正常时所采取的一种制动方式，其特点与常用制动相同，制动过程可以实行缓解。与常用制动中制动优先级的选择相类似，快速制动也应尽可能充分发挥动力制动的作用。早期的城市轨道交通车辆的快速制动大多采用纯空气制动形式，如上海轨道交通 1 号线、2 号线，而目前城市轨道车辆的快速制动一般采用动力制动和空气制动联合制动形式，如上海轨道交通 3 号线。

（4）停放制动：是为了防止列车起动前发生溜车现象而实施的制动。列车停放制动采用弹簧力来产生制动作用，其大小不随时间变化，一般用于司机行车检查或车库停车等列车较长时间的停放。它采用"停放制动缸充气，停放制动缓解；停放制动缸排气，停放制动施加"的模式。采用每节车单独控制。另外，为了使列车在无气状态下也能缓解，停放制动还有手动缓解功能。停放制动应满足在满负载情况下车辆可以安全可靠地停放在 3.8% 左右的坡道上，而不发生溜车现象。

（5）保压制动：是为防止列车在停车前产生冲动，使列车平稳停车而实施的制动。保压制动是通过 EBCU 内部设定的程序来实现控制的。它分两个阶段实施：

第一阶段：当列车制动到速度小于某个临界值时，牵引控制单元触发保压制动信号，同时传输给 EBCU，由牵引控制单元控制的电制动逐步退出，而由 EBCU 控制的空气制动来代替。

第二阶段：接近停车时（如列车速度小于 0.5 km/h），一个小于制动指令的保压制动由 EBCU 开始自动实施，即瞬时将制动缸压力降低到一定范围，直至列车停止。

另外，保压制动与停放制动一样都具有防止列车在起动前发生溜车现象的作用。不同的是，停放制动的释放需司机手动操纵，而保压制动是运行中的列车在停车时，通过 EBCU 自行释放的。

2. 制动控制策略

在列车制动过程中，动力制动与空气制动有效地配合，关系到轨道车辆运行的安全、经济以及环境保护等问题，因此需制定较为合理的制动系统控制策略。

在常用和快速制动模式下，城市轨道车辆目前普遍采取的是电、空联合的制动控制策略，如图 3-28 所示，当车辆在制动初期（高速段）和制动末期（低速段）时，虽然优先采用电制动，但由于电机本身的特性决定其电制动力无法完全满足制动减速度的需求，从而需要补足一定的空气制动力来完成这两个阶段的制动要求。其中在制动末期（低速段）列车空气制动介入临界点速度的不同决定了制动能量的差异，空气制动介入临界点速度过高，导致空气制动施加在车轮上的制动能量过大，从而使车轮踏面产生异常磨耗；空气制动介入临界点速度过低，又不能实现安全精确的停车。由此可见，空气制动介入临界点速度的合理选择是车辆制动控制策略研究中的一个重要方面。

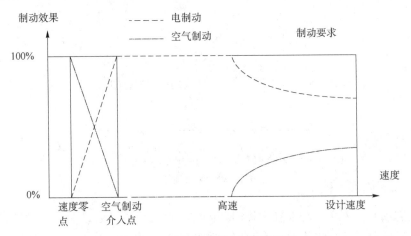

图 3-28　城市轨道列车制动策略图

列车制动控制策略中空气制动力补足的方式有多种，如动、拖车制动力均匀补足，拖车空气制动力优先补足以及动车空气制动力优先补足等方式。

过去一般采用动、拖车制动力均匀补足的制动控制方式。采用这种均匀制动方式的列车，拖车所需的制动力将全部由自己的空气制动系统承担，因此其拖车的车轮磨耗要比动车的磨耗大得多。

目前城市轨道交通列车的空气制动力补足方式，主要为拖车空气制动力优先补足或动车空气制动力优先补足两种类型，不同制动系统供应商会根据列车整体的设计方案来对空气制动力补足方式进行选择。

动车空气制动力优先补足控制方式，即拖车所需制动力先由动车的电制动力承担，然后根据电、空联合制动运算，不足部分的制动力也先由动车的空气制动力补充，当其还不足以满足制动减速度要求时，最后再由拖车的空气制动力承担。

拖车空气制动力优先补足控制方式也是拖车所需制动力首先由动车的电制动力承担，但当电制动力不足时，首先由拖车的空气制动力来补充，再不足时才由动车的空气制动力补足。

（三）基础制动装置

基础制动装置是空气制动系统的执行部件，目前城市轨道交通车辆上的基础制动装置包括闸瓦制动装置、盘形制动装置和轨道电磁制动装置。

1. 闸瓦制动装置

闸瓦制动是最常用的一种制动方式，其制动原理，如图 3-29 所示。制动时闸瓦压紧车轮，轮、瓦间发生摩擦，电动车组的动能大部分通过轮、瓦间的摩擦变成热能，经车轮与闸瓦最终逸散出去。在闸瓦与车轮这一对摩擦副中，车轮由于主要承担着车辆走行功能，因此其材料是不能随意改变的。要改善车辆的制动性能，只能通过改变闸瓦材料的方式。早期的闸瓦材料主要是铸铁。为了改善摩擦性能和增加耐磨性，目前城市轨道交通车辆中大多采用合成闸瓦。但合成闸瓦的导热性较差，因此目前也有采用导热性能较好且具有较好的摩擦性能和耐磨性的粉末冶金闸瓦。

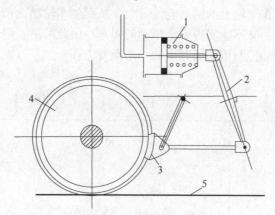

1—制动缸；2—基础制动装置；3—闸瓦；4—车轮；5—钢轨

图 3-29 闸瓦制动

在闸瓦制动时，列车的动能在很短时间内均转化为热能，但这对摩擦副散热能力相对较小。当要求的制动功率较大时，有可能导致热能来不及散于大气，而在闸瓦与车轮踏面积聚，使它的温度升高，严重的甚至会导致闸瓦熔化或车轮踏面产生裂纹等。因此，在采用闸瓦制动时，制动功率不易过大。

城市轨道车辆上的闸瓦制动装置目前基本采用单元制动器形式，主要原因是转向架的安装空间有限，特别是动车的转向架，采用单元制动器形式可以有效解决传统基础制动装置的安装问题，并便于满足维修更换时的需要。

城轨车辆采用的单元制动器一般有两种形式：带停放的单元制动器和不带停放的单元制动器，如图 3-30 所示。

（a）　　　　　　　　　　　（b）

（a）不带停放的单元制动器；（b）带停放的单元制动器

图 3-30 单元制动器

单元制动器安装于转向架横梁组成的下方。带停放的单元制动器安装在每个转向架上处于对角线的两个车轮的一侧,而另一对角线的两个车轮的一侧安装不带停放的单元制动器。

　　单元制动器由制动缸体、偏心轮机构、推力杆、缓解弹簧、制动缸活塞、压簧、闸瓦、闸瓦间隙调整器等组成;带停放的单元制动器在此基础上还设有停放压力弹簧等,如图 3-31 所示。

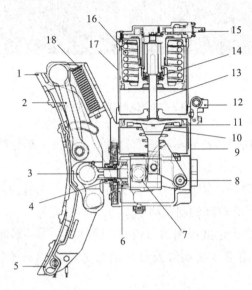

1—闸瓦;2—闸瓦托;3—推力杆;4—调节螺母;5—闸瓦锁定装置;6—闸瓦间隙调整器;7—滑块;
8—偏心轮机构;9—常用制动缸;10—缓解弹簧;11—制动活塞;12—混合阀(进风口);13—心轴;
14—锥形离合器;15—紧急缓解装置;16—停放压力弹簧;17—停放制动缸;18—压簧

图 3-31　带停放的单元制动器

2. 盘形制动装置

　　盘形制动装置如图 3-32 和图 3-33 所示,它有轴盘式和轮盘式之分。一般拖车采用轴盘式盘形制动装置,对于动车,由于轮对中间设有牵引电机等设备,安装制动装置较困难,一般采用轮盘式盘形制动装置。制动时,制动缸通过制动夹钳使闸片夹紧制动盘,在闸片与制动盘间产生摩擦,把电动车组的动能转变为热能,热能通过制动盘和闸片散于大气。因盘形制动能双向选择摩擦副,所以可以得到比闸瓦制动大得多的制动功率。盘形制动装置的特点是:

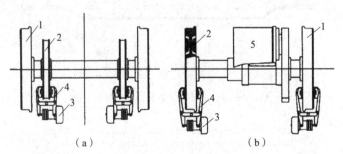

(a) 轴盘式;(b) 轮盘式
1—轮对;2—制动盘;3—单元制动缸;4—制动夹钳;5—牵引电机

图 3-32　盘形制动基本原理

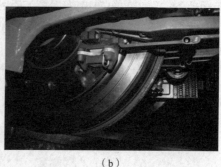

（a）　　　　　　　　　　　　　　　　（b）

（a）轴盘式；（b）轮盘式

图 3-33　盘形制动实物图

（1）盘形制动装置代替闸瓦对车轮踏面的摩擦，减少了车轮磨耗，延长了车轮的使用寿命，改善了运行品质，保证了行车安全。

（2）盘形制动装置散热性能比较好，摩擦系数稳定，能较容易得到较为恒定的制动力。它的热容量允许它具有较高的制动功率。

（3）由于可以相对自由地选择制动盘和闸片的材料，这一对摩擦副具有最佳的制动参数。因此可以减小闸片压力，制动缸及杠杆的尺寸都可以减小，从而减轻制动装置的重量。

（4）盘形制动的闸片面积比闸瓦制动的闸瓦面积大，承受单位面积压力小，它的磨耗也相对较轻。

（5）盘形制动代替闸瓦制动后，轮轨之间的黏着系数会有所降低。

3.　**轨道电磁制动装置**

轨道电磁制动也叫磁轨制动，如图 3-34 所示。在转向构架侧梁（4）下通过升降风缸（2）安装有电磁铁（1），电磁铁下设有磨耗板（5）。制动时将电磁铁放下，使磨耗板与钢轨吸住，电动车组的动能通过磨耗板与钢轨的摩擦转化为热能，然后经钢轨和磨耗板最终散于大气。轨道电磁制动能得到较大的制动力，因此常被城市轨道车辆和高速铁路车辆用作紧急制动的一种补充制动手段，在我国的轨道车辆上较少采用。

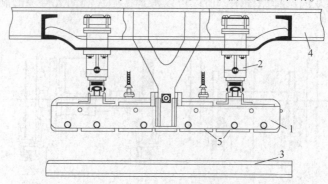

1—电磁铁；2—升降风缸；3—钢轨；4—转向构架侧梁；5—磨耗板

图 3-34　磁轨制动

五、空调通风系统

城市轨道交通空调通风系统的作用是确保车内有一个舒适的环境温度、湿度和充足的新鲜空气。考虑车辆承载的乘客较多，乘客上下频繁，有一定的运行时间段及所在城市运营环境（包括地下环境）等特殊因素，空调通风装置设计（如空调工况、机组性能及通风组织时）要充分考虑到城市轨道交通，尤其是地铁客车的特殊性，应充分研究乘客在不换衣着，短时乘坐这一瞬态条件下的"舒适"体验及生理需求。在空调机组的选取上，一方面一般要求风量大、风速高、温度接近外界，另一方面则要求小型轻量、结构紧凑、安全可靠、免维护程度高。

城市轨道交通车辆的空调机组安装在列车车顶，空调机组安装座处设有减震橡胶衬垫，用于吸收振动，降低噪声。每个客室安装有 2 台空调机组，位于整个客室的 1/4 和 3/4 位置。

空调系统的电源正常情况下由辅助逆变器提供 380 V 三相交流电，在发生故障时，由列车蓄电池向空调系统的紧急逆变器提供 110 V 直流电，空调系统的紧急逆变器将 110 V 直流电逆变成三相交流电供紧急通风使用。

（1）空调系统组成：空调系统由控制系统、空调机组、司机室通风单元、客室的送风道、回风道以及废排装置组成。客室风道沿列车的纵向延伸，由若干个区段连接而成，安装在天花板上方。在整个风道上都装有分流空气的格栅。空调系统通过风道及格栅向客室供风。

（2）空气循环：空调机组采用双端出风、底部回风的空气循环方式。每台空调由 1 个冷凝压缩单元和 2 个空气处理单元组成。新鲜空气通过四个送风口进入通风和空调设备。这样新鲜空气就与客室回风相混合，在冷却模式下，混合空气（客室回风与外界吸入的新鲜空气相混合）被送风机吸入，首先经过混合风滤网除尘，再经过蒸发器盘管冷却除湿，空气处理后的混合空气经过送风机送入车顶风道系统，通过风道输送到乘客车厢。

扩散到客室内的冷空气带走了客室内的热量，通过座椅底下的回风口，经过车体侧墙和内装侧墙板之间的间隙以及拐角顶板和侧墙板之间的间隙，进入天花板上方的回风道，其中一部分热空气通过回风风道进入空调机组，与从空调新风口吸入的新鲜空气相混合，经空调机组过滤和冷却，通过送风风道送入客室内。另一部分则通过车顶的废排装置排至车外。

第三节　城市轨道交通车辆电气组成部分

一、牵引供电系统

（一）城市轨道交通车辆电力牵引系统发展概况

电力牵引是一种将电能作为动力的牵引方式。城市轨道交通车辆的电力牵引系统的基本功能，是车辆经牵引供电网络吸取电能转变为驱动车辆所需的机械能，并且在必要时将车辆的机械能变成电能，对车辆实施电制动。所以在电力牵引系统中的主要组成部分就是机电能量的变换装置——电机。电力牵引系统以牵引电机为控制对象，通过对电机的牵引力和速度进行调节，以满足车辆牵引和制动特性的要求。

城市轨道交通车辆电力牵引系统通常根据牵引电机进行分类。应用于城市轨道电力牵引系统的牵引电机，根据其结构特征分为旋转电机与线性（直线）电机两大类。旋转电机又可分为直流电机与交流电机两大类，通常也可根据传动系统将其分为直流传动系统和交流传动系统，而采用线性电机的传动系统称为线性电机传动系统，如图3-35所示。

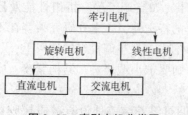

图3-35　牵引电机分类图

城市轨道交通车辆无论采用哪种牵引电机、使用哪种控制方式，最终都要靠控制电机输入电能的特性来控制牵引电机输出的牵引力和牵引速度，即需要将牵引供电网络的电能变换为牵引电机所需要的电能供给牵引电机。实现对电能进行变换和控制的技术称为电力变换技术，亦称电力电子技术，而实现电力变换功能的装置称为电力电子变流装置。通常所用的电力有交流和直流两种，由此将电力变换分为四大类，即交流变直流（AC-DC）、直流变交流（DC-AC）、直流变直流（DC-DC）、交流变交流（AC-AC），如表3-4所示。交流变直流称为整流，直流变交流称为逆变。直流变直流是指一种电压（或电流）的直流变成另一种电压（或电流），称为直流斩波。交流变交流可以是电压或电力的变换，称为交流电力控制，也可以是频率和相数的变换。

表3-4　电力变换的种类

输出	输入	
	直流（DC）	交流（AC）
交流（AC）	逆变	交流电力控制变频、变相
直流（DC）	直流斩波	整流

城市轨道电力牵引系统的发展主要是以牵引电机种类、控制方式、电力电子技术的发展为主线的。以直流电机作为牵引电机是最早应用于城市轨道车辆的传动方式，具有良好的牵引性能且技术可靠，因此在电力牵引领域得到广泛的应用。直流牵引电机传统的调速方法是串入电阻调速，从而改变电机机械特性，但因此增加了电阻损耗，效率降低。直流牵引电机存在的主要缺点是有电刷和换向器，随之带来的问题是电机在高速时换向困难、结构复杂、工作可靠性差、制造成本高及维修保养困难。随着大功率电力电子器件制造技术的不断提高和交流电机控制理论的发展，可变频变压的逆变器解决了交流电机的调速控制问题。采用异步牵引电机驱动的交流传动系统迅速崛起，并使轨道车辆的电力传动技术跨越了一个很高的台阶。异步牵引电机消除了由于换向器和电刷所引起的一系列实际问题，并且有结构简单、维护方便、体积小、质量轻、转速高、功率大、能防滑、黏着利用好等一系列优点，被公认为是城市轨道车辆电力传动的一项重大革新，因而得到国内外的广泛应用。

直线电机牵引是目前最先进的牵引方式之一，技术成熟。直线电机主要用来驱动高速磁悬浮列车，事实上，直线电机另一个较大的应用领域是将直线感应电机作为轨道车辆的动力。在这种驱动方式中，车辆的支撑和导向与传统的用旋转式电机驱动的铁道车辆一样是依靠车轮和轨道来完成的，而推进力则是由直线电机产生，车速在70 km/h左右。鉴于直线电机驱动方式的优点以及技术与经济上的现实可行性，在一些国家率先成功用于车辆的动力装置，在实际运营中，直线电机车辆逐渐被人们接受。我国早在 20 世纪 80 年代已开始接触这种方式的运载系统，但一直处于系统选择可行性研究阶段，到 90 年代，随着磁浮铁路系统试验线及试验车的研制，开始了直线电机及其控制系统设备研制。其中北京轨道交通首都国际机场线，广州轨道交通 4 号线、5 号线、6 号线根据沿线的环境要求，均采用低噪声的新型交通制式直线电机系统。

直线电机车辆有着断面小、爬坡能力强、转弯半径小、良好的牵引和制动性能、噪声小、寿命长等优点，直线电机驱动的小断面地铁车辆为我们提供了一种降低造价的选择。但是与普通的旋转电机相比，它的效率和功率因数较低。直线电机系统一次侧和二次侧的气隙对直线电机的性能影响较大，所以对轨道、反作用板、轨枕的尺寸精度及安装精度，直线电机的安装精度及支撑结构都相应有较高的要求。因此国内以直线电机作为电力牵引电机的轨道交通车辆应用并不广泛。

综观国外城市轨道车辆电力牵引发展，现代城市轨道车辆电力传动系统具有以下特点：

（1）广泛应用三相异步牵引电动机及逆变器，使用变频变压技术。

（2）牵引变流器广泛采用了 IGBT（或 IPM）模块作为主开关器件，由于该类电力电子器件具有很高的开关频率，所以电源输出特性更高，控制能力更强。

（3）微电子技术在地铁车辆的牵引、制动、辅助控制、信息显示和储存、防滑与防空转控制及行车安全等方面得到了广泛的应用。

（4）车辆的制动，除了采用摩擦制动外，还采用了动力（电）制动技术，如电阻制动、再生制动及磁轨制动等，以提高运行中的节能效果与安全性。

（5）电力牵引系统与列车自动控制系统紧密结合。

我国城市地铁与轻轨建设起步较晚，但随着改革开放与国民经济的发展日益得到重视，特别是进入 21 世纪以来，我国的城市轨道交通得到了迅猛发展。我国地铁车辆的发展，按其传动与控制方式可分为直流调阻车（如早期北京地铁 1 号线车辆）、直流斩波车（如早期上海地铁 1 号线车辆）和交流传动（目前绝大多数车辆采用），其发展趋势与世界牵引技术发展主流一致。

（二）城市轨道交通车辆电力牵引系统特性

为满足城市公众对大容量快速交通的需求，主要在市内和市郊运行的城市轨道交通车辆，为适应城市环境，需要在地下隧道或高架运行，城市轨道交通系统具有以下特点：

（1）站距短，线路曲线半径小，坡度大。

（2）客流量大而集中，乘客上下车频繁，高峰时可能严重超载。

（3）为了尽量缩短乘客的乘坐时间，要求有较高的旅行速度，特别是较大的起动加速度和制动减速度；传动系统应效率高、能耗少，尽量减少发热，减轻自重。

（4）控制系统更可靠精确，并有良好的适应能力。

这些特点都对城市轨道交通电力牵引系统提出了更高的要求。而牵引电机是城市轨道交通车辆的核心，因此对牵引电机也提出了更高的要求：体积小、质量轻、输出功率大、效率高、能在列车起动时输出较大的起动转矩，并能在很宽的速度范围内平滑调速，以便实现对列车的转矩控制。

城市轨道车辆在运行中，在每个站间区内，一般有三个典型区域：牵引加速区、惰行区和制动减速区。其典型的速度变化曲线如图 3-36 所示。对于在较长的站间运行的城市轨道交通车辆，在牵引加速区与制动减速区之间除惰行区外还可能有恒速（或限速）运行区域。

为满足车辆运行的需要，城市轨道交通车辆电力牵引必须具备三种基本的牵引特性，即恒力矩特性、恒功率特性和自然特性，牵引电机必须满足如图3-36所示的车辆牵引力（或制动）——时间特性，图中制动力特性是对应于单独采用电气制动方式的情况。以上海地铁2号线车辆为例，列车的加速过程为：0~36 km/h 为恒力矩加速；36~50 km/h 为恒功率加速；50~80 km/h 以自然特性加速。

图3-36中的电机牵引特性和制动特性，表明了牵引电机和传动系统应该具有的工作能力。对于干线机车或长距离运行的电动车组的交流电动机，图3-36中的某一段的某一点（往往在牵引曲线 A~B 区域内）对应的工作能力（转矩、转速）被定义为额定工作点。对于城市轨道电动车（组），电传动系统一直工作在瞬变过程中，负载变化强烈，电机大部分时间运行于过载状态，电机的额定工作点及其额定参数仅用于电机的考核。

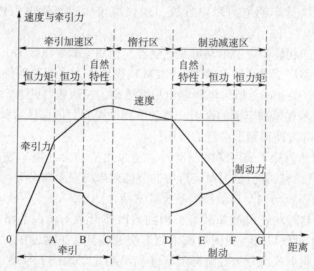

图3-36 车辆运行曲线（运行时分图）与电机特性控制方式

（三）城市轨道交通车辆电力牵引系统组成

根据电力牵引的基本功能，城市轨道交通电力牵引系统的能量传动过程一般为车辆通过受流装置从牵引网络获得电能，其中当牵引供电方式为接触网供电时，受流装置为受电弓；当牵引供电方式为第三轨供电时，受流装置为受电靴。当车辆为牵引工况时，受流装置获得的电能一部分供给辅助供电，其余电能通过车载的变流装置将电能调制成所需的电能后供给牵引电机使用，此时牵引电机将电能变成机械能，以一定的转速和转矩从电机机械端口输出；当车辆处于电制动工况时，则牵引电机将车辆的机械能变成电能，从而产生制动力。通常由电机机械端口输出的机械能需要通过齿轮传动箱减速之后驱动轮对转动，轮对通过与钢轨之间建立的黏着状态来驱动车辆运行。牵引电机作为同时具有电气端口与机械端口的机电能量变换装置，将城市轨道车辆电力牵引系统分为电气传动部分和机械传动两部分。城市轨道车辆电力牵引系统能量流图如图3-37所示。

图3-38所示为以上海轨道交通1号线列车为例的一个三节编组单元列车的电气传动部分示意图。该单元包括一节不带牵引装置的 Tc 车，一节带受电弓及牵引装置的 Mp 车和带牵引装置的 M 车，故 Tc 车称为拖车，Mp 车及 M 车为动车。Mp 车及 M 车的牵引主电路

通过高速断路器进行通断，M 车牵引回路的电能通过车钩的电气接口从 Mp 车获得。

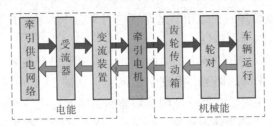

图 3-37 城市轨道车辆电力牵引系统能量流图

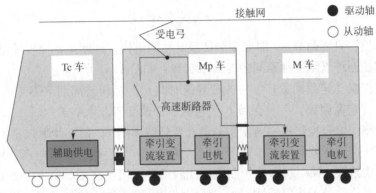

图 3-38 三节编组单元列车的电气传动部分示意图

获得的电能通过牵引变流装置进行电力变换后供给牵引电机产生机械能，通过机械传动装置最终驱动列车运行。在动车上一个牵引电机驱动一对轮对，因此一节具有两个转向架的动车由 4 个牵引电机驱动，具有牵引电机驱动的轴被称为驱动轴，没有牵引电机驱动的轴被称为从动轴。图 3-39（a）、图 3-39（b）分别为以上海地铁列车为例的机械传动局部图与整体示意图。

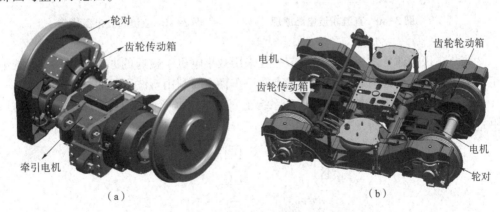

（a）机械传动局部图；（b）机械传动整体图

图 3-39 城市轨道车辆电力牵引机械传动示意图

一般意义上，电力牵引系统仅指电力传动部分，所以城市轨道车辆电力牵引系统通常主要由受流装置、牵引变流装置、牵引电机、制动电阻、高速断路器、电抗器、速度传感器等组成。

（四）城市轨道交通车辆直流电力牵引系统

（1）直流牵引调速原理：在城市轨道车辆电力牵引中，通常是调压及弱磁两种方式混合使用，以达到所要求的牵引特性。

①调节端电压：随着半导体技术的飞跃发展，直流牵引普遍采用斩波调压，能对电动机的端电压进行连续、平滑的调节，实现平稳调速。如图 3-40 所示，CH 为一个斩波器，它代表一个理想开关，如果斩波器有规则地导通和关断，每次导通的时间为 t_{on}，关断的时间为 t_{off}，则 $T=t_{on}+t_{off}$，T 称为斩波周期，而 $a=t_{on}/T$，其中 a 称为导通比。不难看出，负载电压的平均值为：

$$U_{R_L} = U\frac{t_{on}}{T} = aU$$

由上式可见，只要调节 a，即可调节负载的平均电压，这就是直流斩波电路基本原理。导通比的控制可以用三种不同的方式来实现，如图 3-41 所示：

脉冲宽度控制（定频调宽）——改变导通时间 t_{on}，而斩波周期 T 不变。

频率控制（定宽调频）——保持 t_{on} 为常数，而改变斩波周期 T。

脉宽和频率的综合控制——通常是分段改变斩波周期 T，而连续地控制 t_{on}。

第一种方法由于斩波器的基本频率固定，通过调节导通比来调节电压，所以易于设计滤波器消除高次谐波；第二种方法控制电路比较简单，但斩波器的频率是变化的，所以滤波较难，且对通信信号干扰可能性较大，使用较少；第三种方法通常只用于要求在很大范围内调节的负载。

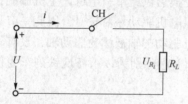

图 3-40　直流斩波电路原理

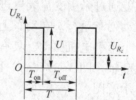

图 3-41　直流斩波电压波形

②调节主极磁通：主极磁通的调节往往采用减小电机主磁通的办法，提高机车或电动车组的速度，因此亦称为磁场削弱，城市轨道车辆主要利用斩波调磁的方法来实现。

（2）牵引主回路及控制：直流传动系统主回路结构框图如图 3-42 所示。其工作原理如下：

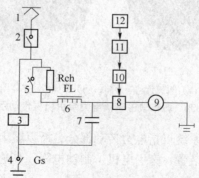

图 3-42　直流传动系统主回路结构框图

受电弓（1）和接地开关（4）将直流电网中网侧电压（1 500VDC 或 750VDC）引入电动车组中，当电动车组出现短路、过流、接地等故障时，由主断路器（2）（牵引断路器）切断直流电源，对电动车组实现故障保护；线路滤波电抗器（6）和线路滤波电容器（7）组成线路滤波器，用于对网侧电压进行平波处理；充电电阻 Rch 组成线路滤波器的充电电路，实现线路滤波器的软起动；软起动结束后，由负载接触器（5）将 Rch 切断；司机控制器（12）将控制指令（速度、转矩）经触发脉冲信号发生器（10）控制电子控制装置（11）输出斩波器或凸轮调速变阻器（8）的控制脉冲；滤波处理后的直流电源通过斩波器或凸轮调速变阻器（8）将直流电源变换成幅值可变的直流电源，驱动直流牵引电机（9）运行；电压检测环节（3）用来对电动车组电压进行实时检测。

根据牵引要求，控制应使列车尽可能平稳，即尽可能实现恒加速与减速，故斩波器控制应采取恒流牵引与恒流制动方式。随着半导体微处理器技术的发展，现在微型计算机控制已广泛用于控制电路，代替了使用传统的模拟电路。

（五）城市轨道交通车辆交流牵引系统

（1）交流电机调速系统：变频调速是三相异步电机的主要调速方法。变频调速是把交、直流电变换为可调电压、可调频率的交流电（Variable Voltage Variable Frequency，VVVF）向交流电动机供电。按供电电源不同，交流传动又可分为直交传动和交直交传动，城市轨道交通中使用的交流传动形式多为直交传动，交直交传动一般使用在干线铁路中。

一般在恒转矩起动区，为了使电动机的铁磁材料得到充分利用，电动机磁场状态维持近于饱和状态，即磁通量基本恒定。变频电源供电频率不断提高，转速不断提高，为了保持恒定的磁通量，其端电压必须按频率的函数关系变化，其基本规律是电压与频率的比值为常数。当变频电源供电频率不断增大，转速增大到一定程度，需要进行弱磁增速，此时电压不再变化，进入恒功率调速区。

在城市轨道交通车辆中，由于交流传动的形式为直交传动，因此实现变流装置称为逆变器。以单相桥式逆变电路为例说明其最基本的工作原理，如图 3-43（a）所示，$S_1 \sim S_4$ 为桥式电路的 4 个臂，由电力电子器件及辅助电路组成，在这里可以简化看成理想开关。当开关 S_1、S_4 闭合，S_2、S_3 断开时，负载得到的电压 u_0 为正；当开关 S_2、S_3 闭合，S_1、S_4 断开时，负载得到的电压 U_0 为负，如此周而复始，在负载上就形成了一个有着正负变化的交流电，波形如图 3-43（b）所示。

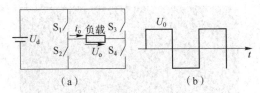

图 3-43　单相逆变电路及负载波形示意图

但由图 3-43（b）可见输出的波形为方波，并不符合输出电压波形为近似正弦波的要求。因此在各桥臂的导通控制上引入一种称为脉宽调制（Pulse Width Modulation，PWM）的方法，即利用面积等效原理把正弦半波分为 N 等份，用一系列等幅不等宽的脉冲来代替正弦波，如图 3-44 所示。通过改变单位时间内控制脉冲组重复的次数，可以达到输出波形频率的变化控制；而通过改变单位时间内控制脉冲的数量和每个脉冲的宽度，依照面积等效原理，可以达到调节输出电压的控制要求。因此，可以用全控型电力电子器件的通断来实现调频调压，最终实现调节异步电机转速和转矩的目的。

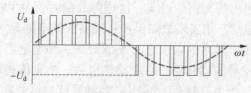

图 3-44　PWM 控制方式波形示意图

（2）交流传动主回路：交流牵引系统最主要由直流供电、直流中间电路、电阻制动电路及逆变电路组成，其具体组成如图 3-45 所示。

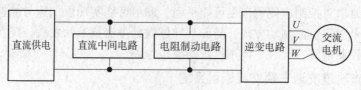

图 3-45　交流牵引系统组成示意图

直流供电电路的主要功能是将牵引逆变器与接触网的直流输入电源接通与切断。直流中间回路的作用主要是消除电源中的谐波分量，使输入的电源比较平稳，还可防止牵引逆变器工作于短时过压状态。如果线网不再能吸收在制动过程中产生的制动能量，则由电阻制动电路吸收，并以热能的形式消耗。逆变电路的作用主要是将直流电变成电压、频率可变的交流电。

（六）城市轨道交通车辆电力牵引设备

以接触网供电方式的城市轨道交通车辆电力牵引的主要设备由以下部件构成：受电弓、牵引逆变箱、制动电阻箱。以下将介绍各部分的安装位置及简单工作原理，牵引电机不再详述。

（1）受电弓：是将电能引入车辆的重要电气设备，一般安装在 Mp 车车顶，每三节最小编组的列车配置一个受电弓。受电弓结构多样，一般根据其升降弓的动力来源分为气动式受电弓和电动式受电弓两种。受电弓一般主要由底架、升高—降低装置和接触滑板等部分组成，如图 3-46 所示。通常受电弓升弓、降弓动作通过司机控制器发出命令实现，故障时也可以进行人工升降弓操作。

图 3-46　受电弓示意图

（2）牵引逆变箱：牵引逆变装置一般悬挂于 Mp 车及 M 车车底，如图 3-47 所示。

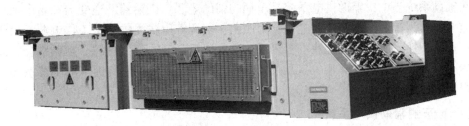

图 3-47　牵引逆变箱外观图

牵引逆变箱中主要部件为牵引逆变器、绝缘接地开关、接触器、线路滤波器等，因为牵引逆变器在工作中存在损耗，会以散热的形式产生消耗，所以一般牵引逆变箱中还设有风冷或者水冷等装置。常用来接通和断开主回路的高速断路器一般也被安装于牵引逆变箱中，除此之外也可以将高速断路器独立装于专用箱中。在出现严重干扰情况时，比如过流、逆变器故障或短路等，高速断路器能安全断开牵引设备，与直流电网电路连接。每个牵引逆变器均通过其各自的高速断路器与直流电网电路连接，一旦有一个牵引逆变器故障，高速断路器会安全地断开。司机控制面板上也有相应的"合上""断开"按钮，可控制高速断路器接通与断开。

（3）制动电阻箱：制动电阻与牵引逆变器相连，是牵引逆变器系统的一部分，但并不安装在牵引箱内。制动电阻独立安装在动车底部，如图 3-48 所示。每节动车装设有一台制动电阻箱，用于车辆的电阻制动。制动电阻配有冷却风扇，使其及时散热。由于在消耗电制动能量时，电阻会产生较高的温度，所以通过装在进风口的通风风扇对制动电阻进行强迫通风冷却。在通风风扇的风道中安装有压差传感器及温度传感器，通过对通风流量及温度的检测，可以监控通风风机的工作情况，以防止制动电阻因温度过高而受到损伤。

图 3-48　制动电阻安装示意图

二、辅助供电系统

城市轨道交通车辆的辅助系统是车辆重要的组成部分，主要包括辅助供电系统、空调系统、照明系统等部分。其中，辅助供电系统是电源，空调系统、照明系统是主要负载。

电源、负载及熔断器、继电器等所构成的完整回路即城市轨道交通列车辅助电路。

在辅助系统当中，辅助供电系统是车辆的辅助电源，包括辅助逆变器和蓄电池。其中辅助逆变器作为车辆的主要辅助电源，为照明、空调等负载提供正常工作电源，由于其重要作用及复杂性，所以其重要性不容忽视。蓄电池是车辆的应急电源。空调系统主要负责车辆的通风及制冷（有些车辆也有加热的功能）。照明系统主要负责车辆的客室照明、外部照明及工作照明。

（一）车辆辅助供电系统

辅助供电系统中的辅助电源及熔断器、继电器、负载等可构成完整的辅助电路回路。列车正常运行状态下使用的辅助电源由辅助逆变器提供。列车起动时，或列车不能使用辅助逆变器的紧急情况下可使用列车应急电源蓄电池。

（1）辅助逆变器：一般安装在各节车厢底部，对于不同的车型，辅助逆变器的具体数量与单台辅助逆变器的输出功率、列车编组形式及冗余状态有关。

辅助逆变器是城轨车辆的辅助电源，主要为除牵引以外的所有用电器供电。在正常工作状态下，辅助逆变器由高压接触网供电，供电电压为 DC1 500 V，在检修工作中，可由车间电源供电。辅助逆变器将 DC1 500 V 变为 AC380 V、AC220 V 及 DC110 V，其供电的主要负载有：列车空调、客室照明、设备通风冷却、电器电子装置、蓄电池等。它的工作状态正常与否直接影响整列车的功能。

车辆的辅助逆变器可提供三种电源：为列车上所有三相负载提供 AC380 V 50 Hz 的三相交流电源，如风机、空调、空气压缩机等；提供 AC220 V 50 Hz 的交流电源，如插座、照明等；DC110 V 直流辅助电压主要给 110 V 的直流负载供电，并为蓄电池充电。

（2）蓄电池：车辆蓄电池通常安装在拖车车辆底部，主要作用是供列车起动使用，同时，如果发生辅助逆变器无法为车辆供电的紧急情况，车辆蓄电池可为列车重要负载（如应急照明、应急通风、控制系统、通信系统等）提供应急电源。城轨车辆蓄电池通常采用碱性镉镍电池，镉镍电池具有环保、寿命长、抗冲击振动性能好、自放电量小、低温性能好、耐过充能力强等优点。

（二）车辆照明系统

车辆照明系统包括客室照明、外部照明及工作照明三个子系统，它能够提供车辆在正常运营过程中的全部照明需求。按照城市轨道交通车辆照明功能的要求，分为正常照明及应急照明两部分。其中，正常照明是指城市轨道交通列车在外部受电正常的情况下，由辅助逆变器提供全部照明电源；应急照明是在辅助逆变器无法正常工作时，由列车蓄电池提供应急照明电源。

（1）客室照明：列车的客室照明是用于列车在运营过程中为乘客提供舒适的视觉照明。客室照明有正常照明和应急照明两种功能。为了保证正常照明和应急照明两部分功能的要求，相应配以 220 V 交流电流和 110 V 直流电源。在正常情况下车辆客室照明电源由辅助逆变器提供，在紧急情况下由蓄电池提供。

目前城市轨道车辆的客室照明大部分是通过位于天花板上的两条纵向光带实现，混合有普通照明和紧急照明。客室照明由普通照明荧光灯和紧急照明荧光灯这两部分组成，普通照明荧光灯中的电源为 AC220 V，紧急照明荧光灯中的电源为 DC110 V。这些荧光灯型号不同，混合并均匀地分布在客室区。这种设计使得在紧急情况下客室至少保持部分照明，并且要求客室内照度相对均匀。

客室照明如图 3-49 所示，普通照明一般由 20 个灯管组成（每边 10 个）。紧急照明由 11 或 12 根灯管组成（每边 5 个，在过道加 1 或 2 个）。正常照明 1 来自一种电源，正常照明 2 来自另一种电源，这种设计使得电源发生故障时对客室照明的影响降至最低。

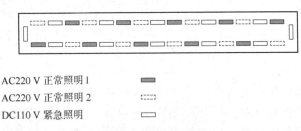

AC220 V 正常照明 1

AC220 V 正常照明 2

DC110 V 紧急照明

图 3-49　客室照明

（2）外部照明：城轨车辆的外部照明系统由头灯、尾灯、运营灯及侧墙信息灯等构成。这些外部照明是列车正常运行中至关重要的照明或信息灯具，有些城市轨道车辆同时还可以显示列车的车次、目的地、前进、后退、停放、ATC 运行方式、制动施加和缓解等信息，因此，外部照明系统是列车安全正点运行的保证之一。

头灯和尾灯位于 Tc 车的驾驶室外。Tc 车的每一端配有两盏头灯和两盏尾灯，每一边有一个头灯和一个尾灯，左右对称布置。头灯用于照亮前方，以便驾驶员能够检查钢轨和了解列车运行方向。尾灯可确保本列车能被后续列车观察到，位于 Tc 车前末端的底部，如图 3-50 所示。

有些车型设有侧墙信息灯，每组有 5 种色灯，自上而下颜色排列依次为橙、绿、蓝、红、白，其中橙色灯亮表示门未关好，绿色灯亮表示所有制动释放，蓝色灯亮表示停放制动施加，红色灯亮表示摩擦制动施加，白色灯亮表示 ATC 切除。

1—尾灯；2—头灯；3—运行灯；4—侧墙信息灯

图 3-50　外部照明

（3）工作照明：列车配备了供司机及维修人员在作业过程中所必需的工作照明系统，包括驾驶室照明、司机阅读灯、设备柜照明及信息照明等。驾驶室照明独立于客室，照明设计避免阴影投射到控制台面上，降低操作者的能见度。在驾驶控制台上所有的设备都有可读信息（监视器、速度指示器、仪表等），信息必须突出并能清晰地看见。

驾驶室照明位于天花板顶部，由在驾驶台上的开关控制。该照明在列车起动阶段、列车停车期间、车辆维修时使用。在列车正常运行过程中不得开启，以免影响司机正常瞭望。

司机阅读灯独立于驾驶室照明。该照明位于司机驾驶台上，是为列车运行过程中驾驶员的特别需要（驾驶室面板的观察、报表填写、阅读等工作）提供的。

设备柜照明位于车辆各设备柜中，主要功能是方便司机和维修人员的操作与作业。

信息照明位于司机室前上方两侧，主要是向乘客及站台工作人员提供列车的目的地及车次等信息。

习 题

1. 一般城市轨道交通车辆电力牵引的传动过程是怎样的？

2. 城市轨道车辆在运行中，每个站间区一般由哪三个典型区域构成？

3. 为满足车辆运行的需要，城市轨道交通车辆电力牵引必须具备哪三种基本的牵引特性？

4. 简述直流牵引电动机调速的基本形式。

5. 交流牵引电机的主要调速方法是什么？

6. 城市轨道交通交流电力牵引设备主要有哪些？

第四章
城市轨道交通供电系统

随着科技发展及社会现代化不断完善，用电设备层出不穷，电能在能源中的地位日益提升。对于城市轨道交通来说，供电系统是不可或缺的重要机电设备系统之一，它承担着为各个用电设备及电动列车提供原始动力的重要任务。若供电中断，不仅会造成城市轨道交通运营瘫痪，且可能危及乘客生命安全，造成财产损失，因此供电系统在城市轨道交通运营中的重要性不断提升。安全可靠又经济合理的电力系统是城市轨道交通正常运营的重要条件和保证。城市轨道交通供电系统主要由变电所、接触网（接触轨）和回流网三部分构成。城市轨道交通作为城市电网的一个用户，一般都直接从城市电网取得电能，无须单独建设电厂，城市电网也把城市轨道交通看成一个重要用户。

第一节　供电系统的组成及要求

一、供电系统组成

城市轨道交通供电电源多数为城市电网，通过输送电能和变换电压，最后以适当的电压等级和一定的电流形式（直流或交流电）供给用电设备。城市电网一次电力系统和地铁供电系统如图 4-1 所示。

城市电网一次电力系统由国家电力部门建造与管理，它包括发电厂、传输线、区域变电所。发电厂是发出电能的中心，一般可分为火力发电厂、水力发电所和原子能核电所等。发电厂（所）的发电机发出的电能，要先经过升压变压器升高电压，然后以 110 kV 或 220 kV 以及更高的高压，通过三相传输线输送到区域变电所。在区域变电所中，电能先经过降压变压器把 110 kV 或 220 kV 的高压降低电压等级（如 10 kV 或 35 kV），再经过三相输电线输送给本区域内的牵引变电所和降压变电所，并再降为轨道交通所需的电压等级（如 DC1 500 V 或 DC750 V、380 V 等）。

在地铁供电系统中，根据实际需要，可以专设高压主变电所。发电厂或区域变电所对地铁主变电所供电，经主变电所降压后，分别以不同的电压等级对牵引变电所和降压变电所供电。牵引变电所的设置和容量应按运行的列车编组及行车密度进行牵引供电计算后确定，降压变电所的设置和容量可根据动力、照明和其他用电设备的用电量确定。对主变电

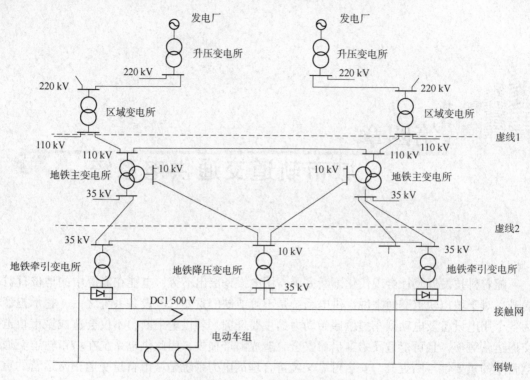

图 4-1 城市电网一次电力系统和地铁供电系统图

所，其容量应由全部牵引、动力和照明用电量来确定。

城市轨道交通系统是一个重要用电部门，它不同于一般工业和民用用电，根据供电等级的划分，属于一级负荷。一级负荷按规定由两路独立的电源供电，当任何一路电源发生故障中断供电时，另一路应能保证一级负荷的全部用电。牵引变电所的电源进线应来自两个区域变电所或由区域变电所提供的两路独立电源，当一路电源失压时，另一路电源自动接入，牵引变电所能从地铁主变电所不间断地获得三相交流电。

二、城市轨道交通供电系统对电源的基本要求

不同于工厂企业用电的集中的特性，城市轨道交通用电在沿线几十千米范围内。城市轨道交通作为城市电网的重要用户，属于一级负荷。城市轨道供电系统的主变电所、牵引变电所、降压变电所等都要求能获得两路电源。城市轨道交通供电系统对电源的基本要求是：

（1）两路电源要求来自不同的变电所或同一变电所的不同母线。

（2）每个进线电源的容量应满足变电所全部一、二级负荷的要求。

（3）两路电源应分列运行，互为备用，当一路电源发生故障时，由另一路电源恢复供电。

（4）为便于运营管理和减少损耗，要求集中式供电的主变电所的站位和分散式供电的电源点，尽量靠近城市轨道交通线路，减小引入城市轨道交通电缆通道的长度。

城市轨道交通供电系统电压等级主要有如下几种：

（1）AC110 kV、AC63 kV：为主变电所的电源电压，其中 AC63 kV 电压级为东北电网所特有。

（2）AC35 kV：为主变电所电源电压或牵引供电系统电源电压，如北京、青岛城轨交通的主变电所电源电压和上海、广州、深圳、香港的牵引供电系统电源电压属于 AC35 kV 等级。AC35 kV 这一电压级在各大城市电网中将逐渐消失，而被 AC110 kV 取代。作为城轨交通内部和环网供电专用，AC35 kV 电压级还将继续存在下去。环网供电的电压如果不采用 AC35 kV，则可采用 AC10 kV。

（3）AC10 kV：牵引供电系统、动力照明供电系统和电力监控系统适用于这一电压级。

（4）AC380 V/220 V：城轨交通动力照明等低压负荷用电的电源电压。

（5）AC36 V：安全照明电源电压。

（6）DC1 500 V 或 DC750 V：接触网（轨）电源电压。

（7）DC220 V 或 DC110 V：变电所直流操作电源电压和事故照明电压。

第二节 电力牵引供电系统

一、概述

城市轨道交通牵引供电系统由牵引变电所或牵引降压混合变电所和接触网系统构成，共同完成向城轨交通列车输送电能的任务。牵引变电所是牵引供电系统的核心，一般由进出线单元、变压变流单元及馈出单元构成。其主要功能是将中压环网的 AC35 kV 或 AC10 kV电源经变压流单元转换为城轨交通列车所需的电能，并分配到上下行区间供列车牵引用。

在设备选型上，随着设备制造技术的发展，设备在防火、减小占地面积等方面都有所进步。例如，干式变压器在防火、防潮湿等方面的优势都使其更适合城市轨道交通的运行环境；SF6 气体绝缘开关柜（GIS）占地面积要比传统的空气绝缘开关柜（AIS）小，地下变电站中采用 GIS 柜可降低工程造价，尤其在 35 kV 电压等级下采用 GIS 柜的优势更为突出。

二、组成与要求

在城市轨道交通牵引供电系统中，电能从牵引变电所经馈电线、接触网输送给电动列车，再从电动列车经钢轨（称轨道回路）、回流线流回牵引变电所。由馈电线、接触网、轨道回路及回流线组成的供电网络称为牵引网。牵引变电所和接触网是牵引供电系统的主要组成部分。接触网按其结构可以分为架空式和接触轨式，按其悬挂方式又可分为柔性（弹性）接触网和刚性接触网。习惯上，由于接触轨是沿线路敷设的与轨道平行的附加轨，故又称第三轨；而采用架空方式时，才称为"接触网"。

城市轨道交通牵引供电系统如图 4-2 所示，其各部分功能简述如下。

（1）牵引变电所：供给地铁一定区段内电动车组牵引电能的变电所。

（2）接触网（包括架空式接触网或接触轨式接触网）：经过电动列车的受电器向电动列车供给电能的导电网。

（3）回流线：用以提供牵引电流返回牵引变电所通路的导线。

（4）馈电线：从牵引变电所向接触网输送牵引电能的导线。

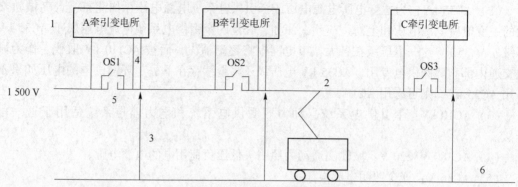

图 4-2 城市轨道交通牵引供电系统

（5）电分段：为便于检修和缩小事故范围，将接触网分成若干段的装置。

（6）钢轨：承载列车的同时被用来作为牵引电流回流回路的一部分。在采用跨座式单轨电动车时，需沿线路专门敷设单独的回流线。

在城市轨道交通牵引供电系统中采用直流供电制。我国早期建成的北京城市轨道交通供电电压采用 750 V，上海、广州、南京、深圳城市轨道交通采用 1 500 V。牵引变电所的数量、容量和设置距离是根据牵引计算的结果，并对经济技术条件比较后确定的，它们一般设置在城市轨道交通沿线若干车站及车辆段附近。每个牵引变电所按其所需容量设置两组牵引整流机组并列运行，沿线任一牵引变电所故障解列，由两侧相邻的牵引变电所共同承担该区段的全部牵引负荷。

三、牵引变电所设置

牵引变电所的容量和设置距离的设计原则和技术条件如下：

（1）正线任一牵引变电所故障时，其相邻牵引变电所应采用越区供电方式，负担起该区段的全部牵引负荷，此负荷应满足远期高峰小时负荷。

（2）牵引变电所的数量及其在线路上的位置，应满足在事故情况下越区或单边供电时接触网的电压水平。

（3）在任何运行方式下，接触网最高电压不得高于最高值，高峰小时负荷时，全线任何一点的电压不得低于最低值。

牵引变电所向接触网（或接触轨）供电方式有两种，即单边供电和双边供电。城市轨道交通接触网（或接触轨）在每个牵引变电所附近由电分段进行电气隔离，分成两个供电分区，每个供电分区也称为一个供电臂。如列车只从所在供电臂上的一个牵引变电所获得电能，这种方式称为单边供电。如一个供电臂同时从相邻两个牵引变电所获得电能，则称为双边供电。

一般车辆段内采用单边供电方式，正线采用双边供电方式。在采用双边供电时，当某一牵引变电所故障退出运行时，该接触网就成为单边供电。正常运行时，列车从 B 牵引变电所和 C 牵引变电所以双边供电方式获得电能，越区隔离开关 QS2 断开。当 B 牵引变电所因故障退出运行时，合上越区隔离开关 QS2，通过越区隔离开关由 A 牵引变电所和 C 牵引变电所进行大双边供电。正线上任何牵引变电所故障退出运行时，均由相邻牵引变电所越区供电。在越区供电方式下，供电末端的接触网（或解除轨）电压较低，电能损耗较大，因此视情况要适当减少同时处在该供电区段的列车数目。另外，直流馈线保护整定时还需要考虑大双边供电方式下的灵敏度。因此，越区供电只是在不得已的情况下，短时采用的一种运行方式。

四、接触网

接触网是在城市轨道交通线路中沿钢轨架设的输电线路，是轨道交通电气化工程的主构架，一般架设在轨道上方（或边上），为列车提供电能。因此接触网受流质量的好坏，直接影响到机车运营质量。

（一）接触网的特点

接触网系统负责将牵引变电所馈出的电能输送到列车上，一般有架空接触网和接触轨两种形式。从电压等级看，国内有 AC25 kV、DC1 500 V 和 DC750 V 三种等级，AC25 kV 和 DC1 500 V 采用架空接触网形式，DC750 V 采用接触轨形式。采用 25 kV 或 DC1 500 V 接触网制式与 DC750 V 接触轨形式相比，由于电压等级高，可以节省沿线牵引变电所的数量，并且由于接触网是架空悬挂，其安全性较好。但采用接触网形式对城市景观影响较大，运营后的维护工作量也较大。在具体的工程中可以从一次投资、城市景观、安全因素和维护工作量等方面进行综合比选来确定受流方式。接触网的特点如下所述。

1. 无备用

牵引负荷是重要的一级负荷，向牵引变电所供电的电源线均设置两个回路，牵引变电所内主变压器及其他重要设备也在设计中考虑了备用措施。接触网由于与电动车组在空间上的关系，和轨道一样无法采取备用措施，因此一旦发生故障，供电区间全部停电，区间运行的电动车组失去电能供应，列车将会停运。

2. 经常处于动态运行中

与一般的电力线路只在两点间的固定传输电能的作用不同，在接触网下沿线有许多电动车组高速运动取流。电动车组受电弓（或受流器）以一定的压力和速度与接触网接触摩擦运行，通过接触网的电流很大。运行中不可避免地会产生受电弓离线而引起电弧，再加上在露天区段还要承受风、雾、雨、雪及大气污染的作用，使接触网昼夜不停地处在振动、摩擦、电弧、污染、伸缩的动态运行状态之中。这些因素对接触网各种线索、零件都产生恶劣影响，使其发生故障的可能性较一般电力线路的概率要大得多。

3. 结构复杂，技术要求较高

接触网的运行环境和运行特点决定了接触网的结构较一般的电力线路有很大的不同。为了保证电动车组安全、可靠、质量良好地从接触网取流，接触网的结构比较复杂，技术要求也较高，如对导线的高度、拉力值，定位器的坡度，以及本身的弹性、均匀度等都有定量的要求。

（二）接触网应满足的基本要求

接触网是牵引供电系统的重要组成部分，一旦损坏将中断牵引供电。接触网应满足以下基本要求：

（1）由于接触网在工作中无备用网，因而要求强度高且安全可靠；

（2）要求在各种气候条件下均能受流良好；

（3）因接触网部件更换困难，因此要求性能好、运行寿命长；

（4）因其维修是利用行车中的间隔时间进行的，故要求结构轻巧，零部件互换性强，

城市轨道交通概论

便于施工、维护和抢修；

（5）因接触网无法避开腐蚀强、污染严重等异常环境，故应采取耐腐蚀和防污秽技术措施；

（6）因采用与受电器摩擦接触的受流方式，因此要求接触网有较均匀的弹性，接触线等部位要有良好的耐磨性。

（三）接触网运行管理规程和制度

接触网经多年的运行实践，在不断总结经验教训的基础上，已逐步形成了一套规范化的管理制度。对于从事接触网工作的人员，应严格遵守铁道部颁发的《接触网安全工作规程》《接触网运行检修规程》《接触网事故抢修规则》《牵引供电事故管理规则》《行车组织规则》中的有关规定和要求。这些规程和规则是保证接触网安全运行的法定条文，学习接触网规程规章，已成为接触网工的自觉行为。

1．《接触网安全工作规程》

《接触网安全工作规程》简称"安规"，包括总则、一般规定、作业制度、高空作业、停电作业、带电作业、倒闸作业、作业区的防护和附录八章内容，共计81个条目。"安规"所列条目，都是总结了接触网上发生的各种事故，从中吸取经验教训甚至是血的教训而编写的。因此它有绝对权威性，任何人不得违反，所以现场又称"安规"是"保命"的规程。"安规"说明了作业制度中的有关规定，高空作业要求和不同作业方式下应办理的手续及注意事项，如在一般规定中，要求凡是从事接触网运行和检修工作的人员，都必须经过考试评定安全等级，取得安全合格证后方可参加相应的接触网运行和检修工作。雷电天气禁止在接触网上进行作业，遇有雨、雾及风力在5级以上的恶劣天气时，一般不进行接触网带电作业。

"安规"中还具体规定了各种作业方式的安全距离、命令程序和安全措施，如停电作业时，应由何人办理停电手续，明确要求由安全等级不低于三级的作业组成员为要令人，向电力调度申请停电，经电调审查批准发布作业命令后，才能开始作业，对停电作业前验电接地的操作方法和安全注意事项都有严格的规定。同时，对带电作业中的命令程序、安全距离、绝缘工具和一般带电作业要求等，都做了较详细说明。

2．《接触网运行检修规程》

《接触网运行检修规程》又称"检规"，由总则、运行和管理、监测和清扫绝缘部件、检修、维修技术标准、大修技术标准和附则附录组成，共计208个条目。其中最重要的是维修技术标准、大修技术标准。接触网维修人员在检修接触网设备时，应严格遵守"检规"的技术要求，特别是对重要设备中的有关参数要牢记，如拉出值、导线高度、锚段关节、线岔、定位器、补偿器、中心锚结和软横跨等有关技术规定。

为了保证接触网设备的安全和接触网工作人员的安全，针对接触网的运行制定了一系列的作业制度。

3．交接班制度

接触网检修工作要有安全等级不低于三级的人员昼夜值班。值班人员要认真填写"接触网工段值班日志"，及时传达和执行供电调度的命令。接触网工段值班人员要按时做好交接班工作。交班人员要向接班人员叙述设备运行情况及有关事项，接班人员认真阅读值班日志，弄清上一班的情况并在值班日志上签字后，接班人员方可下班。工长要每天确认工具、备品、安全用具、抢修机具是否完备，认真审阅值班日志，并签字。

4. 巡视检查制度

为贯彻"修养并重，预防为主"的方针，要定期巡视接触网设备的技术状态和客车受电弓状态，巡视包括梯车巡视、步行巡视及登车巡视。

（1）梯车及步行巡视，每月不少于1次，巡视主要内容如下：

①应无侵入限界、妨碍列车车辆运行的障碍。

②接触网悬挂、支持定位装置、线岔、锚段关节、分段绝缘器及其零部件连接良好，无烧伤损坏。

③补偿装置无损坏，动作灵活。

④绝缘部件无破损和闪络。

⑤无隧道漏水、异物垂落等危及或损伤接触网安全供电和行车安全的现象。

⑥接触网终点标、号码等设备标志的状态无异常。

（2）乘车巡视：每月不少于1次，主要是观察接触悬挂及其支撑装置和定位器的状态。接触网设备的巡视工作，应由工班长或安全等级不低于三级的接触网工进行。在遇有大风、大雨、大雾等恶劣天气时，要适当增加巡视次数。在巡视检查过程中对危及安全及行车的缺陷要及时处理。每次巡视检查和缺陷处理的主要情况，都要及时认真地填写在"接触网梯车、步行巡视记录"中。

（四）接触网检修作业方式

由于接触网检修工作与行车直接相关，因此，进行标准化作业、加强质量管理、提高检修工艺更为重要。根据技术规程和检修规程及不同接触网的特点要求，要熟练掌握接触网的检修标准和检修方法，提高对接触网的质量管理水平，确保运输生产的安全。

接触网检修方式，根据在作业过程中接触网是否带电的情况分为停电作业和带电作业两种方式。

1. 停电作业

所谓停电作业是在接触网不带电情况下进行的检修作业。停电作业一般是带电作业难以进行的项目。这是目前常用的接触网检修方式。停电检修的接触网区段，在停电检修时间内一般不允许有车辆通行，检修必须在允许的时间内完成作业。

接触网工区进行作业时以作业组的形式进行，每个作业组以12人左右为宜。作业组在接到作业任务时，需按以下程序进行。

（1）填写工作票：工作票是接触网作业的书面依据，根据不同的作业方式要填写相应的工作票。填写工作票时，要字迹清晰，内容明确，不得涂改或用铅笔填写。工作票签发的编号日期、有效时间、作业组成员姓名和人数、安全等级、作业地点、停电设备、安全措施必须准确无误。

（2）申请停电：需要接触网停电进行的一切作业，均必须经电力调度员的许可。停电作业申请要指明作业地点、作业内容、是否需要封锁线路、必须停电的电线路等。若需在车站上停电作业时，还应指明车辆不得通过的股道及道岔。

（3）宣读工作票：作业组成员出发之前列队集合，由工作领导人向作业组全体人员宣读工作票的所有内容，详细布置安全措施。工作票中规定的作业组成员一般不应更换，若必须更换时，应经发票人或工作领导人同意。

（4）要令：开工前作业组应指派专人要令。作业组到达作业地点后，要令人员向电力调度申请作业命令，其他人员做作业前的准备工作，要令人接到电调停电命令后，先检查命令内容并认真复诵，经确认无误，并得到命令编号和批准时间后，即向工作领导人发出可以开工信号，并说明停电时间及停电范围。在发、受停电命令时，发令人要将命令内容记入"作业命令记录"中，受令人要填写"接触网停电作业命令票"。

（5）开工：工作领导人接到要令人的通知后，先向验电人发出验电的信号，验电操作者确认信号无误后，立即进行验电工作，验明确已无电，地线人员方可进行挂接地线工作，地线接好后立即通知工作领导人。工作领导人得知全部地线安设完毕，将停电和线路封闭起止时间告知作业组成员，宣布作业开始。此时作业人员可将车梯上道进行网上作业，作业项目必须在规定的时间内提前完成。

（6）收工与消令：作业结束后，工作领导人应向作业组全体人员宣布作业结束，指挥作业组成员迅速清理现场。人员、工具、器械、材料全部撤离到安全限界之外，并检查接触网设备和线路不影响供电与行车，确认作业组全体人员已经离开危险区后，向接地线人员发出撤除地线的信号，接地线人员接到撤除地线的命令后，应在安全监护人的监护下，迅速撤除地线，并立即通知工作领导人。确认地线撤除后，通知要令人向电力调度员消令。检查作业组人员安全情况，清点工具、材料数量后收工回工区。

（7）开收工会：当天作业结束后，全体人员开收工会，汇报作业中遇到的技术业务问题、出现的不安全现象及事故苗头，工作领导人全面总结当日工作，指出问题，提出具体要求，制定出安全防范措施，安排第二天的工作项目。会议主要内容应记录在工区日志上。

安全作业是生产过程得以继续的保证，只有保障人员和设备的安全才能维持正常的生产过程。接触网工担任接触网设备的施工与维修工作，如果不严格遵照规程规章进行作业，随时都会出现人身伤亡事故。作为接触网工，为了避免人身伤亡事故的发生，首先必须遵守安全工作规程，了解接触网作业的特点，严格作业程序，确保作业过程中的安全。

2. 带电作业

带电作业按作业方式可分为直接带电作业（或等电位作业）和间接带电作业（或远离作业）。

（1）直接带电作业：直接带电作业是通过绝缘工具与接地体隔离开，作业人员直接接触带电体，使人体与带电设备的电位相同，从而能够直接在带电设备上进行作业。作业时作业人员通过绝缘工具送至作业地点，作业人员及所持工具此时与非带电体要保持一定的距离。

作业人员处于等电位状态时，在与接触网接触的一瞬间会有异样的麻电感觉，重者会使人难受，甚至灼伤皮肤，轻者无任何感觉，因此要求绝缘工具的绝缘性能一定要可靠。为了保证工作人员的安全，消除可能产生的麻电感觉，必须用等电位线短接带电体与绝缘车梯的工作台来消除这种现象。等电位线是由多股裸铜软绞线（截面不小于6 mm²）和两个带有金属钩的绝缘棒组成的。使用时作业人员将等电位线一端挂在车梯工作台框架上，另一端挂在接触网带电体上，使车梯工作台和接触网处于等电位，因此，工作台上的工作人员必须和车梯工作台充分接触，如不穿绝缘鞋、塑料底鞋等导电性能差的鞋，工作时一手可紧握工作台框架。作业时，要时刻注意和带电体充分接触即始终保持等电位状态。若要转移工作场所进行作业，必须先脱离等电位，然后再次等电位方可作业。

在接触网和一些电气设备中有许多情况都是这样的：和大地形成闭合回路，或接地使电流流入大地，其实此时大地也有一定的电位，之所以人们无任何异样的感觉，是因为这是等电位的效果，而且常视大地的电位为零电位，故此种状态称为"不带电"。而所谓带电作业则是相对大地的电位为零而言的，如果相对于接触网本身则电位也为零。电对人体危害的实质是一定电流流经人体对人们的身体造成了损害。电流只能从高电位流向低电位，如果工作人员处于同等电位下作业，就不会有电流流经人体，因此也就不可能造成对人体的伤害。

进行等电位作业的人员必须先挂好等电位线，使工作台处于等电位，或穿上等电位服才能工作。检修过程中应经常注意与接地体保持不小于允许的安全绝缘距离，与地面配合人员传递工具材料务必使用绝缘工具，如果有两人需上下车梯，应分两侧同时上下，不能跟随上下，以免短接车梯而出现危险。地面监护人员必须同时监护高空作业的过程、安全绝缘距离、相对行车的防护。

带电作业时，每个作业组作业前由工作领导人指定一名安全等级不低于四级的作业组作为要令人员，向电力调度申请带电作业。若几个作业组同时作业，每一个作业组必须分别向电力调度申请作业命令，在申请的同时，要说明带电作业的范围、内容、时间和安全措施等。绝缘工具在每次使用前要仔细检查是否有损坏，并用清洁干燥的抹布擦拭有效绝缘部分。各种绝缘工具要有专人负责保管，要按规定进行试验，要有产品的合格证。禁止使用未经试验、试验不合格或超过试验期限的绝缘工具。

（2）间接带电作业：间接带电作业是作业人员通过绝缘工具接触带电体，或者在接触网不停电的情况下，远离带电体所进行的接触网检修作业，如对接触网的测量、调整补偿装置等。间接带电作业，作业人员所持的非绝缘工具与带电设备之间的距离不得小于600 mm。对于不停电状态下支柱上的其他作业也应遵循这个要求。对接触网进行测量作业，多在线路上进行，除了要细心测量记录外，还要注意行车防护。复线测量要逆向进行，即面向列车来测量。一旦发现来车要及时避让。在测量绝缘子的分布电压时，必须由接地侧向带电侧逐个测量。在悬式绝缘子串中，若三片绝缘子中有一片不合格，或四片绝缘子中有两片不合格，均须立即停止测量。

接触网带电检修不论是采取等电位作业还是间接带电作业，作业人员和接地体之间都依靠绝缘工具的固定绝缘和空气的绝缘间隙来实现绝缘，因此，如何正确地选择带电检修的安全距离和绝缘工具的有效长度，是关系到带电检修能否保证安全的关键问题。所谓安全距离是指在进行带电作业时，等电位作业人员与接地体之间，以及间接带电作业时，处于低电位的作业人员和带电体之间所允许保持的最小距离，它是关系到人身和设备安全的重要条件。安全距离应按带电体和接地体间的直线空气间隙来计算。

3. 接触网检修作业的特点

（1）高空——防摔：接触网作业几乎都是在高空进行的，在作业时需要攀登十几米高的支柱，登上 5 m 以上的车梯或在检修车上作业，踩在高出地面 6 m 左右的接触悬挂上。在这样的高空进行作业，下面是道砟和钢轨，若不小心就会发生危险。因此高空作业一定要系好安全带。

（2）高压——防触电：城市轨道交通接触网的电压高达 1 500 V，比民用电压高很多倍。尽管在许多情况下进行的都是停电作业，但如果发生误操作，对平行线路上产生的高压感应电未采取有效的防护措施，以及与作业点附近的带电体不能保证足够的绝缘距离等情况，都会给作业人员造成生命危险。因此，停电作业时的地线挂设是安全的重要保证。

（3）高速——防车辆伤害：在运输繁忙的线路上，接触网检修工作要正常进行，也要注意可能开来的高速运行的列车。另外，接触网工作人员出工、收工都要乘坐轨道车、汽车等交通工具，这些都体现了接触网工作的"高速"特点。因此，行车防护人员一定要认真负责，随时通报列车运行情况。尽管接触网作业有此"三高"特点，其工作危险性很大，但对训练有素的接触网工来源，并不可怕，只要认真执行安全作业程序，接触网工的安全性是有保障的。

（五）接触轨式接触网

接触轨是沿着走行轨道一侧平行铺设的附加轨，故又称第三轨。其中接触轨为正极，走行轨为负极。轨道交通电动列车（车辆）侧面或底部伸出的受电器与第三轨接触取得电能，该种受电器称为受电靴（接触靴）。接触轨系统由正极供电网和负极回流网组成。其中供电网由接触轨、弯头、连接板、膨胀接头、绝缘支架或绝缘子、绝缘防护罩、锚结、隔离开关、电缆等组成；回流网由回流轨、有关电气设备以及电缆等组成。常见的接触轨式接触网如图4-3、图4-4所示。

图4-3 接触轨式接触网（一）

图4-4 接触轨式接触网（二）

使用接触轨式接触网供电的优点是隧道净空高度低，结构简单，造价低；其缺点是人身和防火方面安全性差，难以与采用架空式接触网的地面或高架轨道衔接。

1. 接触轨技术的发展状况

早期的接触轨材料采用50 kg/m低碳钢轨。随着工业和电气技术的发展，接触轨在材料选用及安装方式等方面取得了长足的发展。钢铝复合轨代替低碳钢轨，是接触轨受流系统的一次技术革命，其与低碳钢接触轨相比，导电性能、耐腐蚀性能大大提高，重量轻，安装更加方便，电气损耗大大降低。钢铝复合轨已经在加拿大SKYTRAIN线、德国汉堡S-BAHN线、马来西亚吉隆坡地铁、新加坡地铁、曼谷轻轨等工程中采用。最长的已经成功应用了25年之多，生产工艺非常成熟。国内的天津地铁1号线（旧线改造及新线）、北京地铁4号线、北京地铁5号线、武汉轻轨一期工程以及广州地铁4号线均采用钢铝复合接触轨。钢铝复合接触轨的断面结构如图4-5所示。

图4-5 钢铝复合接触轨的断面

相对于早期采用的低碳软钢接触轨而言，钢铝复合接触轨的主要优势是：

（1）导电率高，可以增大牵引变电所间距，减少牵引变电所数量，减少能源损耗。钢铝复合接触轨系统如全部采用国产产品，牵引供电系统在全寿命周期内的总投资与架空接触网供电制式就很相近。

（2）重量较轻，运输、安装方便。

（3）与集电器的接触良好，磨耗小，噪声低，耐腐蚀，使用寿命长。

正因为钢铝复合轨有以上优势，在武汉、北京等城轨项目中已经采用钢铝复合轨，我国不少城市的轨道交通项目也在使用钢铝复合轨。

2. 接触轨系统的电压等级

在国外接触轨系统应用电压等级分为 DC750 V、DC1 200 V、DC1 500 V 等，国内一般采用 DC750 V。近年来，某些工程由于受线路条件的限制（站间距大、高架桥区段考虑城市景观等），也有采用 DC1 500 V 接触轨系统的。

3. 接触轨系统安全措施

（1）全线设置防护罩，防护罩上应有防触电标记；

（2）接触轨必须停电检修；

（3）设置轨道电位限制装置；

（4）在人员过往道口与接触轨交叉处设置机械分段；

（5）检修线的开关均设置带电显示；

（6）适当划分接触轨供电分区；

（7）健全安全操作规程。

4. 接触轨防腐蚀措施

接触轨支架安装所用金属支架、底座采用热浸镀锌防腐；防护罩、绝缘支架连接所用金属零件如螺栓、滑轨等零部件可采用不锈钢，也可采用热浸镀锌防腐。

5. 接触轨材料

钢铝复合接触轨是通过机械或物理方式将钢材和铝材结合而成的接触轨，它结合了铝材电阻低、重量轻和钢材耐磨性好的优点。

6. 接触轨的分类

接触轨系统按照受流方式的不同分为三种方式，即上接触式、下接触式和侧接触式。

（1）上接触式：三轨安装在绝缘子组件上，如图 4-6 所示，由接触轨、绝缘子、三轨夹板、防护支架、防护板、端部三轨弯头、防爬器等构件组成。受流器滑靴压向接触轨轨头顶面受流。受流器的接触力是由弹簧压力调节的。如果受流平稳，那么由于端部弯头的过渡作用，受流器就能够减少在断电区的电流冲击。

上接触式三轨施工作业简便，可以在轨头上部通过支架安装不同类型的防护板。在较早期修建的城市地铁和轻轨工程中，主要采用了接触轨上部受流方式，如北美和英国等城市地铁、中国的北京地铁都是采用上接触式第三轨。

（2）下接触式：下接触式三轨轨头朝下，通过绝缘肩架、橡胶垫、扣板收紧螺栓、支架等安装在底座上，如图 4-7 所示。

下接触式的优点是防护罩从上部通过橡胶垫直接固定在接触轨周围，对人员安全性好。莫斯科地铁就采用这种方式，有利于防止下雪和冰冻造成集电困难。但是这种方式安装结构较复杂，费用较高。自 20 世纪 80 年代开始，在德国、马来西亚、泰国、新加坡等国家城市轨道交通中开始采用接触轨下部受流方式，我国广州地铁 4 号线亦采用此方式。

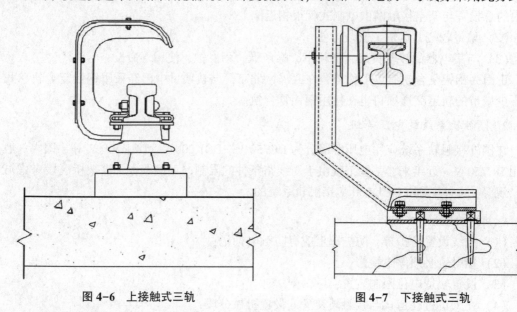

图 4-6　上接触式三轨　　　　　　　　图 4-7　下接触式三轨

（3）侧面接触式：侧面接触式就是接触轨轨头端面朝向走行轨，集电靴从侧面受流。跨座式独轨车辆就采用侧面接触式。其受流器装在转向架下部，接触轨装在轨道梁上。国内的重庆轻轨采用此受流方式。

（六）架空式接触网

架空接触网是将接触导线架设于车体上方的一种接触网形式，电力机车通过受电弓从架空接触网取得电流，架空接触网可用于铁路干线、城市轨道交通以及工矿电力机车牵引线路。根据《城市轨道交通直流牵引供电系统》（GB/T 10411—2005）规定，我国城市轨道交通的架空接触网有以下两种制式：直流 1 500 V 和直流 750 V。架空式接触网的悬挂类型大致为三种：简单悬挂、链形悬挂、刚性悬挂。不同的类型，其导电材料的截面、条数、张力都是不一样的。架空式接触网的悬挂方式是根据架线区段的列车速度、电流容量等输送条件以及架设环境进行综合勘察后决定的。常见的架空式接触网如图 4-8 所示。

图 4-8　架空式接触网

1. 简单悬挂

（1）弹性吊索式简单弹性悬挂：简单悬挂方式结构简单，支柱高度低，支持装置承受的负荷较轻，但是弛度大、弹性不均匀度大。为改善这一状况，一般在悬挂点处增加一个人字形的弹性吊索，称为弹性简单悬挂（图4-9、图4-10），这可以相应改善悬挂点处的弹性和运行状况。由于弹性简单悬挂建造费用低，施工方便，维修简单，城市电车、轻轨和地铁车辆基地内往往采用这种悬挂方式。

图4-9　旋转腕臂支持的简单弹性悬挂　　　　图4-10　软横跨支持的简单弹性悬挂

（2）弹性支座做支持部件的简单弹性悬挂：弹性支座做支持部件的简单弹性悬挂如图4-11所示。弹性支座不仅支撑了固定接触网导线，且为接触网导线提供了良好的弹性，可使电动车组的受电弓与接触网导线平稳接触，有效地减少机车受电弓与导线的磨耗，延长接触网使用寿命，同时还可使机车平稳获取电能，从而保证电动车组正常运行。图4-12所示为弹性补偿设备。

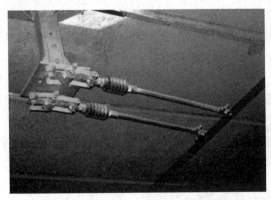

图4-11　弹性支座做支持部件的简单弹性悬挂　　　　图4-12　弹性补偿设备

2. 链形悬挂

接触线通过吊弦悬挂到承力索上的悬挂称为链形悬挂。链形悬挂承力索悬挂于支柱的支持装置上，接触线通过吊弦悬挂在承力索上，使接触线增加了悬挂点，调节吊弦可以使接触线对轨面的高度保持一致。由于接触线是悬挂在承力索上的，因而基本上消除了悬挂点处的硬点，接触线的弹性在整个跨度内都比较均匀。显然，链形悬挂比简单悬挂性能好得多，但结构复杂、投资大，施工维修调整较为困难。

链形悬挂的类型很多，可以按悬挂链数分为单链形悬挂、双链形悬挂和多链形悬挂。按线索相对于线路中心的位置，又可以分为直链形接触悬挂、半斜链形悬挂、斜链形接触悬挂。按是否在悬挂点处安装"∏"形吊索又可分为简单链形悬挂和弹性链形悬挂。对城市轨道交通而言，因其运行速度不太高，一般多采用简单链形悬挂，应用速度可达120 km/h。

3. 刚性悬挂

刚性悬挂又称刚性接触网，是一种区别于传统柔性接触网的供电方式，一般适用于地下段，而不应用于地面及高架桥。由于刚性架空接触网系统不需要张紧装置，如平衡重或液压拉伸装置，可以比传统的接触网设计更方便，维修工作明显比传统的接触网容易，因为大多数调整工作很简单并且容易量化。接触导线固定，不需要进行张力调整，对于隧道这类维修作业困难且很耗费时间的场合，采用这样的系统大有好处。刚性架空接触网系统的使用经验表明其维护和修理作业容易且较快。

刚性架空接触网是将接触线夹装在汇流排中，汇流排取代了承力索，并靠它自身的刚性保持接触线的固定位置，使接触线不因重力而产生驰度。汇流排一般由铝材制成，重约5.9 kg/m，一般12 m一段，安装时用中间接头将其连接为一体。刚性架空接触网汇流排本身可承受较大的电流，所以目前采用的均为单根接触线的汇流排。

刚性架空接触网系统比柔性接触网系统的初始成本高，但是在整个寿命周期内维修成本明显低，其寿命可达30年。经过多年的改进和发展，目前国内外普遍认可和采用的是"∏"形截面的铝合金汇流排。图4-13为汇流排本体，图4-14为汇流排，图4-15为"∏"形刚性架空接触网。

4. 分段绝缘器

分段绝缘器是接触网进行电分段时采用的一种绝缘设备。正常情况下，受电弓带电滑行通过。当某一接触网分段发生故障或因施工停电时，打开分段绝缘器处的隔离开关将该部分接触网断电，而其他部门能正常供电。如两部分接触网系统分别供电时，当一部分接触网的电源发生问题不能供电时，则可合上隔离开关，使其使用一个电源，从而提高接触网运行的可靠性和灵活性。

图4-13　汇流排本体

图 4-14　汇流排

图 4-15　"∏"形刚性架空接触网

目前，由于接触网形式及安装空间的条件限制，国内外架空接触网电分段的采用形式不尽相同，主要有以下两种形式。

（1）柔性悬挂方式的电分段：柔性悬挂电分段一般采用分段绝缘器方式和锚段关节形式。分段绝缘器形式一般适用于空间狭小的地下隧道，可以节省空间，但须设置专用的分段绝缘器，同时列车受电弓划过电分段时，因导线与分段绝缘器连接处存在受力"硬点"，于是受电弓离线并出现较为明显的拉弧现象，影响了列车受流质量。

锚段关节形式适用于空间条件较好的地面及高架线路，由于在电分段处两个相邻供电分区的接触线平行重叠，因此可基本消除列车受电弓划过分段时的拉弧现象，保证列车受流质量。

（2）刚性悬挂方式的电分段：刚性悬挂通过锚段关节实现机械和电气的分段。其特点是悬挂结构简单、节约隧道空间、安全性高、稳定性好、容易维护等。但因其形式特殊，所以安装精度要求很高，且产生缺陷后无法像柔性悬挂通过系统本身的匹配关系来弥补，如图 4-16 所示。

5. 刚柔过渡

刚柔过渡是指架空刚性悬挂与架空柔性悬挂两种接触网形式的衔接过渡。在刚性悬挂的结束段，采用带有刚性递次减小的切槽式汇流排，吸收来自柔性悬挂接触的振动，使接触线避免疲劳破坏，实现刚柔的顺利过渡，如图 4-17 所示。

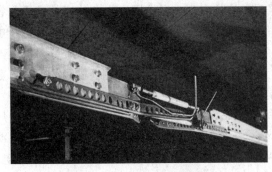

图 4-16　刚性悬挂分段绝缘器

图 4-17　刚柔过渡

第三节 动力照明供电系统

动力照明系统，为除了城市轨道交通列车以外的其他所有地铁用电负荷提供电能，其中包括通信、信号、事故照明和计算机系统等许多一级负荷。这些一级负荷均与城市轨道交通正常运营密不可分，所以在设计、设备选型和施工过程中都应对动力照明系统给予足够的重视。城市轨道交通降压变电所与城网 10 kV 变电所一样，都是将中压电经变压器变为 380 V/220 V 电源供动力照明负荷用电。在引入电源方面，每座降压变电所均从中压环网引入两路电源，有条件时还应从相邻变电所或市电引一路备用电源，对于特别重要的负荷，如控制系统计算机设备等负荷，还应设蓄电池作为备用电源。

一、电力监控系统

电力监控系统贯穿于整个供电系统的监视控制部分，是控制技术在电力系统中的应用。电力监控系统由控制中心、通信通道和被控站系统组成，对全线变电所及沿线供电设备实行集中监视、控制和测量。控制中心由数据服务器、通信前置机、工程师工作站及模拟盘显示器等组成，完成对所采集数据的分析、计算、存储、设备状态监视以及控制命令的发送等功能。被控站系统由变电所上位 PLC 或后台计算机、所内通信通道及下位 PLC 组成，完成对设备状态、信号等数据采集、整理、简单分析计算及所内控制等功能。

二、车站降压变电所

车站降压变电所各部分功能简述如下：

（1）车站降压变电所：将中压电能转换为电能（AC380/220 V），并向车站、区间、车辆段内的用电设备分配电能。降压变电所是城市轨道交通运营安全、行车安全以及应急处理等动力照明供电的保障，主要为风机、水泵、照明、通信、信号、防火报警等用电设备供电。

（2）配电间（室）：配电间（室）仅起到给照明、小动力设备分配电能作用。降压变电所通过配电所（室）将三相 380 V 和单相 220 V 交流电分别供给照明、小动力设备。

（3）配电线路：是配电间（室）与用电设备之间的导线及路径。

（4）应急电源：是为应急设施服务的设备，一般指在正常电源失效后，为确保电力保障和消防联动的需要，它能即时提供逃生照明和消防应急，保护用户生命或身体免受伤害提供的备用电源。地铁工程中应急电源一般有 EPS（应急电源装置）、UPS（不间断电源）。EPS 装置多用于消防用电设备，如应急照明灯、疏散指示灯等对供电质量要求相对不高的用电设备，强调供电的连续性。UPS 适用于允许中断供电时间为毫秒级的负荷，在地铁工程中一般通信、信号系统使用 UPS 电源。

在地铁供电系统中，降压变电所一般每个车站设置一个；也可将降压（动力）变压器附设在某个牵引变电所之中，构成牵引与降压混合变电所。地铁车站及区间照明电源采用 380/220 V 系统配电。正常时，工作照明、事故照明均由系统交流照明电源供电，当系统交流照明电源失去时，事故照明自动切换为 EPS 供电，确保事故期间必要的紧急照明。

第四节 牵引供电系统

一、牵引变电所

牵引变电所是电力牵引的专用变电所。牵引变电所把区域电力系统送来的电能，根据电力牵引对电流和电压的不同要求，转变为适用于电力牵引的电能，然后送到城市轨道交通所需的供电系统，为地铁电动车辆供电。

牵引网的供电制式主要是指电流制、电压等级和馈电方式。目前城市轨道交通的直流牵引电压等级有 DC600 V、DC750 V 和 DC1 500 V 等多种。我国国家标准《地铁直流牵引供电系统》规定了 DC1 500 V 和 DC750 V 两种电压制式。牵引网的馈电方式分为架空接触网和接触轨两种基本类型。其中电压制与馈电方式是密不可分的。一般架空接触网馈电方式电压等级采用 DC1 500 V。目前第三轨馈电方式电压等级主要采用 DC750 V，第三轨馈电方式电压等级有向 DC1 500 V 发展的趋势。

牵引变电所是城市轨道交通牵引供电系统的核心，它的站位设置及容量大小需根据所采用的车辆形式、车流密度、列车编组，经过牵引供电计算，经多方案比选确定。牵引变电所有两种形式：户内式变电所和户外式箱式变电所，前者适合地下线路，后者适合地面线路。直流牵引变电所从双电源受电、经整流机组变压器降压，分相后，按一定整流接线方式由大功率硅整流器把三相交流电变换为与直流牵引网相应电压等级的直流电，向电动车组供电。地铁、城市轻轨交通直流牵引变电所，有时常与向车站、区间供电的降压变电所合并，形成牵引、降压混合变电所。此时，主电路结构和电气设备与一般直流牵引所相比有所不同。在有再生电能需向交流网返送的情况下，直流牵引变电所必须增设可控硅逆变机组（包括交流侧的自耦变压器），其功能和设备也应相应增加，运行、技术都较复杂。直流牵引变电所间距离仅几千米，一般不设分区和开闭所。

二、牵引变电所的设备

为了实现牵引变电所的受电、变电和配电的功能，在牵引变电所中，必须把各种电气设备按一定的接线方案连接起来，组成一个完整的供配电系统。在这个系统中担负输送、变换和分配电能任务的电路称为主电路，也叫一次电路；用来控制、指示、检测和保护主电路及其主电路中设备运行的电路称为二次电路（二次回路）。相应地，牵引变电所中的电气设备也分为两大类：一次电路中的所有电气设备，称为一次设备或一次元件；二次电路中的所有电气设备，称为二次设备或二次元件。一次设备按其在一次电路中的功用又可分为变换设备、控制设备、保护设备、补偿设备和成套设备等类型，具体定义如下：

变换设备是用以变换电能电压或电流的设备，如电力变压器、整流器、电压互感器、电流互感器。

控制设备是用以控制电路通断的设备，如各种高低压开关设备。

保护设备是用以防止电路过电流或过电压的设备，如高低压熔断器、高低压断路器、继电保护设备和避雷器等。

补偿设备是用以补偿电路的无功功率以提高系统功率因数的设备，如高低压电容器、静止无功补偿装置等。

成套设备是按一定线路方案将有关一次、二次设备组合而成的设备，如高压开关柜、低压配电屏、高低压电容器柜和成套变电站等。

（一）整流机组

整流机组由变压器和整流器构成。变压器接受中压开关设备提供的中压电压，经过降压为整流器提供适合的低压交流电流；整流器则将交流电源整流为电动车组所需要的直流电源。整流机组是牵引变电所的核心设备，是列车高速、安全、可靠、经济、节电运行的保证。整流机组需要变压器和整流器两种完全不同的设备相互匹配，才能实现良好的整体性能。

1. 整流变压器

整流变压器为户内干式环氧浇注无载调压变压器，耐潮、防火、损耗小，噪声低、体积小。变压器是牵引变电所中实现电能输送、电压变换，满足不同电压等级负荷要求的核心设备之一，使用最多的是三相油浸式电力变压器和环氧树脂浇筑式干式变压器。常见整流变压器如图 4-18 所示。

（1）变压器的主要技术参数如下：

①额定电压：包括变压器二次侧和二次侧的额定电压。变压器二次侧额定电压是指变压器空载状态下当一次线圈加其额定电压时，获得二次侧线圈端电压。

②额定电流：指线圈额定电流。

③额定容量：指变压器在额定电压和额定电流条件下，连续运行时输送容量。

④变比：指变压器一次绕组额定电压和二次绕组额定电压之比，也是变压器一次绕组和二次绕组线圈匝数之比。

⑤铜损：指变压器一次、二次额定电流流过绕组时产生的能量损耗。

⑥阻抗电压降：指变压器在二次绕组短接的情况下，一次绕组中流过额定电流时引起的电压降，以百分数表示。

⑦空载电流：指变压器在额定电压下空载运行时，一次绕组中流过的电流，以百分数表示。

⑧连接组别：指三相变压器一次与二次绕组连接方式，如星形、三角形连接。

（2）变压器的分类：

①按变压器的应用方式，分为升压变压器和降压变压器。

②按变压器的相数，分为单相变压器、三相变压器、多相变压器。

③按线圈形式，分为单线圈变压器（自耦变压器）、双线圈变压器、三线圈变压器。

④按变压器铁芯和线圈的相对位置，分为心式变压器和壳式变压器两种。心式变压器的线圈包在铁芯的外围，壳式变压器的铁芯包在线圈的外围。

⑤按变压器绝缘和冷却方式，分为油浸式、干式和充气式三种。油浸式变压器的铁芯和线圈都浸在盛满变压器油的油箱中，用油绝缘。冷却方式有自冷、强迫风冷、水冷或强迫油循环冷却等形式。干式变压器的铁芯和线圈利用空气绝缘和冷却。充气式变压器的器身放在一密封的铁箱内，箱内充以特种气体，箱内的气体通过热交换器冷却。城市轨道交通电力牵引变电所如采用地下式的（地铁用），为了防止油箱爆炸引起的严重后果，多应用干式变压器。

⑥按调压装置的种类，分为有载调压变压器和无载调压变压器。

2. 整流器

整流器的作用是将交流电变成直流电供电动车辆的牵引电动机使用，具有耐潮、防火、低损耗、噪声小等特点，所有导线采用阻燃导线，为降低其噪声的影响，硅整流器可为空气自冷式，本身不装风机。同时整流器有足够的电流储备系数和电压储备系数。常见的整流器如图 4-19 所示。

图 4-18　整流变压器

图 4-19　整流器

由于城市轨道交通直流牵引供电系统的整流器直流电压不太高，而电流很大，为了避免整流支路的整流元件并联数目太多而造成元件之间电流分布不均的问题，故采用两组整流器并联工作的方法，同时可以使两组整流器相互之间有相位移，以达到求得更多相整流、减小整流电压脉动的目的。由于整流器的主要部件二极管是由不到 1 mm 厚的硅单晶片制成，其热容量很小，对电流、电压非常敏感，因而整流器的过电流、过电压保护十分重要。整流器柜一般采用无焊接全螺栓结构，以便故障时拆卸更换。屏柜门板及外骨架采用喷塑防护，绝缘材料阻燃。为防止潮湿产生凝露，可设置防凝露控制器。

国内整流器设备的外形尺寸有差异，其中因素与散热器选型有关。采用陶瓷散热器时，整流器柜外形尺寸较大，如 2 500 A 规格的尺寸一般为 2 000 mm×1 250 mm。若采用铝合金散热器，整流器外形尺寸较小，同等规格下，尺寸为 1 200 mm×1 200 mm。目前国内一般采用铝合金散热器或陶瓷散热器。

（二）高压开关设备

高压开关设备的作用：在正常工作情况下可靠地接通或断开电路；在改变运行方式时进行切换操作；当系统中发生故障时迅速切除故障部分，以保障非故障部分的正常运行；在设备检修时隔离带电部分，以保障工作人员的安全。

开关电器的种类很多。按安装地点分为屋内式和屋外式两类；按功能分，常见的类型有断路器、隔离开关、熔断器、负荷开关等。

1. 高压断路器

高压断路器是牵引变电所高压电器设备中最重要的设备，是一次电力系统中控制和保护电路的关键设备。主要有两个作用：

一是控制作用，即根据需要将部分电气设备或线路投入或退出运行；二是保护作用，即在电气设备或电力线路发生故障时，继电保护装置发出跳闸信号，启动断路器，将故障部分设备或线路从电网中迅速切除，确保电网中无故障部分的正常运行。常见的高压断路器如图 4-20 所示。

图 4-20　高压断路器

2. 高压隔离开关

高压隔离开关又称隔离刀闸，是一种结构比较简单的高压开关电器，在合闸状态下能可靠地通过额定电流和短路电流，但因为它没有专门的灭弧装置，不能用来切断负荷电流和短路电流。使用时应与断路器配合，只有在断路器断开时才能进行操作。隔离开关在分闸时，动静触头间形成明显可见的断口，绝缘可靠。常见的高压隔离开关如图 4-21 所示。

图 4-21　高压隔离开关

高压隔离开关具有以下作用：

（1）隔离高压电源，以保证其他设备的检修安全。

（2）倒闸操作，当合闸时，先合隔离开关，后合断路器；分闸时，先分断路器，后分隔离开关。这种操作通常称为倒闸操作。为了保证安全，一般要装有和断路器之间的联锁装置，以防止误操作。

（3）接通和断开小电流电路。

3. 熔断器

熔断器是一种保护电器。它串联在电路中，当电路发生短路或过负荷时，熔体熔断，切断故障电路使电气设备免遭损坏，并维持电力系统及其余部分的正常工作。

优点：结构简单、体积小、布置紧凑、使用方便；动作直接，不需要继电保护和二次回路相配合；价格低。缺点：每次熔断后须停电更换熔件才能再次使用，增加了停电时间；保护特性不稳定，可靠性低；保护选择性不易配合。

4. 高压负荷开关

高压负荷开关是在高压隔离开关的基础上加入简单灭弧装置而成的，是具有一定开断和关合能力的开关电器。它具有一定的分合闸速度，能通过一定的短路电流，也能开断正常的负荷电流和过负荷电流，但不能开断短路电流。因此，高压负荷开关可用于控制供电线路的负荷电流，可用来控制空载线路、空载变压器及电容器等。

高压负荷开关在分闸时有明显的断口，可起到隔离开关的作用，与高压熔断器串联使用，前者作为操作电器投切电路的正常负荷电流，而后者作为保护电器开断电路的短路电流及过负荷电流。

（三）互感器

互感器是电压、电流变换设备。供电系统中的高电压、大电流参数无法直接测量，供电设备的运行状态也无法直接从主回路上取得参数，因此，需要将高电压、大电流变成低电压和小电流，以供继电保护和电气测量使用。互感器是一种特殊的变压器，又称仪用变压器。其功能主要体现在以下三个方面。

1. 变压/流

互感器将一次侧的高电压、大电流变成二次侧标准的低电压（100 V）和小电流（5 A 或 1 A），用以分别向测量仪表、继电器的电压线圈和电流线圈供电，使二次电路正常反映一次系统的正常运行和故障情况。

2. 隔离高压，安全绝缘

采用互感器作为一次与二次电路之间的中间元件，既可避免一次电路的高电压直接引入仪表、继电器保护设备等二次设备，又可避免二次电路的故障影响一次侧电路，提高了两方面工作的安全性和可靠性，特别是保障了人身安全。

3. 扩大仪表范围

采用互感器以后，相当于扩大了仪表、继电器的使用范围。由于使用互感器，二次电路的仪表、继电器等的电流、电压规格统一，有利于大规模标准化生产。

（四）避雷装置

避雷装置属于变电所中保护设备的一种，作用是防止电气设备的雷电过电压。所谓过电压，一般是指在电气设备或线路上出现的超过正常工作需要的电压。而雷电过电压，也叫大气过电压，它是由雷电引起的过电压。雷电过电压所产生的雷电冲击波，其电压幅值可达 100 MV，电流幅值可达几百千安培，对电气设备的正常运行危害极大，必须采取措施加以防护。一个完整的防雷设备一般由接闪器、避雷针、引下线和接地装置三部分组成。

1. 接闪器

雷电发生时，由于电气设备本身安装的方法或安装位置不当，受雷电在空间分布的电场、磁场影响而损坏，称为直击雷损坏。接闪器就是专门用来接受直击雷闪的金属物体，如图 4-22 所示。

接闪器的金属杆称为避雷针。避雷针是防止直击雷的有效措施。当雷云放电时使地面电场畸变，在避雷针顶端形成局部场强集中的空间以影响雷电先导放电的发展方向，使雷电对避雷针放电，再经过接地装置将雷电流引入大地从而使被保护物体免遭雷击。

避雷线是用来保护架空电力线路和露天配电装置免受直击雷的装置。它由悬挂在空中的接地导线、接地引下线和接地体等组成，因而也称"架空地线"。它的作用和避雷针一样，将雷电引向自身，并安全导入大地，使其保护范围内的导线或设备免遭直击雷。

避雷带和避雷网用于在建筑物的边缘及凸出部分上加装，通过引下线和接地装置很好地连接，对建筑物进行保护。所有接闪器都必须经过引下线与接地装置相连。

2. 避雷器

避雷器连接在线缆和大地之间，通常与被保护设备并联。避雷器可以有效地保护通信设备，一旦出现不正常电压，避雷器将发生动作，起到保护作用。当通信线缆或设备在正常工作电压下运行时，避雷器不会产生作用，对地面来说视为断路。一旦出现高电压，且危及被保护设备绝缘时，避雷器立即动作，将高电压冲击电流导向大地，从而限制电压幅值，保护通信线缆和设备绝缘。当过电压消失后，避雷器迅速恢复原状，使通信线路正常工作。因此，避雷器的主要作用是通过并联放电间隙或非线性电阻的作用，对入侵流动波进行削幅，降低被保护设备所受过电压值，从而起到保护通信线路和设备的作用。避雷器不仅可用来防护雷电产生的高电压，也可用来防护操作高电压。避雷器如图 4-23 所示。

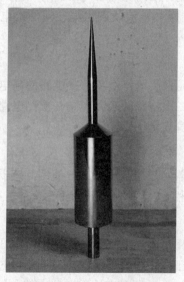

图 4-22　接闪器

图 4-23　避雷器

（1）管型避雷器又称为排气式避雷器，主要用于变配电所的进线保护和线路绝缘弱点的保护，性能较好的管型避雷器还可用于保护配电变压器。

（2）阀型避雷器由火花间隙和阀片组成，装在密封的磁套管内。阀型避雷器的火花间隙是由多个单间隙串联组成的。

（五）成套设备

成套设备是制造厂成套供应的设备。成套设备是按电气主接线的要求，把开关设备、保护测量电器、母线和必要的辅助设备组合在一起，装配在一个或两个全封闭或半封闭的金属柜中，用来接受、分配和控制电能的总体装置。制造厂可生产各种不同一次线路方案的开关柜供用户选用。

按电气设备安装的地点，成套设备可分为屋内成套设备和屋外成套设备。为了节约用地，一般 35 kV 及以下成套设备宜采用屋内式。按电压等级分为高压成套设备和低压成套设备，也可按结构形式分为固定式和移开式（抽屉式），或按开关柜隔离构成形式分为铠装式、间隔式、箱形、环网柜等。根据一次线路安装的主要元器件和用途，成套设备又可分为很多种柜，如油断路器柜、负荷开关柜、熔断器柜、电压互感器柜、隔离开关柜、避雷器柜等。

一般牵引变电所中常用到的成套配电装置有高压成套设备（也称高压开关柜）和低压成套设备。低压成套设备只有屋内式的一种，高压开关柜则有屋内式和屋外式两种。另外还有一些成套设备，如高、低压无功功率补偿成套装置，高压综合启动柜、低压动力配电箱及照明配电箱等在变电所也常使用。

1. 高压成套配电装置（高压开关柜）

高压成套配电装置就是按不同用途的接线方案，将所需的高压设备和相关一、二次设备按一定的线路方案组装而成的一种高压成套配电装置，在牵引变电所中作为控制和保护发电机、变压器和高压线路之用，也可作为大型高压交流电动机的启动和保护之用，对供配电系统进行控制、监测和保护。其中安装有开关设备、保护电器、监测仪表和母线、绝缘子等。常见的高压开关柜如图 4-24 所示。

高压成套配电装置按其特点分为金属封闭式、金属封闭铠装式、金属封闭箱式和 SF6 封闭组合电器等；按断路器的安装方式分为固定式和手车式；按安装地点分为户外式和户内式；按柜体结构形式分为开启式和封闭式。其具有"五防"联锁功能，即防误分、合断路器，防带负荷拉合隔离刀闸，防带电合接地刀闸，防带接地线合断路器，防误入带电间隔。"五防"联锁功能常采用断路器、隔离开关、接地开关与柜门之间的强制性机械闭锁方式或电磁锁方式实现。

2. 六氟化硫全封闭组合电路

六氟化硫全封闭组合电路是将变电所一次接线中的高压电器元件——断路器、母线、隔离开关、接地开关、电流互感器、电压互感器、避雷器、出线套管、电缆终端等的组合全部元件封闭于接地金属桶体内，充以一定压力的六氟化硫气体，形成以六氟化硫为绝缘介质的金属封闭式开关设备，并通过电缆终端、进出线套管或封闭母线与外界相连。常见的六氟化硫全封闭组合电器如图 4-25 所示。

全封闭组合电器（GIS）是一种新型的组合式电气设备，它是在六氟化硫断路器的基础上进一步发展形成的把各种控制和保护电器全部进行封闭的组合电气设备。由于六氟化硫气体绝缘性能优越，所以组合电器体积小，能节省变电站占地面积，这使得变电站建设成本降低。在地铁变电所中，由于空间相对狭小，对设备之间的安全距离、设备检修等方面有较高的要求，十分适合采用封装式的组合电器。全封闭组合电器具有很大的优越性，但前提条件是封装的电气设备要具有很高的可靠性。六氟化硫气体具有很高的绝缘强度，采用全封闭组合电器可以缩小各元件之间的绝缘距离，从而使整套配电装置的占地面积和空间体积缩小，且现场的施工工作量大大减少。电器设备进行封装以后，避免了各种恶劣环境的影响，减小了设备故障的可能性，延长了设备检修周期。

图 4-24　高压开关柜

图 4-25　六氟化硫全封闭组合电器

三、牵引变电所设置原则

牵引变电所尽可能设在车站并与车站降压变电所合建，以节省投资；在长大区间高架段，尽可能设在高架桥下，减少另外征地；在长大区间地面段，设在线路一侧。具体在设置过程中应该遵守以下原则：

（1）牵引变电所应满足牵引负荷的要求，在远期高峰负荷时，当一相邻牵引变电所解列，接触网最低电压高于 1 000 V，钢轨最高电位低于 120 V。

（2）综合考虑牵引变电所分布对迷流防护的影响。

（3）同车站的牵引变电所与降压变电所尽量合建为牵引降压混合变电所。

（4）牵引降压混合变电所和降压变电所的位置应便于设备运输和运营管理。

（5）牵引降压混合变电所和降压变电所由 35 kV 或 10 kV 环网供电，两路进线，采用单母线分段形式，设母联断路器。

（6）牵引整流变压器高压侧额定电压为 35 kV，直流馈线额定电压为 DC1 500 V。动力变压器高压侧额定电压为 35 kV，低压侧额定电压为 0.4 kV。

（7）牵引变电所设两套整流机组，构成等效二十四脉波整流。两套整流机组接于同一段 35 kV 母线上，并联运行。整流机组过负荷能力符合下列要求：100% 额定负荷——连续；150% 额定负荷——2 h；300% 额定负荷——1 min。

（8）低压供电系统采用三相五线制配电，即 TN-S 接地保护系统。

（9）继电保护装置按满足可靠性、选择性、速动性和灵敏性要求设置。

（10）设备选择立足于国产设备，技术性能达到国内先进水平。

（11）直流牵引变电所的数量、设置地点以及馈电线数目要由供电计算确定。一般设置在沿线车站及车辆段附近。相邻牵引变电所的距离在 2~4 km，每个牵引变电所按其所需总容量设置两组整流机组并行运行，沿线任一牵引变电所故障时，由两侧的相邻牵引变电所承担其间的全部牵引负荷。牵引变电所从区域变电所（或主变电所）获得电能，经过降压和整流变成所需要的直流。

四、牵引变电所主接线图

直流牵引变电所主接线图如图 4-26 所示。在直流牵引系统中，操作电流和短路电流的存在，可能会引起回流回路和大地之间产生超过安全许可的接触电压。在此情况下，就需要在回流回路与大地之间安装一套钢轨电位限制装置，以限制运行电位，避免超出安全许可接触电压的发生。当产生超出安全许可接触电压发生时，此钢轨电位限制装置就将钢轨与大地快速短接，从而保证人员和设施的安全。轨电位限位装置柜如图 4-27 所示。

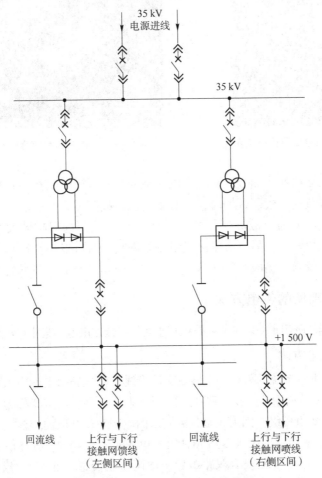

图 4-26　直流牵引变电所主接线图

列车在制动时会向电网回馈能量，当这部分能量不能完全被其他车辆或用电设备吸收时，会造成电网电压升高，这对变电所的供电设备和车辆的运行非常不利，因此需要有装置将剩余电能消耗掉，以维持电网电压的稳定，这个装置被称作再生制动能量吸收装置。再生制动能量吸收装置柜如图 4-28 所示。

五、牵引变电所运行方式

正常情况下，母联开关常开，两段母线分列运行。两套整流机组并联运行，相邻牵引变电所对其间接触网双边供电；正线与车辆段间接触网联络开关常开，车辆段牵引所单独向车辆段接触网供电。

图 4-27　轨电位限位装置柜

图 4-28　再生制动能量吸收装置柜

故障情况下，变电所一回 35 kV 进线电源故障，35 kV 母联开关自投，由另一回进线电源负担本所全部负荷。近、远期时，一套整流机组故障后，另一套机组也同时退出。其相邻的两座牵引变电所通过故障所接触网越区隔离开关，进行越区大双边供电；运行初期，一套整流机组故障后，另一套整流机组在条件允许时可以单台运行。车辆段牵引变电所解列时，闭合正线与车辆段间的联络开关，由正线牵引变电所向车辆段支援供电。

六、牵引变电所的供电方式

目前国内城市轨道交通供电方式主要有三种类型：分散供电、集中供电和混合式供电。

（一）分散供电方式

根据城轨交通供电系统的需要，在城轨交通沿线直接从城市电网引入多路电源，由区域变电所直接对城轨交通牵引变电所和降压变电所供电，这种供电方式称为分散供电。分散供电方式多为 AC10 kV 电压级，因为我国各大城市的电网在逐渐取消或改造 AC35 kV 这一电压级，要想在 10~30 km 范围内引入多路 AC35 kV 电源是不现实的。分散供电方式要保证每座牵引变电所和降压变电所都能或得双路电源。沈阳城轨交通、北京 5 号线即为此种供电方式。分散供电方式如图 4-29 所示。可以看到无论是牵引变电所还是降压变电所，其电源都由不同地方的电源提供。采用分散供电方式可以取消地铁主变电所，从而节省主变电所的投资，但是地铁电源系统能否采用这种供电方式与城市电网发达情况密切相关。

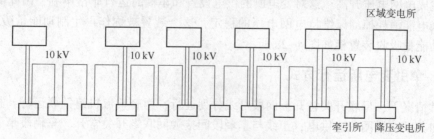

图 4-29　分散供电方式

（二）集中供电方式

集中供电方式是沿着城轨交通线路，根据用电容量和城轨交通线路的长短，建设城轨交通专用的主变电所。每个主变电所有两路独立的进线电源，主变电所电压一般为进线电源 AC110 kV，由发电厂或区域变电所对其供电，再由主变电所降压为城轨交通内部供电系统所需的电压即（AC35 kV 或 AC10 kV）。各主变电所具有两路独立的AC110 kV电源。集中供电方式对电网及城乡电网变电所影响较小，接入的电压等级较高、电源可靠性高，使轨道交通供电自成系统，运营管理方便，产生的高次谐波注入电网影响相对较少。

1. 主变电所

城轨负荷作为一级负荷，主变电所进线一般为双电源。双电源的设计有两种：一种是两路电源均为专用线路，电源可靠性高；另一种是一路电源为专用线路，另一路 T 接于供电线路与其他用户共享电源。T 接电源可靠性相对来说有所降低，但也能满足地铁供电的要求。两路电源分列运行，相互备用。同时，在设计中通过地铁环网电缆将两座主变电所的母线进行联系，即使两路外部电源同时发生故障，也可以实现变电所之间的相互支援，提高了外部电源的安全可靠性。

主变电所进线电源侧可采用内桥接线或线路变压器组接线，如图 4-30 所示，采用何种接线形式，主要考虑外部电源的可靠程度和电力部门的要求。内桥接线的可靠性要略高于线路变压器组接线，主要体现在当一路进线电源故障时，完全不影响地铁供电系统的运行，而此时线路变压器组接线就只能单台主变压器运行。主变电所中压侧采用单母线分段接线方式，当其中一台主变压器或一路中压进线不能正常运行时，通过母联开关合闸保证地铁供电的可靠性。当外部电源不稳定时，通过主变压器有载调压开关保证地铁电源稳定性和可靠性。

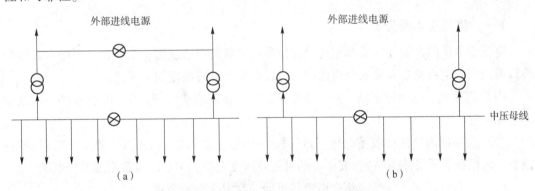

（a）内桥接线形式；（b）线路变压器组接线形式

图 4-30　主变电所电气主接线示意图

2. 中压交流环网系统

城市轨道交通的中压交流环网系统可采用牵引与动力照明相对独立的网络形式，也可采用牵引与动力照明混合的网络形式。对于牵引与动力照明相对独立的网络，牵引供电网络与动力照明网络的电压等级可以相同，也可以不同。供电系统中的中压网络应按列车运行的远期通过能力设计，对互为备用线路，一路退出运行时，另一路应能承担其一、二级负荷的供电，线路末端电压损失不宜超过 5%。

一个运行可靠、调度灵活的环网供电系统，一般需满足以下设计原则和技术条件：

（1）供电系统应满足经济、可靠、接线简单、运行灵活的要求。

（2）供电系统（含牵引供电）容量按远期高峰小时负荷设计，根据路网规划的设计可预留一定裕度。

（3）供电系统按一级负荷设计，即平时由两路互为备用的独立电源供电，以实现间断供电。

（4）环网设备容量应满足远期最大高峰小时负荷的要求，并满足当一个主变电所发生故障时（不含中压母线故障），另一个主变电所能承担全线牵引负荷及全线动力照明一、二级负荷的供电。

（5）电缆载流量也满足最大高峰小时负荷的要求，同时当主变电所正常运行，环网中一条电缆故障时，应能保证城市轨道交通正常运行。此时可不考虑主变电所和环网电缆同时故障的情况，但考虑主变电所与一个牵引变电所同时故障时，能正常供电（三级负荷除外）。

在中压环网电压等级的选取上，国内一般有 35 kV/33 kV 和 10 kV 两种等级，环网电压高则可相应减少主变电所的个数和降低线路损耗。目前，国内已经开通和即将开通的地铁线路多采用集中供电方式，中压环网电压多采用 35 kV/33 kV 等级。

（三）混合供电方式

混合式供电是以集中供电为主、分散供电为辅的一种供电方式。在实际中具体采用何种外部电源供电方式，应在确定用电负荷后，根据城市轨道交通线网规划、城市电网的构成特点、工程实际情况等综合必选后确定。

七、降压变电所

（一）降压变电所设置

降压变电所的设置往往受车站建筑规模和用电负荷中心制约，具体位置要结合具体条件以及低压配电系统自身要求合理选择。降压变电所设置原则如下所述：

（1）高架站、标准地下站一般一个车站设置一座降压变电所，位于负荷重的一端或车站中部位置。

（2）车站两端负荷比较重的地下站（较大的换乘站或设有折返线、停车线较长的站；设有大面积商业开发的车站），其中一端设置降压变电所，另一端设置跟随式变电所。

（3）在长大区间，区间降压变电所尽可能与牵引变电所合建。

（4）每座变电所内设两台 35/0.4 kV 或 10/0.4 kV 变压器，其容量根据负荷计算确定。

（二）降压变电所分类

降压变电所一般的设置和形式有以下几种：

1. 一所形式

车站只设一座降压变电所，位于重负荷一端。车站所有重要的一、二级负荷及容量较大的三级负荷均从所内以放射式供电。根据设计经验，标准的地下双层车站，降压变电所送出回路在 80~90 个。除冷冻站以外，由于车站两端负荷一般分布较为均匀，远离降压变电所一端的供电回路约占一半。

（1）一所形式供电方案优点：整个车站的变配电设备集中设置在一处，减少了降压变电所的设备投资。设备用房数量少，降低了土建造价。

（2）一所形式供电方案缺点：供电方案为放射式，这势必造成供电距离大幅度增加，为保障线路电压损失限制在规定范围内，必须增大导线截面；同时低压线路的数量也大幅度增加，出现故障的概率增大，一定程度上降低了供电的质量及可靠性。

因供电距离较长，单机大容量设备需要采用大截面电缆或密集型母线供电，而二者（尤其是密集型母线）价格高昂，会引起电力投资的显著增加。

2. 主所跟随所形式

在车站一端设一座主降压变电所，另一端设一座跟随式降压变电所（跟随所电源引自设在主降压变电所的高压开关室）。主所、跟随所的高压进线均为两路独立电源，引自不同的馈线回路，互不干扰，即为并列关系的两座降压变电所。因此，两者低压间亦不存在联系，各自负担本端的负荷用电。

（1）一主所一跟随所形式供电方案优点：两所各负责本端的用电负荷，从根本上解决了低压供电的电压损失问题，电缆截面及数量随之显著降低，供电方案较为合理。

两所间采用高压联系，在供电质量、可靠性和安全性上有了根本性的提高，尤其突出地体现在单机大容量设备的供电上。一主所一跟随所形式单台变压器容量一般为 500 kVA、630 kVA、800 kVA 几种规格，较一所形式规格为 1 250 kVA、1 600 kVA 的配电变压器，总安装容量变化不大，但单台安装容量降低了两至三个级别，其运转的经济性会大为提高。

（2）一主所一跟随所形式供电方案缺点：设置跟随所须增加高压柜、变压器及低压柜等设备，使整个降压变电所的投资有较大增加。因跟随所的设置，其房屋面积增加许多，加大了土建工程投资。

3. 一所一室形式

在车站一端设一座降压变电所，另一端设一座低压配电室。与一主所一跟随所形式不同的是，低压配电室替代了跟随所。以车站中心分界，降压变电所与低压配电室各负责本端的负荷供电（除单台容量较大的设备外）。低压配电室的电源引自降压变电所低压侧，因此两者的一、二级负荷母线为并列关系。

（1）一所一室形式供电方案优点：远离降压变电所端的大部分设备从低压配电室送出，供电负荷较一所形式有明显降低，从而减少了贯穿车站低压电缆的数量。

低压配电室配电负荷的供电距离相对减小，可在一定程度上降低故障的概率，提高供电的质量及可靠性。低压配电室房屋面积较跟随所形式相对减少，同时亦减少了两面高压送出柜，一定程度上降低了设备投资和土建造价。

（2）一所一室形式供电方案缺点：由于低压配电室电源引入为 0.4 kV 低压，不可避免地造成电压损失，从根本上未解决末端设备的电压损失问题。由于单机大容量设备还须从降压变电所直接供电，所以仍存在一所形式的供电可靠性差的缺陷。低压配电室引入为低压电源，为保障供电方案，进线必须采用大截面电缆或密集型母线，增加了工程造价。

（三）降压变电所负荷分类

1. 一级负荷

这主要包括：主控系统、通信系统、信号系统、防灾报警系统、机电设备监控系统、自动售检票系统、门禁系统、屏蔽门、防淹门、自动扶梯（火灾时仍需运行才能满足疏散要求的自动扶梯）、民用通信、商业通信、气体灭火、消防泵、废水泵、雨水泵、所用电、站厅站台公共区照明、事故及疏散标志照明、二三四类导向灯箱、事故风机及其风阀等。

2. 二级负荷

这主要包括：设备区和管理区照明、出入口通道照明、非事故风机及风阀、组合空调器、污水泵、自动扶梯（火灾时无须运行的自动扶梯）、电梯、楼梯升降机、维修电源、商铺电源等。

3. 三级负荷

这主要包括：公共区管理用房空调系统中的冷水机组、冷冻水泵、冷却水泵、冷却塔风机、补水泵、空气幕、分体空调器、广告照明、清扫机械、生活用电源等。

（四）降压变电所运行方式

降压变电所高低压侧，均采用单母线分段接线。正常时，母线分段断路器开路，两路电源两台变压器同时供电分列运行；当一路电源失电时，高压母线分段断路器投入，全所一路电源全负荷正常供电；当一台变压器需退出运行时，低压母线分段断路器投入，自动切除三级负荷，一台变压器承担该所全部一、二级用电负荷。

跟随式降压变电所高压侧采用线路变压器组接线，低压侧采用单母线分段接线。正常时，两路电源两台变压器同时供电分列运行；当一台变压器退出运行时，低压母线分段断路器投入，自动切除三级负荷，一台变压器承担该所全部一、二级用电负荷。常见的降压变电所内 35 kV 开关柜如图 4-31 所示，降压变电所内 0.4 kV 开关柜如图 4-32 所示，交直流屏柜如图 4-33 所示。

图 4-31　降压变电所内 35 kV 开关柜

图 4-32　降压变电所内 0.4 kV 开关柜

图4-33　交直流屏柜

1. 轨道交通位于城市电网中，从城市电网至机车、动力照明终端设备经过几次变压过程？

2. 轨道交通的供电分成几级？牵引变电所和降压变电所的作用各是什么？

3. 什么是接触网？有几种形式的接触网？接触网电压有几个等级？

第五章
城市轨道交通通信与信号系统

第一节　城市轨道交通通信系统

　　为保证城市轨道交通系统能可靠、安全、高效运营，并有效地传输地铁运营、维护、管理的相关语音、数据、图像等各种信息，就必须建立可靠的、易扩充的、独立的通信网。轨道交通通信系统是直接为轨道交通运营、管理服务的，是保证列车及乘客安全、快速、高效运行的一种不可缺少的智能控制综合业务数字通信网。

一、通信系统网络

　　为保证大客运量的城市轨道交通系统列车运行的安全性、可靠性、高效率，实现运输的集中统一指挥，行车调度自动化和列车运行自动化，城市轨道交通需配备专用的通信系统。

　　城市轨道交通通信系统是直接为轨道交通运营、管理服务的，应该满足提高城市轨道交通运输效率、保证行车安全、提高现代化管理水平和传递语音、数据、图像和文字等各种信息的需要，是一种系统可靠、功能合理、设备成熟、技术先进、经济实用的智能自动化综合业务数字通信网。

　　城市轨道交通通信子系统的作用是利用不同信道的传输能力构成一个完整的传输系统，使需要传输的信息得以可靠的传输。

　　城市轨道交通通信系统一般由传输网络、公务电话、专用电话、闭路电视监控、广播、无线、时钟、电源及接地等子系统组成，构成传送语言、数据和图像等各种信息的综合业务通信网。通信系统的服务范围涵盖了控制中心、车站、车辆段、停车场、地面线路、高架线路、地下隧道和列车。在正常情况下，通信系统为运营管理、行车调度、设备监控、防灾报警等系统提供语音、数据、图像等信息传送的渠道。在非正常和紧急情况下，通信系统可作为抢险救灾的通信手段。其中传输网络（即城市轨道交通骨干网）是通信系统中最重要的子系统，它为本系统的各个子系统以及其他自动控制管理系统提供信息通道。

城市轨道交通的通信需要具有极高的可靠性，从而能保证每天运送数百万人次的城市轨道交通网线可以安全可靠地运行。在此理念下，国内外都在城市轨道交通中不断引入或改进最新的通信控制系统。而在城市轨道交通通信系统的发展应用过程中，主导和引领整个通信系统发展的是传输子系统，常见的应用在城市轨道交通通信系统的有 PDH、SDH（SONET）、ATM、OTN、IP 网等传输制式。

在 20 世纪 90 年代初我国修建的上海地铁和广州地铁中，采用的是 PDH 传输系统。PDH 传输系统的特点是带宽资源有限，无法传输视频信息，只能满足地铁运营基本的语音信息和数据信息的传输要求。

随着电信技术的发展，应用于轨道交通传输系统的技术也有更多选择的技术方案，如 SDH 传输技术、ATM 传输技术、OTN 传输技术以及千兆位以太网等。新的通信技术带来了更多更加人性化的服务。越来越多的城市的轨道交通已经增设了 Wi-Fi 网络的覆盖、移动安全监控等既能提高乘坐体验，又能增添轨道交通运行可靠性的人性化服务。

典型的城市轨道交通系统由多条线、一个或多个控制中心以及多个车辆段和停车场组成。城市轨道为了传输各子系统所需话音、数据、图像等信息，需建立一个多功能、高可靠和集中维护管理综合传输网。由于光纤传输具有频带宽、容量大、抗干扰性强，以及耐腐蚀、重量轻等优点，已成为城市轨道交通通信传输系统最主要的方式。光纤数字传输系统主要由光纤线路、光传输终端设备（光端机）和 PCM 复接设备三部分组成。光纤数字传输系统有大量用于传送数字电话交换网的话音信号的信道，这些信道除了为光纤传输系统服务，还为闭路电视监控系统、车站广播系统、无线通信系统提供信道，同时也可为其他部门的控制信号提供信道，如图 5-1 所示。

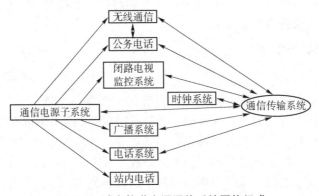

图 5-1　城市轨道交通通信系统网络组成

二、有线通信

城市轨道交通有线通信系统，主要包括有线广播系统和公务电话系统。

（一）有线广播系统

1. 功能

城市轨道交通系统中广播的主要作用有两个方面，一是对乘客进行广播，通知列车到发站信号和意外情况疏导，或者播放音乐以改善候车环境；二是对工作人员广播通知信息，当轨道交通发生故障或灾害时，有限广播系统可以作为紧急疏导、指挥救灾通信设备进行广播。

一般轨道交通系统中广播采用多信源选区广播方式，即不同的地区广播的内容和信息源不尽相同。有线广播系统为城市轨道交通客运、行车、防灾、设备维护等部门提供完善的先进作业工具，提高了城市轨道交通服务质量和处理突发事件的能力。

2. 结构

轨道交通广播系统采用二级广播控制方式，由控制中心一级和车站一级组成。轨道交通车站广播区分为上行站台、下行站台、售票区、站厅、出入口和办公区等。

控制中心播音控制台上输出的语音信号和控制信息，经过光传输系统传到各个车站，由车站广播控制设备接收。车站设备根据中心发来的指令，控制启动车站广播执行装置，语音经放大均衡后播送到指定的广播区域。同时，车站广播控制设备亦将本站执行的状态反馈传送到控制中心，并在控制中心播音控制盒上显示，来完成中心调度对车站的选路、选站、选区遥控操作和指挥。当控制中心不操作时，各车站广播能独立自主地实现自控操作。

3. 设备组成

车站广播系统主要由车控室广播台、车站广播设备、扬声器等设备组成。车控室广播台配有控制键盘，可以对本站范围内的广播区进行播音操作；车站广播设备具有接口控制功能和信号放大功能；扬声器作为广播终端设备将广播信息语音放大后传递到特定的区域。

控制中心广播系统主要由行车调度广播台、电力调度广播台、环控调度广播台和控制中心广播设备（控制器、语音信号处理器等）组成。

本系统为控制中心调度员、车站值班员、车辆段值班员提供相应区域进行有线广播，同时也为控制中心大楼提供广播功能。

（二）公务电话系统

1. 业务

在城市轨道交通通信系统中，公务电话系统用于各部门间进行公务通话及业务联系，为运营、管理、维修等部门的工作人员提供通信联络服务。系统具备公用交换电话网的基本业务，还具备各种新业务功能，能够识别非话业务，并与当地公用电话网互联，可实现国内国际长途通信。在城市轨道交通专用电话系统出现重大故障时，公务电话系统可以为专用电话系统提供应急通信手段。主要功能为：语音业务和非语音业务。

（1）语音业务：完成电话网内本局、出局及入局呼叫。

能与市话局各类交换机配合完成对市话的呼叫。

完成国内和国际长途全自动的来话去话业务。

完成各类特殊呼叫。

完成与公用网中移动用户的来去话接续。

完成对无线寻呼的呼叫。

（2）非语音业务：

向用户提供话路传真和话务数据业务。

提供 64kb/s 的数据和传真业务。

提供用户线 2B+D/30B+D 的交换接续。

2. 结构

公务电话子系统由程控交换机组成单局式或双局式地铁专用电话网，交换局设在控制中心和车辆段，与市话局之间采用自动呼出、自动呼入。地铁沿线各站（段）配置的自动电话、数字终端和 2B+D 用户终端经接入网传输汇集于局端 OLT。

3. 设备组成

公务电话子系统由程控电话交换机、自动电话、传输系统提供数字中继线路及其附属设备共同组成。

三、无线通信

无线通信较多应用于调度与司机间通信，也称为无线调度通信系统，是移动作业人员、抢险人员实现通信的重要手段。为了保证调度和司机通话的安全畅通，城市轨道交通没有采用公众移动通信网络通信，而是建设了轨道交通专用的无线调度通信网络。

商用通信系统也具有无线通信功能，通过地下公共覆盖系统，为旅客提供在地铁内的无线通信、无线广播、无线上网等服务系统。该系统主要包括信号源（基站）和分布式天馈系统两大部分。目前引入的主要公用移动通信系统有城市广播、中国移动 GSM 通信、GPRS 上网，中国联通 GSM、中国电信 GDMA 通信和 4G 服务等。

第二节　城市轨道交通信号系统

城市轨道交通系统的安全、能力和效率与信号系统紧密相关，从传统的闭塞、联锁信号设备，到现代化的列车自动控制系统，都是通过长期实践经验的积累以及信号技术的发展实现的。城市轨道交通信号系统实际上是城市轨道交通调度指挥和运营管理的中枢神经系统，信号系统直接影响着轨道交通发展的经济效益和社会效益。作为在城市轨道交通中最重要的系统之一，信号系统能够保障列车运行的安全，同时为列车速度、运输效率和服务质量的提高提供技术保障，还能够通过现代化的设备和技术降低工作人员的劳动强度，降低运营成本。

一、城市轨道交通信号基础设备

1. 信号机

城市轨道交通地面多采用透镜式色灯信号机和 LED 信号机，其在结构上与铁路有分所基本相同，但在设置要求和显示意义方面及显示距高方面与传统铁路有一定的区别。城市轨道交通的自动化程度比较高，一般采用地面信号显示与车载信号系统相结合，以车载信号系统为主的运用方式，列车的运行速度不取决于地面信号机的显示，地面信号只起到辅助作用。除了车辆段和有道岔的正线车站外，其他地方般不设置地面信号机。

城市轨道交通信号机有进出站信号机、道岔防护信号机、通过信号机、进出段信号机、调车信号机等。在采用了列车 ATP 系统的区段，可不设通过信号机；在采用列车 ATC 系统的情况下，车站可不设进出站信号机。

城市轨道交通采用右侧行车制，不论在正线还是车辆段，地面信号机一般应设置于列车运行方向的右侧，特殊情况下，可设置在左侧或其他位置。

2. 转辙设备

道岔的转换和锁闭设备，是直接关系行车安全的关键设备。由转辙机转换和锁闭道岔，易于集中操纵，实现自动化。转辙机是重要的信号基础设备（图5-2），对保证行车安全、提高运输效率、改善行车人员的劳动强度起着重要的作用。

图 5-2 转辙机

城市轨道交通的正线上一般采用9号道岔，车辆段（停车场）一般采用7号道岔，通常一组道岔由一台转辙机牵引，也可采用一组道岔由两台转辙机牵引。城市轨道交通道岔锁闭装置可采用外锁闭装置，也可以采用内锁闭装置。

3. 轨道电路

利用铁路线路的钢轨做导体，用以检查有无列车、传递列车占用信息以及其他信号信息的电路，称为轨道电路。轨道电路由钢轨线路、钢轨绝缘、电源、限流设备、接收设备组成。城市轨道交通轨道电路不仅用于检测列车是否占用，更重要的是传输 ATP 信息。所以除车辆段内可采用 50 Hz 相敏轨道电路外，需采用音频轨道电路。

4. 计轴设备

计轴设备是正线信号系统重要的设备之一，具有轨道区段空闲检查、列车完整性检查等功能，采用基于无线通信的列车自动控制系统（CBTC）的城轨线路，当无线传输设备发生故障时，可用计轴器检查列车的位置，构成"降级"信号。图 5-3 所示为轨道计轴传感器实例。

图 5-3 轨道计轴传感器

5. 信号显示制式

信号显示制式是指表达信号显示意义的基本体系，信号显示制式一般分为进路式与速度式。速度式又可分为速差式与连续速度式。

（1）进路式：进路式信号是指示列车进入不同进路为原则的信号显示制式，表达的是进路意义。进路式信号存在显示复杂、适应性差、显示意义不确切等缺点，随着列车速度的不断提高，目前世界多数国家已不采用。

（2）速差式：速差式信号指每一种信号显示均能表示不同行车速度的信号显示制式，表达的是速度意义。速差式信号采用简单统一的显示方式，指示列车通过本信号机的运行速度，或能指示列车通过次架信号机的速度，是目前地面信号主要采用的信号显示制式。

速差式信号制式对应的是固定闭塞方式，我国城市轨道交通采用的基于轨道电路的列车控制系统，属于速差式信号制式。

（3）连续速度式：连续速度式信号制式采用目标距离控制模式，速度不分级，采用连续的次速度控制曲线，城市轨道交通基于准移动闭塞和移动闭塞的列车控制系统都属于速度式信号系统。

二、区间闭塞

区间闭塞的基本原则是在铁路区间或闭塞分区内任何时刻只允许有一辆列车运行。实现区间闭塞的基本方法有时间间隔法和空间间隔法两种类型。时间间隔法是当先行列车发出后，隔一定时间再发出同方向的后续列车，以实现相继追踪列车间的隔离。这种方法的主要缺点是不能确保安全，如当先行列车运行不正常时（晚点或中途停车等），有可能发生后续列车撞上前行列车的追尾事故。为了克服时间间隔法的缺陷提出了空间间隔法，即先行列车与后续列车间隔一定空间的运行方法。空间间隔法能较好地保证行车安全而被广泛采用，逐步形成了铁路区间列车运行的闭塞制度。

区间闭塞制度的发展经历了人工闭塞、半自动闭塞、自动闭塞和移动闭塞四个阶段。

1. 人工闭塞

人工闭塞包括电话或电报闭塞、电气路签（牌）闭塞。

电话或电报闭塞：区间两端车站值班员用电话或电报办理行车联络手续，由发车站填制路票，发给司机作为列车占用区间凭证，确保区间只有一辆列车运行。

电气路签（牌）闭塞：只在单线铁路早期使用，是以路签或路牌作为列车占用区间凭证的行车闭塞法。区间两端车站装设同一型闭塞机各一台（称为一组），彼此有电气锁闭关系。当一组闭塞机中存放路签（牌）总数为偶数时，经双方协同操作，发车站可取出一枚路签（牌），递交司机作为行车凭证。在列车到达前，这一组闭塞机中不能再取出第二枚路签（牌），确保区间只有一辆列车运行。

2. 半自动闭塞

半自动闭塞是采用人工办理闭塞手续，列车凭出站信号机或线路所通过信号机时的进行信号显示，作为发车占用区间的凭证，从而实现闭塞的一种方式。出站信号机不能任意开放，它受半自动闭塞机的控制。只有当区间空闲，经过办理手续后，出站信号机才能开放。还应注意出站信号机既要防护列车区间运行的安全，又要防护出发列车在站内的运行安全。所以它既要受闭塞机的控制，又要受车站联锁设备的控制。

3. 自动闭塞

自动闭塞是由运行中的列车自动完成闭塞任务的一种闭塞制式。采用自动闭塞要将两个相邻车站之间的区间正线划分成若干个闭塞分区，在每个分区起点设置一架固定通过（色灯）信号机进行防护，并在闭塞分区内钢轨上装设轨道电路。用轨道电路检查分区空闲情况并反映列车的运行情况和钢轨是否完整，以通过信号机的进行信号显示作为占用分区的凭证，以通过信号机的禁止信号显示实现分区闭塞。因为通过信号机是随着列车的运行自动控制的，不需要人工操纵，所以叫自动闭塞。

自动闭塞不仅使行车安全有了进一步的保证，由于采用闭塞分区和信号多显示制度为后续列车指示运行条件，可极大提高区间线路的通过能力。

4. 移动闭塞

移动闭塞是随着列车的移动而自动调整列车运行安全追踪间隔距离的闭塞制式。移动闭塞的特点是前、后两列车都采用移动式的定位方式，不需要将区间划分成固定的若干闭塞分区，而是通过地面处理机提供的与前行列车的间隔距离等信息，控制列车速度，达到自动调整运行间隔，使之保持一定的距离。移动闭塞是一种新型的闭塞制式，可以提高区间内的行车密度，大幅度提高区间通过能力，是今后发展的方向。

三、车站联锁

车站联锁是城市轨道交通的重要信号设备，用来在车站和车辆段实现联锁关系，建立进路，控制道岔的转换和信号机的开放，以及进路解锁，以保证行车安全。信号、道岔、进路之间的这种相互制约关系，称为联锁关系，简称联锁。控制道岔、进路和信号，并实现它们之间的联锁关系的设备，称为联锁设备。联锁系统分为正线车站联锁和车辆段联锁。联锁系统早期采用继电集中联锁，现在均采用计算机联锁。

（一）联锁系统的功能

联锁设备能够响应来自 ATS 系统的命令，在满足安全的前提下，控制进路、道岔和信号机，并将进路、轨道电路、道岔和信号机的状态信息提供给 ATS、ATP 和 ATO。联锁功能包括：

（1）联锁逻辑运算：接收 ATS 或车站值班员的进路命令，进行联锁逻辑运算，实现对道岔、信号机的控制。

（2）计轴或轨道电路的处理：处理列车检测功能的输出信息，以提高列车检测信息的完整性。

（3）进路控制：排列、锁闭和解锁进路。

（4）道岔控制：解锁、转换和锁闭道岔。

（5）信号机控制：控制信号机的显示。

（二）联锁系统的控制等级

城市轨道交通联锁系统的列车运行采用三级控制方式，即中心级控制（ATS 自动控制）、远程终端控制和车站工作站级控制，如图 5-4 所示。

（1）中心级控制。采用全自动列车监控模式，列车的进路设置命令由自动进路设定系统发出，其信息来源是时刻表和自动调整系统。

（2）远程终端控制。在控制中心发生故障或控制中心与下级设备通信存在故障时，列车司机输入目的码，列车发送系统发出列车信息，远程终端产生控制命令。

（3）车站工作站级控制。列车运行进路控制在车站值班员工作站内执行，车站值班员选择通过联锁区的预期进路，由联锁控制逻辑系统检查进路是否被占用，如未被占用，未建立进路，随后自动排列进路。

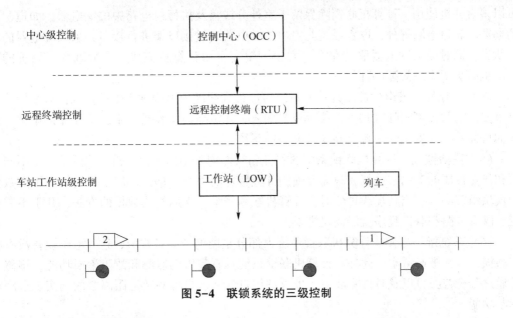

图 5-4　联锁系统的三级控制

（三）计算机联锁系统

联锁系统有继电集中联锁和计算机联锁两大类。早期的联锁系统采用电气的方法把道岔、进路和信号集中起来进行控制和监控。随着微机技术的迅速发展，尤其是对于现代可靠性技术和容错技术的深入研究，出现了计算机联锁系统。计算机联锁是由微型计算机和其他一些电子、电磁器件组成，符合故障—安全原则的新型城市交通与铁路车站自动控制设备，与继电集中联锁相比具有非常明显的技术经济优势，无论在安全性、可靠性、经济性等方面都是继电集中联锁无法达到的，而且设计、施工、维修和使用更为方便快捷。它具有广阔的前景，被广泛认为是车站联锁设备的发展方向。系统保留了电气集中的室外设备、电源屏；室内保留了分线盘、道岔启动电路、信号点灯电路、轨道电路，系统与室内的继电器通过接口架进行接口，采集继电器的相关状态，同时输出继电器驱动命令，联锁逻辑完全由计算机完成。目前，计算机联锁已经成为部分铁道及城市轨道交通线路的主要联锁设备，今后在新线建设和既有线改造中限制发展继电集中联锁，都必须采用计算机联锁。

1. 计算机联锁特点

（1）进一步完善了联锁控制功能。继电联锁由于受站场形电路网络层次和结构、继电器数量以及网络线的多寡等限制，在功能及功能扩展方面均受到限制。计算机联锁系统彻底摆脱了继电联锁系统的网络结构，因而在技术上能够用较少的硬件投资就能发挥软件作用，较容易地解决网状电路难以解决的实际问题。其功能中主要包括各种数据、信息、逻辑处理，记忆，储存，各种串并行接口功能，如增加平面溜放功能、增加记录并实现图像再现功能等。

（2）计算机发出的控制信息和现场发回的表示信息，能够由传输通道串行传送，能够节省大量的干线电缆，使采用电缆成为可能。同时，计算机联锁系统的信息量丰富，可以利用当前的各种网络手段，与其他行车调度指挥系统、列车控制系统、监测系统等联网，提供或交换各种信息，以使这些系统能够相互协调工作。

（3）使用 CRT 屏幕显示代替电器集中控制台的表示盘，缩小了体积，简化了结构，可以多台并机使用。计算机联锁除保留了室外分线盘及执行组电路中的继电器，如道岔启动电路、轨道电路等外，联锁系统与室内的继电器通过接口架进行接口，采集继电器的相关状态，同时输出继电器驱动命令，联锁逻辑完全由计算机完成，大大减少了系统的体积，也减少了出现故障的部位。

（4）可靠性、安全性高。计算机系统可以最大限度地整合软、硬件资源，对直接涉及行车安全的联锁逻辑处理和执行表示环节加入了冗余结构及容错技术，从而保证了整个系统的可靠性，在安全性指标上高于继电联锁系统。

（5）灵活性大。计算机联锁系统的硬件和软件均采用标准化、模块化的结构，不同规模和作业性质的车站或站场，只需要编制部分特定的站场数据，选用不同功能和不等数量的模块组装即可。当站场改扩建时，计算机联锁系统只需用修改数据的方法，几乎不需要变更既有电路和联锁程序就能满足需要。

（6）系统维护方便。计算机联锁系统大部分是由电子设备构成，这些电子设备没有机械磨损，日常维修量小。此外，计算机联锁系统具有完善的监测和故障诊断功能，维修人员通过分析查找可以及时排除故障，也可利用自诊断、自检测及远距离联网，实现远距离诊断功能。

2. 计算机联锁系统组成

计算机联锁系统最大限度地利用软、硬件资源，对直接危及行车安全的联锁逻辑处理提出更高的故障安全要求，结构简化、组态灵活、联锁软件冗余及其他容错技术大大提高了系统的安全性和可靠性。软件采用模块化结构，只要改变相应的数据，而联锁软件不做任何变动，就能适应不同的站场的需要。

硬件设备包括人机会话计算机、联锁计算机、安全检验计算机（用以检验联锁计算机的运行情况，发现故障可导向安全）、彩色监视器、微型集中操纵台、安全继电输入输出接口柜、计算机联锁专用电源屏以及现场信号机、转辙机、轨道电路等室外设备。其中联锁部分主要由联锁机计算机层、采集板和驱动板组成，完成联锁运算和与继电器的接口；监视部分主要由监控机、监控机切换单元和控制台组成，完成人机接口的功能。

软件设备是实现进路、信号机和道岔联锁逻辑的核心设备，由以下两部分组成：一部分是参与联锁运算的车站数据库；另一部分是进行联锁逻辑运算，完成联锁功能的应用程序。车站数据库包括车站赋值表、车站联锁表、车站显示数据、按钮进路表等，应用程序包括系统管理程序模块、时钟中断管理程序模块、表示信息采集及信息处理程序模块、操作命令输入及分析程序模块、解锁程序模块、选路及转岔程序模块、信号开放程序模块和站场彩色监视器显示程序模块等。

计算机联锁系统的层次结构主要包括操作层、逻辑层、执行表示层、设备驱动层和现场设备层，如图5-5所示。

（1）操作层：操作层是人机交互界面，设有集中操作台和图形显示器设备，通过图形能够将设备和列车运行情况直观地显示，通过鼠标和键盘操作命令实现联锁命令操作，接收操作员命令同时传递给逻辑层处理。

（2）逻辑层：逻辑层是计算机联锁系统的核心，实现联锁逻辑的处理，完成进路确选、锁闭，发出开放信号和动作道岔的控制命令等功能。它的功能由人机会话计算机和联锁测控计算机实现。

（3）设备驱动及执行表示层：设备驱动及执行表示层是逻辑层和现场设备层的接口，

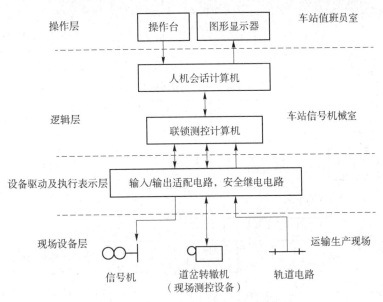

图 5-5　计算机联锁系统的层次结构

由输入输出适配电路和安全继电电路等构成，用于分解逻辑层的命令，控制现场设备层驱动设备，并将采集的现场设备层的表示信息传递给逻辑层进行处理。

（4）现场设备层：是计算机联锁系统的被控对象，包括道岔转辙机、信号机、轨道电路等现场设备。

四、列车运行自动控制系统

列车自动控制（ATC）系统是城市轨道交通信号系统最重要的组成部分，它是以技术手段实现行车指挥和列车运行自动化，能最大限度地保证列车运行安全，提高运输效率，减轻运营人员的劳动强度，发挥城市轨道交通的通过能力，简称为列控系统。列控系统可分为地面子系统和车载子系统两大类。ATC 系统结构如图 5-6 所示。

列车自动控制系统包括三个子系统：列车自动监控（Automatic Train Supervision，ATS）系统、列车自动防护（Automatic Train Protection，ATP）系统和列车自动驾驶（Automatic Train Operation，ATO）系统。

（一）列车自动监控（ATS）子系统

1. ATS 的基本概念

ATS 系统主要功能是监督和控制列车运行及所控制的道岔、信号机等设备的运行状态，为行车调度人员显示出全线列车的运行状态，并监督和记录运行图的执行情况。需要完成在列车因故偏离运行图时及时做出调整，辅助行车调度人员完成对全线列车运行的管理等功能。

ATS 系统在 ATP 和 ATO 系统的支持下，根据列车运行时刻表完成对全线列车运行的自动监控，可自动或由人工监督和控制正线（车辆段、停车场、试车线除外）列车进路，并向行车调度员和外部系统提供监控信息。

ATS 系统需要与 ATP 系统、计算机联锁设备或继电器联锁等设备共同使用，并有和时钟系统、旅客向导系统和综合监控系统的通信接口。

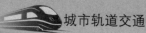

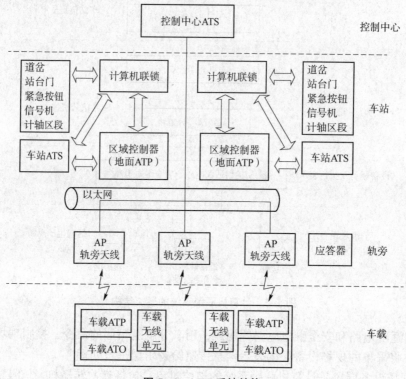

图 5-6 ATC 系统结构

2. ATS 的主要功能

ATS 系统的主要功能包括：列车运行情况的集中监视和跟踪；时刻表自动生成、显示、修改和优化处理；自动排列进路，按行车计划自动控制道旁信号设备以接发列车；列车运行自动调整；列车运行模拟及培训。

城市轨道交通 ATS 系统监控线路上的全部车站、线路设备和在线运行的列车，同时动态显示列车在线路图上的实际运行轨迹。若列车运行偏离列车时刻表或设备出现故障造成列车延迟时，ATS 系统为调度人员提供实时调度平台以便及时进行列车运行调整，并为车站工作人员及时排除故障报警提示。

3. ATS 的基本原理

（1）自动列车跟踪原理：列车跟踪系统用于监视受控区域内列车的位置。当列车由车辆段进入正线运行时，ATS 系统根据计划时刻表（列车运行图）自动给该列车加入车次识别号。随着列车的前进，列车车次号在列车追踪系统中从一个轨道区段单元向下一个轨道区段单元移动。随着列车的移动，列车识别号将在调度员工作站上的车次号窗口内显示出来，车次号根据先到先服务的原则顺序显示，实现自动列车跟踪。

（2）自动排列进路原理：自动排列进路是通过列车进路系统，将进路排列指令及时地传输到联锁设备中去，实现进路的自动排列。这种实现方式可以改善调度员的操作工作量。

调度员可以绕过列车进路系统，用手动方式办理进路。列车进路系统则在可用性检查中检测这一操作。列车进路系统可由调度员关闭，在当调度员人工办理进路时，要避免列车进路系统发出命令的危险。

（3）时刻表系统工作原则：时刻表系统要完成时刻表数据管理，向外部系统提供时刻表数据，向其他 ATS 功能模块提供时刻表数据，为停站时间时刻表的在线装载设置界面，为时刻表的离线修改设置界面，为使用中的时刻表增加或删除一个列车行程设置界面，根据自动列车追踪请求安排列车识别号。ATS 设备包括时刻表数据库，该时刻表数据库里存储有 ATS 功能要求的全部时刻表信息。时刻表编辑器在计算机的辅助下自动完成列车基本时刻表和运行图的生成。

（4）列车自动调整原理：实际运行过程中存在随机因素的干扰，列车运行难免偏离基本运行图，尤其是在列车运行密度较高的城市。当出现车辆故障或其他情况时，列车运行会变得紊乱。因此需从整体上大范围地调整已紊乱的运行秩序，尽快恢复正点运行。这种情况下，采用人工调整很难达到要求，因而利用计算机优势，由计算机自动调整运行图。ATS 系统能及时全面地选出优化后的调整方案，使列车运行调整措施更智能化、人性化，避免人工调整不足。同时，调度员也可主动干预列车运行调整。

（二）列车自动防护（ATP）子系统

1. ATP 的基本概念

ATP 是 ATC 的基本环节，是列车运行超速防护或列车运行速度监督的系统。具有超速防护、列车位置检测等功能，以保证列车间的安全间隔，使列车在安全速度下运行，同时完成信号显示、故障报警、降级提示、列车参数和线路参数的输入等功能。同时 ATP 与 ATS、ATO 及车辆系统接口进行信息交换。

2. ATP 系统的主要功能

ATP 系统具有检测列车位置、超速防护、停车点防护、列车间隔控制（移动闭塞时）、测速测距、临时限速、车门控制、记录司机操作等功能。以数字音频轨道电路方式的 ATP 系统为例，可将 ATP 系统功能分为 ATP 轨旁功能、列车检测功能（负责根据各轨道区段的"空闲"或"占用"情况，检测列车的位置）、ATP 传输功能和 ATP 车载功能等。

3. ATP 系统的控制模式和原理

ATP 系统根据要求使列车减速或制动。常见的 ATP 列车制动控制模式为阶梯式分级控制模式和速度—距离模式曲线制动控制模式两种。

阶梯式分级制动控制模式是以固定闭塞分区为单元，每个闭塞分区采用不同的低频频率调制，用于指示不同的控制限制速度等级。

阶梯式分级制动控制的速度控制限制曲线如图 5-7 所示。它将一个列车全制动距离划分为若干个固定闭塞分区单元，每一闭塞分区的限速值由其与前行列车的距离来确定。当列车实际速度高于检查值时，ATP 系统要求列车自动制动。这种控制方式的制动曲线呈阶梯状，称为速度阶梯分级控制模式。城市轨道交通中固定闭塞制式的 ATC 系统通常采用阶梯式分级制动模式。

速度—距离模式曲线，是根据列车运行过程中目标速度、线路参数、列车参数、临时限速、制动性能等确定的反映列车允许速度与目标距离间关系的曲线，包括从任何速度计

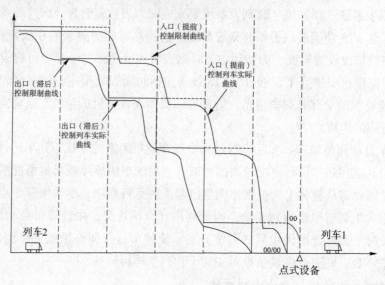

图 5-7 阶梯式分级制动控制

算出列车制动到停止的不同制动模式曲线，该曲线反映了列车在各位置点实时允许的速度值。

速度—距离模式曲线制动（简称模式曲线制动），是依靠连续式的速度—距离模式曲线实现列车实时安全追踪运行控制的方式，可提高行车密度。速度—距离模式曲线按照是否保留地面固定闭塞分区，分为曲线式分级制动模式和一级制动模式两种类型，如图 5-8、图 5-9 所示。

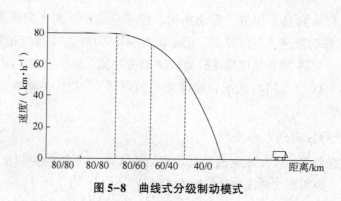

图 5-8 曲线式分级制动模式

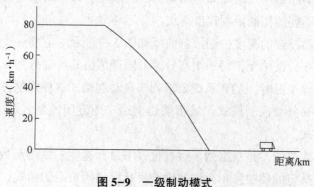

图 5-9 一级制动模式

（三）列车自动运行（ATO）子系统

1. ATO 的基本概念

ATO 系统为非安全系统。系统主要目的是模拟最佳的司机驾驶，实现列车自动驾驶，控制列车自动运行，提高列车运行效率，提高列车运行的舒适度，节省能源。ATO 系统接收前车信息、目标距离、轨道信息、坡度信息、移动授权以及控制中心指令等所有信息，车载安全计算机对信息进行处理，向列车发出指令，以优化对列车运行的控制。ATO 还装有一个双向的通信系统，使列车能够直接与车站内的 ATS 系统接口进行通信，保证实现最佳的运行图控制。

2. ATO 的组成

ATO 系统车载设备主要由 CPU、输出接口、输入接口、网络接口、存储单元、通信单元组成。这六部分共同实现列车自动运行的功能。输入接口接收时钟输入的同步信号和列车速度传感器输入的速度脉冲，以获得列车当前的运行速度。网络接口保证其与 ATP、列车总线通信的畅通、稳定、准确。CPU 作为整个 ATO 系统的最重要组成部分，负责整个 ATO 系统的算法和控制命令的处理。

3. ATO 的功能和原理

ATO 系统的功能包括：列车自动驾驶、自动折返、车门控制功能，列车定位修正、巡航/惰性、列车识别（PTI）支持功能等。ATO 的功能是非安全的，它主要通过 ATP 子系统的防护来实现列车的自动运行，它对列车的节能运行、车站定点停车、提高列车的运行效率等起到了重要作用。

列车自动驾驶控制功能。列车在运行时的启动、停车以及中途的速度调整都需按照 ATS 的输入或是司机的指令，使列车将加减速、巡航、惰性控制在乘客的基本舒适度内，使列车在 ATP 的限制速度之下运行。

自动折返是一种特殊情况下的驾驶模式，在折返站使用，这种驾驶模式下无须司机控制，列车上的全部控制台将锁闭。列车收到折返许可后，自动进入自动折返模式，授权经驾驶室人机接口显示给司机，司机必须确认这个显示，并得到授权，锁闭控制台。

ATO 是车门控制命令的发出者，在 ATP 保护下对车门和屏蔽门进行控制。ATO 只在自动模式下执行车门开启。当列车到达定位停车点，ATP 检测车速为零，发送列车停站信号给站台定位接收器，此时 ATP 发送允许车门打开信号，车辆收到 ATP 发送的允许打开车门信息，发送相应的信号给门控单元，打开规定的车门；同时列车发送信息给地面，打开对应的屏蔽门。

（四）基于通信的列车控制（CBTC）系统

1. 概述

基于通信的列车运行控制（Communication-Based Train Control，CBTC）系统即基于移动闭塞的列车运行控制系统，是一种采用先进的通信、计算机技术、连续控制、监测列车运行的信号系统。特点是实现车—地间的双向通信，用无线双向通信代替轨道电路实现对列车运行的控制，有效、安全地提高线路通过能力并缩短行车间隔。目前我国新建地铁基本都采用了 CBTC 系统，并且大量应用了国内集成商自主化的 CBTC 系统。

典型的 CBTC 系统主要包括自动监控系统（ATS）、自动防护系统（ATP）、自动运行系统（ATO）、联锁控系统（CI）、数据通信系统（DCS）。上文已对联锁系统及 ATC 系统进行了介绍，下面对 CBTC 系统的另一重要组成部分——DCS 系统进行说明。

2. 数据通信子系统（DCS）

数据通信子系统（Data Communications Subsystem，DCS）是一个封闭通信网络，为系统中的 ATS、ATP、ATO、联锁等子系统提供稳定、可靠、安全的数据通道。数据通信子系统基于开放的业界标准，采用具有开放标准协议和接口的工业级设备，采用透明传输的方式进行信息传输。有线通信采用 IEEE802.3 以太网协议，无线通信大多采用 WLAN 技术，基于 IEEE802.11g 标准。对车地通信有较高要求，如需要信号和通信系统综合承载要求的项目则使用 LTE 技术，基于 3GPP 标准。

DCS 系统在结构设计层面上具备完全冗余的特性。由于两个或者更多信号以同样方式失真的可能性较低，所以无线链路的冗余对传输的整体健壮性具有重大的影响，因此冗余概念贯穿在 DCS 系统设计的所有环节上，包括交换网络、无线网络、光纤链路和车载无线设备。DCS 子系统采用 A/B 双网设计，A 网和 B 网是两个完全相同、相互独立的网络（除骨干节点），并行工作，互不影响。

数据通信 DCS 系统由三部分组成，分别是有线网络、无线网络和网络管理设备。现详细介绍一下有线网络和无线网络。

有线网络通常由工业级以太网交换机组成环网，并为信号系统设备提供接入端口，当环网上的交换机端口数量不足时，增加接入交换机以满足接入需求。为控制中心、车站、车辆段/停车场、维修中心之间提供信息的透明传输通道，为控制中心、车站、车辆段/停车场、维修中心的信号设备提供局域网连接。

无线网络主要为 ATS、ATP、ATO、联锁设备提供通信通道，网络采用冗余双网设计，分别为 A 网和 B 网，两个网络完全独立，并行工作，互不影响。无线网络可结合实际情况，采用天线、波导管、漏泄电缆、天线与波导管结合或天线与漏泄电缆结合的方式发送/接收射频信号，可以采用基于 LTE 技术的方案，也可以采用基于 WLAN 技术的方案。

习　题

1. 联锁的基本技术条件是什么？
2. 车自动控制（ATC）系统包括哪几个子系统？子系统分别承担哪些功能？
3. 简述 ATP 系统的控制模式和原理。
4. 简述城市轨道交通通信系统的组成。

第六章
城市轨道交通车站设备系统

第一节　低压配电与照明系统

一、低压配电与照明系统概述

城市轨道交通车站低压配电及照明系统是地铁供电网络中的一个重要系统，承担了给电动车组和低压负荷提供电能的重要任务，保证了所有动力照明设备配电的安全、可靠、有效和经济。

（一）城市轨道交通供电方式

城市轨道交通供电系统是由电力系统经高压输电网、主变电所降压、配电网络和牵引变电所降压、换流等环节，向城市轨道快速交通线路运行的动车组输送电力的全部供电系统，目前，我国用得最普遍的输电电压等级为 110~220 kV。

（二）城市轨道交通电源系统的组成

城市轨道交通电源系统由发电厂、升压变压器、电力网、主降压器、直流牵引变电所、馈电线、接触网、走行轨道和回流线组成。

通常高压输电线到了各城市或工业区以后，通过区域变电所（站）将电能转配或降低一个等级，如 10~35 kV，向附近各用电中心送电。城市轨道交通牵引用电既可从区域变电所高压线路得电，也可以从下一级电压的城市地方电网得电，这取决于系统和城市地方电网的具体情况以及牵引用电容量的大小。

对于直接从系统高压电网获得电力的城市轨道交通系统，往往需要再设置一级主降压变电站，将系统输电电压如 110~220 kV 降低到 10~35 kV 以适应直流牵引变电所的需要。从管理的角度上看，主降压变电站可以由电力系统（电业部门）直接管理，也可以归属于城市轨道交通部门管理。

以上从发电厂（站）经升压、高压输电网、区域变电站至主降压变电站的部分通常称为牵引供电系统的"外部（或一次）供电系统"。

主降压变电站（当它不属于电力部门时）及其以后的部分统称为"牵引供电系统"。

它包括主降压变电站、直流牵引变电所、馈电线、接触网、走行轨及回流线等。直流牵引变电所将三相高压交流电变成适合电动车辆应用的低压直流电。馈电线是将牵引变电所的直流电送到接触网。接触网是沿列车走行轨架设的特殊供电线路，电动车辆通过其受流器与接触网的直接接触而获得电力。走行轨道构成牵引供电回路的一部分。回流线将轨道回流引向牵引变电所。城市轨道交通电力牵引供电系统如图6-1所示。

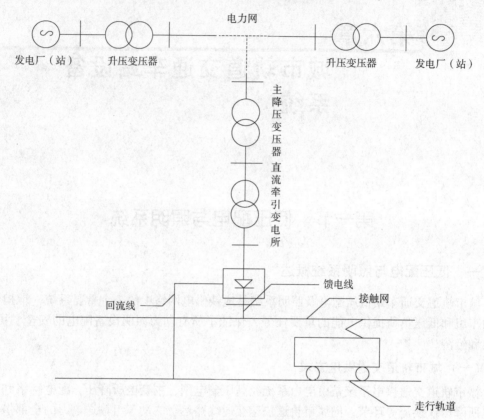

图6-1 城市轨道交通电力牵引供电系统

　　馈电线中的"馈"字就是"送"的意思，因此，"馈电线"可以理解为"送电线"或"供电线"。从供电局过来的两根总线接的柜就叫进线柜，变压器出线的柜就叫馈线柜，其主要用途有两个，即传输提供电能、传送电信号。

　　回流线是在交流电气化轨道牵引吸流变压器供电方式中串接在吸流变压器二次侧的导线。通过吸流的作用，迫使由大地回归的电流大部分由回流线返回牵引变电所，其回归方向与接触网中的电流方向相反，因而可抵消绝大部分由接触网电流产生的对通信线路的干扰影响。

二、低压配电与照明系统的组成与设备

低压配电及照明系统可分为低压配电和照明两个子系统。

（一）低压配电系统

1. 系统组成

车站低压配电系统采用380 V三相五线制、220 V单相三线制方式供电。它为站台、

站厅和设备及管理用房的环控、排水、消防、电梯、自动扶梯、自动售检票及通信、信号、站控室等系统设备供配电和车站环控室内供配电设备的电控控制。

根据用电设备的不同用途和重要性，车站用电负荷分为三级：一级负荷，包括通信系统、信号系统、火灾报警系统、气体灭火系统、机电设备监控系统、屏蔽门、消防泵、废水泵、雨水泵、防淹门、站控室、事故风机及其风阀等；二级负荷，包括非事故类风机及风阀、污水泵、集水泵、扶梯、电梯、轮椅牵引机、自动售检票设备、民用通信电源、维修电源及冷水机组油加热器等；三级负荷，包括冷水机组、冷冻水泵、冷却水泵、冷却塔风机、电开水器、清扫电源等。

系统所供配电设备可分为由车站降压所直接供配电的设备和由环控电控室供配电设备。

对降压所直接供配电的一级负荷设备（如通信系统、信号系统、站控室、废水泵等），系统由降压所低压柜两段母线各馈出一路电源至设备附近的电源切换箱，经电源切换箱实现双电源末端切换后再馈出给设备，两路电源正常时一路工作，一路备用，并可互作备用。

对降压所直接供配电的二级负荷设备（如自动扶梯、工作人员电梯、污水泵、集水泵等），系统由降压所低压柜其中一段母线馈出一路电源至设备附近的电源配电箱后再馈出给设备，当该段母线失压后，母线分段断路器（母联断路器）自动合闸，可由另一段母线继续供电。

对降压所直接供配电的三级负荷设备（如环控三类负荷：活塞式冷水机组、离心式冷水机组、空调机、空调新风机等），系统由降压所低压柜其中一段母线馈出一路电源至设备附近的电源配电箱后再馈出给设备，当降压所低压柜任一段母线失压或故障时，均联跳中断所有三级负荷设备供电。

对环控电控室直接供配电的环控一、二类负荷设备［如区间隧道风机、送排风机、回排风机、防火阀、风阀、EMCS（机电设备监控系统）配电箱等］，系统采用单母线断路器分段接线形式供电，并设有电源自动切换装置，通过母联断路器（联结两段母线）的备用电源自动投切装置，实现两路电源互备供电。

对环控电控室供配电（直接或间接）的环控三类负荷设备（如电动蝶阀、冷却水泵等），系统采用单母线接线形式供电，当该母线失压或故障时，中断供电；当电网只有一路电源供电时，也联跳中断供电。

2. 控制位置及控制方式

（1）对通信、信号、站控室、废水泵、电梯、自动扶梯等由降压所直接供配电的各系统设备，低压配电系统提供电源至各设备附近的配电箱或电源切换箱，工作人员可在降压所或设备附近的配电箱或电源切换箱上对各设备做电源通断或切换操作控制。

（2）对冷水机组及 FAS 系统相关设备（如风阀、防火阀、防火卷帘门、挡烟垂幕、1301 系统、CO_2 系统等）及 EMCS（BAS）系统、AFC 系统等由环控电控室直接供配电的设备，低压配电系统提供电源至各设备附近的配电箱或电源切换箱，工作人员可在环控电控室或设备附近的配电箱或电源切换箱上对该设备做电源通断或切换操作控制。

（3）对环控电控室直接控制的环控设备（如空调机、风机等），采用三地控制方式，即就地控制（设备附近）、环控电控室控制及站控室控制（通过 EMCS 系统控制）。

（4）自动扶梯正常时由现场控制，事故状态下可在站控室内按压应急停机钮停止所有自动扶梯运行。

（二）照明系统

1. 系统组成

车站照明系统采用380 V三相五线制、220 V单相三线制方式供电。系统范围为车站降压所变压器后的照明设备、设施及线路。大致包括站台、站厅公共区的一般照明、节电照明（包括站名牌标示照明）、事故照明（包括疏散诱导指示照明）、广告照明和设备及管理用房的一般照明、事故照明；出入口的疏散诱导指示照明、一般照明与事故照明；电缆廊道的一般照明及区间隧道的一般照明、事故照明。

根据各场所照明负荷的重要性，照明负荷可分为三个等级：节电照明、事故照明、疏散诱导指示照明为一级负荷；一般照明及各类指示牌为二级负荷；广告照明为三级负荷。原则上在车站站台、站厅的两端各设置一间照明配电室，室内集中安装各类照明配电控制箱。在站台两端各设置一间事故照明装置室，室内安装一套事故照明装置。一般照明、节电照明、设备及管理用房照明的电源，分别在降压所的低压柜两段母线上各馈出一路电源，与照明配电室的两个配电箱联结，以交叉供电方式，向站台、站厅、设备及管理用房供电。事故照明电源是由低压所的低压柜两段母线上各馈出一路电源，经事故照明装置再馈出至各照明配电室的事故照明配电箱后配出。站台、站厅及人行通道的疏散诱导指示照明由事故照明配电箱配出单独回路供电。广告照明及其他各类照明（区间隧道一般照明除外）也均由照明配电室配电箱配出。区间隧道一般照明由设在站台两端隧道入口处区间隧道一般照明箱配出。事故照明及疏散诱导指示照明，正常时采用380 V/220 V交流电源供电，由两路380 V/220 V交流电源自降压所的低压配电柜两段母线上，各馈出一路电源至事故照明装置后配出。事故照明装置带有蓄电池，当进线电源交流失压后，装置电源切换柜自动切换为蓄电池220 V直流电源向外供电，当进线恢复供电后，又自动切换为交流向外供电。

2. 控制位置及控制方法

车站照明系统可分为三级控制：

（1）就地级控制：各设备及管理用房进门处设有就地开关箱或盒，可控制相应设备及管理用房的一般照明。区间隧道一般照明设于隧道两端入口处的区间隧道，由一般照明配电箱控制。

（2）照明配电室集中控制：照明配电室内设有相应照明场所的照明配电箱，可在室内集中控制相应场所的一般照明、节电照明、事故照明及广告照明。正常情况下，配电箱所有开关均应全部合上，以便通过就地级控制和站控室集中控制相应场所照明。

（3）站控室集中控制：站控室内设有照明控制柜，通过柜面上的转换开关和按钮，可实现对站台、站厅公共区的一般照明、节电照明、广告照明的手动/自动控制转换和人工控制（手动控制——指通过照明控制柜上按钮或照明配电室照明配电箱上按钮开/关控制；自动控制——指通过机电设备监控系统EMCS（BAS）实现控制）及区间隧道一般照明手动控制。在机电设备监控系统EMCS（BAS）上可监控站台、站厅公共区一般照明、节电照明、广告照明的工作状态（手动/停/自动）。此外，根据需要事故照明也可在蓄电池室交直流切换柜上进行控制。

3. 系统主要设备配置及功能

（1）控电控柜（开关柜、控制柜、继电器柜）：安装于车站环控电控室内，提供环控电控室直接供配电设备所需的电源，实现环控设备的电气控制及距离操作控制。

（2）环环控设备就地控制箱：安装于车站各环控设备附近，用于维修调试各环控设备时就地控制操作。

（3）防淹门控制柜：安装于过江隧道两端防淹门控制室及车站站控室，用于防淹门的操作控制。

（4）雨水泵控制柜：安装于地下隧道入口处雨水泵控制室内，用于地下隧道入口处雨水泵运行控制。

（5）废水泵、污水泵、集水泵控制箱：安装于车站废水泵、污水泵、集水泵用电设备附近，用于废水泵、污水泵、集水泵运行控制。

（6）区间隧道维修电源箱：安装于正线区间隧道内，约 80 m 设 1 台，提供隧道内设备维修作业时所需的电源。

（7）电源配电箱、电源切换箱：安装于车站各动力用电设备（如自动扶梯、水泵、信号设备、通信设备、自动售检票设备）附近，提供设备所需电源。

（8）防火阀（DC24 V）电源配电箱：安装于车站防火阀相对集中处附近，将 AC220 V 整流为 DC24 V 电源，提供给防火阀关闭电磁阀动作所需电源。

（9）自动扶梯应急停机按钮：安装于车站站控室内，用于在发生紧急状况（如火灾）时自动扶梯应急停机控制。

（10）灯具（白炽灯、荧光灯，包括灯架）：照明电光源，安装于车站各照明场所，用于车站各照明场所照明、疏散指示。

三、电力监控系统概述

电力监控（Supervisor Control And Data Acquisition，SCADA）又称为远动监控和数据采集，主要用以实现对远方电力运行设备的监视和控制，以提高供电安全运行水平。

主站系统设在控制中心，实现信息互通、资源共享。控制中心的电力调度负责指挥和监控全线（包括主变电所）供电系统的正常运行和事故处理。电力监控系统实现对全线各变电所和接触网的开关等设备进行统一控制和监视，通过数据采集、信号反馈，随时了解全线供电设备的运行情况，及时准确完成各种操作，对故障报警和各种运行事故迅速做出判断并进行准确处理，确保供电系统和设备安全可靠运行。从而实现供电系统各种变电所的无人值守，提高系统的可靠性、工作效率和现代化管理水平，减少运营费用。

城市轨道交通电力监控系统采用分层分布式结构，即有调度控制中心、车辆段监控和供电复示系统、主变电所系统及车站变电所子站系统。

（一）系统构成

电力监控（SCADA）系统的构成包括：设在控制中心主站的电力监控调度系统、设置在各变电所的综合自动化系统、设在车辆段供电车间的电力监控复示系统及主控系统的高速数据传输通道等。通过此系统可实现对全线各变电所、接触网等供电设备的运行实时监控和数据、图像采集（遥控、遥信、遥测、遥调、遥视）等功能，完成对变电所、接触网电气事故分析和供电设备维护、维修的调度管理。SCADA 系统结构图如图 6-2 所示。

（1）主站系统：主站系统以局域网为架构，按照 ADS（Autonomous Decentralized System）模式配置主机、工程师工作站、大屏幕显示、Web 工作站、视频监控服务器等设备。

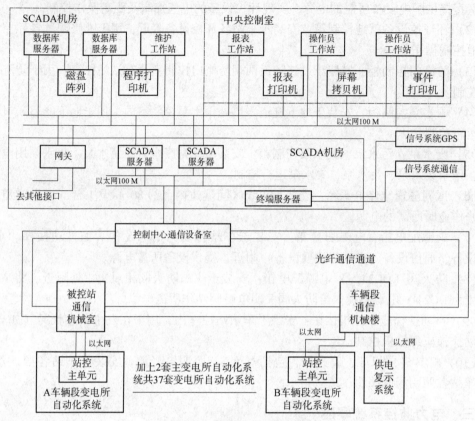

图 6-2 SCADA 系统结构

ADS 模式代表了目前 SCADA 产品的最新技术标准, 提高了设备利用率, 此模式按照自律分布使每个网络节点均可单独激活, 提高了系统的自愈合功能。

局域网络采用双以太网构成, 主要监控设备按冗余原则配置, 网络节点 (与运行系统相关的计算机) 按功能和地域分布。监控主机完成系统数据库、通信接口的管理, 调度员的日常控制、监视和调度管理, 现场数据的归档、统计、报表、检索、维修计划等内容。系统的监控主机采用双重配置, 互为热备。工程师工作站用于生成、修改和管理系统实时数据库、历史数据库以及用户画面, 定义、修改系统运行参数和维护、开发系统程序等。

车辆段的供电车间设置电力监控供电复示系统、继电保护工作站、设备管理工作站, 并通过网络与控制中心进行数据通信。供电复示系统用于监视全线变电所设备、接触网设备的运行情况, 使供电维护人员及时了解现场事故信息, 提高处理事故的效率, 缩短停电时间, 完成维修调度作业计划的发送和接收。继电保护工作站完成统计、分析事故跳闸数据及整定值管理。设备管理工作站获取系统设备运行的详细资料, 判断运行设备的状态并预测其寿命, 建立供电系统设备、设施的管理档案, 从而实现对供电系统设备实施状态检修。

Web 工作站完成对远程访问的管理, 相关部门的管理人员、维护人员或系统供应商在远方对系统进行在线访问、维护、修改, 使系统信息共享方便, 维护及时有效。系统设置视频监控, 监视并记录变电所的安全以及设备的运行情况, 并提供事后分析事故的图像资料, 同时还有防火防盗功能。

（2）变电所综合自动化系统：设置在变电所内的综合自动化系统采用集中管理、分散控制模式，设备由控制信号盘内的通信控制器、网络接口设备、总控单元、安装于各开关柜内的测控保护单元和所内通信网络等部分组成。

变电所综合自动化系统实现对各变电所、接触网设备进行实时控制和数据采集，其功能是监视供电系统设备的运行情况，及时掌握和处理供电系统的各种事故、报警事件，保证供电的可靠性、安全性；同时利用 PLC 监控单元实现对变电所各种设备的控制、监视、逻辑闭锁，电流、电压、功率、电能测量；实现保护的安全并联跳闸功能。

（3）数据传输通道：电力监控（SCADA）系统的数据传输通道利用传输系统的高速数据传输通道。电力监控系统通信接口采用大容量、高速传输的数据接口，采集众多的现场参数（包括视频信号等），应用分组交换技术和路由技术，使通道的可靠性更高、可用性更强，以后新的子系统接入、监控对象的增加等扩展可更加轻易地完成。

（二）控制中心电力监控系统的主要功能

（1）远方监控功能：系统可对被控站内的设备顺序进行全面集中实时监控。

（2）遥控功能：实现对所内某一开关或装置进行状态控制（单独控制）和对所内和所间一系列开关或装置按预定顺序进行状态控制（程序控制）。

（3）遥信功能：对被控对象位置信号、事故信号、预告信号进行实时采集并发出声光信号提示报警。

（4）遥测功能：对供电设备的有关电量（电流、电压、功率、电能等）进行实时检测。

（5）遥调功能：实现对主变电所内的有载调压变压器进行有级调节。

（6）对位操作功能：在被控站执行端撤出运行时，调度员可在显示屏幕上进行人工对位操作。主接线显示画面和模拟盘上的显示符号自动对位。

（7）用户画面显示功能。

（8）操作员工作站用户画面种类和要求：

①进入调度系统后自动显示城市轨道交通供电系统示意图。

②系统构成图：包括调度所设备、被控站设备、通道等在内整个系统的配置。

③交直流系统图：显示交流系统图和直流系统图。

④被控站主接线和接触网线路图：显示被控站的主接线、接触网线路和设备的运行状态。

⑤程控显示画面：在主接线图中用鼠标点中程控操作菜单后，将显示该站程控项目窗口。

⑥遥测曲线画面：显示 2 h 之内各遥测量（包括电流/电压、有功功率/无功功率）的趋势曲线。

⑦电能量直方图：显示 24 h 之内的有功电能量和无功电能量。

⑧日、月、年报报表：用表格的形式显示一日（月、年）内的有功电能量和无功电能量及依此计算出的功率因数。报表能进行手动修改。

⑨极值统计日（月、年）报报表、操作记录报表、事件记录报表等。

（9）制表打印功能：系统对调度员的操作、事件发生信息、测量值按时间顺序进行整理统计，形成事件记录、操作记录、日（月、年）报报表、越限记录等。报表可随时显示打印和定时打印。

（10）电量趋势曲线和电能量直方图显示功能：系统具有电量趋势曲线显示功能，可显示 2h 内的趋势曲线；系统具有电能量直方图显示功能，可显示 24h 内的有功电能和无功电能统计量。

（11）模拟盘显示功能：模拟盘上显示变电所主接线和接触网线路图，并以光带形式表示其供电状态。模拟盘上配有站名显示灯和事故显示灯。

（12）防电磁干扰：系统具有防电磁干扰能力。

（13）调度管理自动化功能：通过数据文档管理功能，自动建立生产管理报表。

（14）在线自检自恢复功能：系统对软/硬设备的状态进行实时检测。在故障情况下，实现互备设备的自动切换（包括主备通道的切换）。若软件因某些原因处于死机状态，应能自动恢复系统运行。

（15）在线维护功能：系统应以友好的人机界面提供软件维护手段。工作数据、显示画面等可进行方便的在线修改。

（16）安全保护措施：系统设置了三级口令，以保护程序运行的可靠性。

①第一级：操作员级，键入口令后，可进入遥控操作状态，进行调度管理工作。

②第二级：工程师级，键入口令后，可对软件实现在线编辑。

③第三级：系统员级，键入口令后，可对系统程序进行编程和修改。

第二节　环境控制系统

一、环境控制系统概述

城市轨道交通环境控制系统（简称环控系统）是指在车站站厅、站台、隧道、设备及管理用房等处所的环境进行空气处理的系统。其功能主要是调节指定区域内的空气温度、湿度，并控制二氧化碳、粉尘等有害物质的浓度，以满足人体健康及相关设备正常运行的要求。城市轨道交通的特点是人员密集、流动性大，因此对城市轨道交通的车站通风空调机防、排烟系统的要求高于一般的民用系统。

环控系统必须满足以下的基本要求：

（1）列车正常运行时，日常运营给乘客和设备提供舒适及适宜的环境，保证地铁内部空气环境在规定标准范围内。

（2）列车或者车站发生火灾事故和其他灾害情况下进行通风、排烟、排毒和排热，起到生命保障和辅助灭火的作用。

（3）列车阻塞在区间隧道时，确保隧道内空气流通。

二、环境控制系统组成与设备

地铁环控系统主要由以下几部分组成：区间隧道活塞通风及机械通风系统（兼排烟），车站区间热排系统（屏蔽门方式），简称隧道通风系统；车站空调通风系统，其中车站的站厅、站台公共区空调通风系统，简称车站空调通风大系统；车站管理用房和设备用房空调通风系统（兼排烟）以及主变、牵引变通风与空调系统，简称车站空调通风小系统。需要说明的是地面车站、高架地面车站，公共区域由于散热散湿条件好，因此无空调通风系统，只具有小系统，其他还有空调制冷循环水系统、隧洞口空气幕系统、折返线通风系统等。

（一）风系统

风系统指空调、通风系统，包括空调机、风机、风阀与风管路（风道）设备，可分为隧道通风系统、空调大系统、空调小系统。

（1）隧道通风系统分为区间隧道机械通风（兼排烟）和车站隧道通风两部分。隧道机械通风主要设备有隧道风机、推力风机、射流风机及相关的电动风阀；车站隧道通风主要设备为轨道排风机、电动风阀和防火阀。活塞风是列车在隧道内运行过程中强迫气流形成的阵风，通过隧道和隧道活塞风道进出。

（2）车站站厅、站台公共区的制冷空调及通风（兼排烟）系统，简称空调大系统。由组空调机，回、排风机、新风机、排烟风机，各种风阀、防火阀等组成。

（3）车站管理及设备用房空调通风（兼排烟）系统，简称小系统。由小空调、排风/排烟风机、风阀、防火阀等组成。

（二）车站空调水系统

车站空调水系统指各站为供给车站大、小系统空调用水所设置的制冷系统，由冷水机组、水泵、冷却塔、水阀与管路等设备组成。

（三）集中供冷系统

集中供冷是指将相邻三到五个车站的空调用冷冻水汇集到某一处，集中处理。冷冻水再由二次冷冻水泵和管路长距离输送到各车站，以满足车站所需的冷量。集中供冷系统可分以下三部分：

（1）制冷系统环路，主要由冷水机组、冷冻水一次泵、冷却水系统及其附属设备组成，主要功能是根据运营要求所编制的时间表和各车站负荷变化，启动或停止冷水机组的运行，为各车站提供满足空调用水要求的冷冻水。

（2）冷冻水二次环路，由二次冷冻泵、变频器、管网等组成，主要的功能是实现冷冻水的远距离输送，并通过监视末端的阀门开度和压力差，计算出末端的冷负荷，进而改变二次泵的供电频率（变频）来满足车站实际冷负荷需求，二次泵的变频由末端差压控制。

由于管路长，水网稳定性差，各站的分流管上需要加装水力平衡阀进行水力平衡和减压。

（3）末端设备主要由各车站的组合空调器、风机盘管及前后的控制阀门组成。组合空调器（或落地式风机盘管），其过水量受其出水管上的比例积分二通阀控制。而控制比例积分二通阀开度的信号是由设置在站台、站厅的温度探头，经车站 PLC 计算后发出的。车站 PLC 可将站台、站厅及进出水温度通过网络传给冷站控制室。

第三节　给排水系统

一、给排水系统概述

城市轨道交通的车站和车辆段给水排水系统分别由给水系统和排水系统两部分组成。其中给水系统包括生活给水系统、生产给水系统和水消防给水系统，其功能是满足生产、生活和消防用水对水量、水质和水压的要求；排水系统则包括污水系统、废水系统和雨水

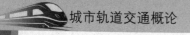

系统，其功能是保证车站和车辆段排水畅通，为轨道交通安全运营提供服务。

二、给排水系统组成及功能

（一）车站给排水系统组成及功能

1. 车站给水排水系统的组成及功能

车站给水系统的组成及功能：车站给水系统采用城市自来水作为供水水源，往车站两端的风亭处，分别用两条进水管将城市自来水引进车站，管径为 DN150~DN200，与城市自来水的接管点处水压要求不低于 0.2 MPa。两条给水引入管上的电动蝶阀及隧道两端的消防电动蝶阀由车站控制室 EMCS 系统实行监控，两条引入管互为备用，进站前设置水表和水表井，每条进水管水表前设置室外消火栓和水泵结合器。生产、生活和消防采用分开的直接给水方式，由城市自来水引入水管接出生产、生活及消防水管。生活和生产给水在站内采用枝状或环状管网；消防给水在站内采用环状管网。

生产、生活给水系统的组成及功能：生产、生活给水系统由水源（城市自来水）、水池、水泵、水塔（水箱）、气压罐、管道、阀门、水龙头等组成。其功能是满足车站生产、生活用水对水量、水质和水压的要求。

消防给水系统的组成及功能：消防给水系统由水源（城市自来水）、消防地栓、水泵结合器、消防水泵、管道、阀门、消火栓（喷头）、水流指示器等组成。车站站厅、站台、区间隧道和设备区域均按规范设置具有手动报警按钮和电话插孔的消防栓箱。站厅、站台及通道的消防栓箱内放置两个 DN65 单头单阀消火栓、两盘 25 m 长的水龙带、两支 DN19 多功能水枪、一套 DN25 自救式软管卷盘；车站设备区域的消火栓箱，箱内放置一个 DN65 单头单阀消火栓、一盘 25 m 长的水龙带、一支 DN19 多功能水枪和一套 DN25 自救式软管卷盘；区间隧道每隔 50 m 距离设置一个消防箱，箱内放置两个 DN65 单头单阀消火栓、两盘 25 m 长的水龙带、一支 DN19 多功能水枪，或每隔 50 m 设一个消火栓头，隧道两端各设两个 900 mm×600 mm×240 mm 的消防器材箱，里面装有 25 m 长的水带及 DN19 多功能水枪等消防器材。消防给水系统的管网压力能满足消防水压、水量要求时，不另设加压系统，否则需设消防水泵进行加压。车站的消防干管布置成环状，并与区间消防管网连接。按消防要求，车站两条与市政供水管网连接的引水管上设闸阀，水表前设室外消火栓。区间消防管端头设电动蝶阀和手动蝶阀旁路，平时电动蝶阀关闭，手动蝶阀开启 2%，一旦区间发生火灾，EMCS 开启电动蝶阀，保证区间消防水压、水量。

2. 车站排水系统的组成及功能

（1）污水排放系统的组成及功能：车站污水排放系统如图 6-3 所示，主要由集水井、压力井、化粪池等组成。用排水管道将车站内的厕所、盥洗室、茶水间冲洗水等生活污水汇集到集水井，经潜水泵提升到压力井消能、地面化粪池简单处理后，排入城市污水管网。压力井是排水进入市政排水管网前的消能设施，其构造要求进、出水管道不得在同一高程上且侧壁有防冲洗的措施，车站化粪池采用国标 4 号化粪池。

生活污水 → 集水井 → 潜水泵 → 压力井 → 化粪池 → 污水管网

图 6-3　车站污水排放系统

（2）废水排放系统的组成及功能：车站废水排放系统如图6-4所示，主要由集水井、压力井等组成。用排水管道或排水沟将车站内的生产、消防废水，结构渗漏水汇集到集水池，经潜水泵提升到压力井消能后排入城市污水管网。区间隧道设置独立的排水系统，其泵房设在区间隧道的最低处，明挖隧道的废水泵房设在隧道外侧或联络通道内，盾构隧道则利用联络通道作为废水泵房。压力井内进、出水管道的要求与污水系统一样。雨水系统的组成和功能基本上和废水系统相同。

图6-4　车站废水排放系统

（二）车辆段给水排水系统的组成及功能

1. 车辆段给水系统的组成及功能

车辆段供水水源为城市自来水，两条管径为DN200的进水管分别接在城市自来水管网的不同干管上，互为备用以保证供水安全。根据设计工艺不同，可采用水泵—水塔联合供水方式和变频变量恒压供水方式等工艺，前一种是城市自来水进入水池后，经水泵提升至水塔（水箱），由水塔向车辆段内的室外给水管网供水，室内各用水点从室外环状管网引入。后一种是城市自来水进入水池后，由变频变量恒压给水设备直接送至车辆段室外给水管网，室内各用水点从室外环状管网引入。为保证供水安全，无论采用哪种给水工艺，室外给水管网采用环状。

（1）生活、生产给水系统的组成及功能：生活、生产给水系统主要由水源、蓄水池、水泵、水塔、管道、阀门、气压罐及水龙头等设备或构筑物组成，一般采用枝状管网。其功能是满足车辆段生产、生活用水对水量、水质、和水压的要求。主要工艺流程如图6-5、图6-6所示。

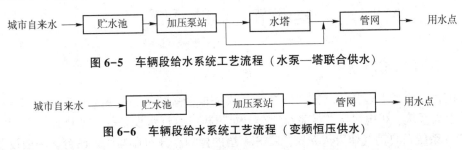

图6-5　车辆段给水系统工艺流程（水泵—塔联合供水）

图6-6　车辆段给水系统工艺流程（变频恒压供水）

（2）消防给水系统的组成及功能：消防给水系统主要由水源、蓄水池、消防水箱、水泵、水塔、管道、阀门、气压罐及消火栓等设备或构筑物组成，一般采用环状管网。车辆段水消防系统的功能是当车辆段内发生火灾时，提供满足消防要求的水量、水压。

2. 车辆段排水系统的组成及功能

车辆段排水系统包含车辆段污水排放系统、废水排放系统和雨水排放系统。采用分流制的排水方式。

（1）污水系统的组成及功能：车辆段的污水包括厕所冲水及生活污水，经化粪池简单处理后，排入车辆段内污水处理站内的调节沉淀池，经潜水泵提升至污水处理一体化设备经过厌氧、好氧和消毒处理达标后，排入附近河流。污水处理工艺流程如图6-7所示。

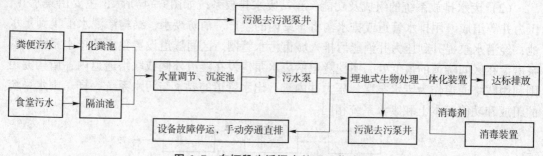

图6-7 车辆段生活污水处理工艺流程

（2）废水系统的组成及功能：车辆段的废水包含理发、淋浴废水；餐厅、食堂、汽车维修及洗车等含油污水。理发、淋浴废水排入毛发聚集井；餐厅、食堂、汽车维修及洗车等含油污水就近排入隔油池或油水分离设备，经简单处理后统一排入沉淀池，经潜水泵提升至气浮处理装置处理达标后排入附近河涌。处理工艺流程如图6-8所示。

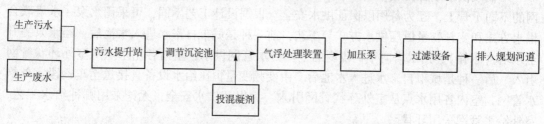

图6-8 车辆段生产废水、污水合流处理工艺流程

（3）雨水系统的组成及功能：雨水系统由室外排水明沟（或埋地雨水沟）、PVC排水管、排水检查井等组成。雨水不做处理，汇集后直接排入附近河涌。

第四节 消防系统

一、消防系统概述

城市轨道交通中涉及消防方面的系统有火灾报警系统（Fire Alarm System，FAS）、自动气体灭火系统、机电设备监控系统、防排烟风机、给排水设备等。通俗而言，消防系统特指FAS系统及自动气体灭火系统。FAS系统的探测点分布在站厅、站台、一般设备用房和管理用房等处所，对保护区域进行火灾监视，达到早发现，通报并发送火灾联动指令的作用。

自动气体灭火系统布置在重要的设备房，如变电所高低压室、通信设备室、环控电控室、信号设备室等，实现对这些房间全天候的火灾监视及自动喷气灭火的功能。

二、火灾报警系统

城市轨道交通火灾报警系统由触发装置、火灾报警装置及其他辅助装置组成，它能在火灾初期将燃烧产生的烟雾、热量、火焰等物理量，通过火灾探测器转变为电信号，传输到火灾报警装置控制器，并同时给出火灾发生的部位、时间等，使人们能及时发现火灾并采取有效措施，最大限度地减少因火灾造成的生命和财产损失。火灾报警系统基本示意图如图6-9所示。FAS系统由中央级设备、车站级设备及连接中央级与车站级的网络组成。

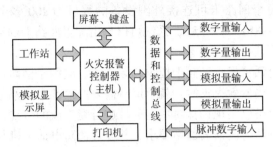

图6-9　火灾报警系统基本示意图

1. 中央级

中央级设备由两台图形命令中心（Graphical Command Center，GCC）组成，实现对全线火灾情况的监控和时钟同步功能。

（1）图形命令中心：两台图形命令中心互为主备，当一台出现故障退出运行时，另一台仍能正常工作。GCC提供了全线各站点设备的分布图，中央控制室调度人员可以非常直观地看到火灾报警出现的站点及报警位置。另外，系统还配备了两台打印机，一台作为实时数据打印，另一台作为报表或历史记录打印。

（2）与主时钟的接口：在中央级，FAS系统通过RS232通信接口与主时钟连接，接收由通信系统提供的时钟同步信号，然后再通过FAS系统网络，将时钟同步信号传送到各个站点，以实现全线各站点的时间同步。

（3）网络：系统通过光纤将中央级与车站级设备连成对等令牌环网。当网络传输线路上的某一点出现断开或其他故障无法通信时，系统可以自动将STYTLE7环型网降级到STYTLE4总线网运行。这时，中央级仍可以监视所有的站点。当网络传输线路上出现两点或多点断开时（同一网段上），系统网络会重新组合成两个或多个各自独立运行的小网，此时中央级GCC仅可以监视与其相连小网上的站点。

2. 车站级

车站级设备主要由控制盘、车站级图形命令中心GCC及各种外围设备组成，实现火灾监视和消防联动功能。

（1）控制盘：控制盘是系统的中央大脑，综合处理各种数据信息，做出火警判断，发出声、光报警，启动相关消防设备动作并监视其状态等。控制盘采用积木式结构，可以根据监控点数的多少及系统的功能需求，对控制盘进行自由配置。它为外围设备提供回路总线，音频及电话总线、24 V直流电源。以下是控制盘的几个主要组成部分：

①PU卡：CPU卡是系统控制盘的"心脏"。它与内部各功能模块卡之间相互通信，接收它们的信息，进行处理，并把处理结果或指令下达到各功能模块卡。

②C电源模块及蓄电池：电源模块主要是向控制盘内各功能模块卡提供工作电源，同时提供消防控制用24VDC直流电源。当市电失电时，蓄电池作为系统的后备电源，至少能提供60 min以上的工作电力，保证系统在紧急情况下仍能继续正常运行。

③显示操作面板：显示操作面板是系统控制盘操作和显示的"窗口"，其主要功能是发出声、光报警并显示报警信息，利用菜单功能对系统数据进行查询，利用菜单功能对系统设备进行操作控制。

④回路卡：回路卡提供回路总线。回路总线可以连接带地址码的外围设备，如烟感探头、手拉报警器等。每个回路卡可连接外围设备的数目为 200 多个。根据监控点的数目（一个控制盘一般为 1 000~2 000 点），系统可以自由配置回路卡的数目。它负责完成与外围设备通信及数据处理任务。

⑤音频卡及消防电话主机：音频卡提供音频总线，应用于消防广播。可以事先将语音录入固化的存储器里，当发生火灾时，就可以将需要的语音自动播放到特定区域里。控制盘若配置了麦克风，也可以实现选择对特定区域进行麦克风的广播。消防电话主机提供消防电话总线，响应现场消防电话的通话要求，并通过消防电话主机与其通话。

⑥通信卡：RS232 通信卡提供现场实时打印机连接接口，或提供其他系统（如机电设备监控系统）的通信接口。网络接口卡，根据传输介质的不同，可以选择相应的通信接口，如单模光纤、RS485 等。当通信接口不匹配时，可以选择第三方的转换接口，实现网络的连接。

（2）车站级 GCC：车站级 GCC 采用工业计算机，LED 液晶显示。它提供良好的人机界面，直接显示本站点的系统分布图，方便值班人员快速处理火灾报警。GCC 还具备报警信息分类，包括：火警报警信息、故障报警信息、反馈报警信息、历史记录查询、设备工作状态查询、设备控制及联动等功能。

（3）外围设备：外围设备是指布置在现场的各种火灾探测设备、功能模块等，按其功能分为：火灾监测设备、状态监视设备、控制设备、消防通话和消防广播设备、接口设备。各种外围设备有各自独立地址，并通过数据总线与控制盘通信。它们提供各种火灾监测手段和消防设备的监控。

①火灾监测设备：火灾监测设备可分为两大类，一类是自动报警设备，另一类是手动报警设备。自动报警设备是根据火灾发生的特性，对火灾发生时所产生的烟雾、温度、光等物理特性进行监测的设备。主要有智能烟感、智能温感、普通烟感、普通温感、感温电缆、对射式烟雾探测器等。手动报警设备有手拉报警器和破玻报警器，它们分布在站厅站台公共区，设备区的过道，设备用房等位置，提供人工报警的手段。

②状态监视设备：是指监测消防相关设备的状态，其主要设备是反馈模块，在系统中应用广泛，如监测消防水泵、水喷淋泵的运行及故障状态；防火阀、挡烟垂幕、防火卷帘门的关闭状态；排烟风机的运行状态；气体灭火系统的一、二级报警，故障，喷气及手/自动状态等。

③控制设备：控制设备用于对消防联动设备进行控制。其主要设备有控制模块，控制对象包括防火阀、挡烟垂幕、防火卷帘门、消防水泵、水喷淋泵等。控制可以实现程序联动，也可以手动单点控制。

④消防通话和消防广播设备：由通信模块、消防广播、电话插孔及插孔电话、固定挂箱电话组成。控制盘可以通过控制通信模块，实现对特定区域进行广播或接通某个消防电话。

⑤接口设备：接口设备提供第三方产品的接入接口。普通烟感、普通温感、感温电缆等设备均是不带地址码的设备，通过接口设备，如探测模块，此类设备便可以接入系统的回路总线。

3. 维修工作站

维修工作站设于系统维修人员的办公室内，是供维修人员专用的一个网络接点。通过它，维修人员可以监视全线系统的运行情况，详细了解系统出现的故障，方便维修人员准确判断并迅速对故障实施抢修。

三、自动灭火系统

自动灭火系统是城市轨道交通建设中非常重要的一部分，被广泛应用在变电所、通信/信号机械室及车站控制室等重要区域，能满足城市轨道交通中对火灾应尽快发现、尽快扑灭、尽快恢复运营的要求。常见有自动气体灭火系统和自动喷水灭火系统。

（一）自动气体灭火系统

城市轨道交通采用的气体自动灭火系统，主要有二氧化碳灭火系统、烟烙尽气体灭火系统等。

二氧化碳灭火系统从21世纪初就开始得到了广泛的应用，也是一种至今仍在一些特定的场合大量使用的气体灭火系统，包括高压二氧化碳灭火系统和低压二氧化碳灭火系统。它主要是依靠高浓度的二氧化碳喷放至所保护的区域，使其中的氧气浓度急速下降（稀释）至一定程度，并产生窒息作用，使燃烧无法再继续进行下去。但此种灭火机理会严重影响停留在保护区域中的人员生命安全及健康。

烟烙尽气体灭火系统的优点是：灭火药剂由大气中的气体组成，符合环保要求；保障现场工作人员的生命安全；不会产生任何酸性化学分解物，对精密贵重的设备无任何腐蚀作用。因此，该系统成为目前世界上最流行的气体灭火系统。

气体自动灭火系统虽然有多种但其主要组成部分都是相似的，均由管网系统及报警控制系统两大部分组成。FAS与气体灭火系统联网示意图如图6-10所示。

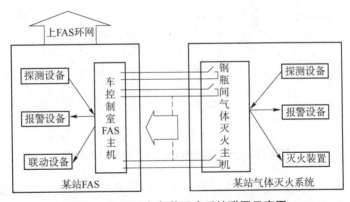

图6-10　FAS与气体灭火系统联网示意图

根据消防设备选用情况的不同，一般来说，地下车站以及控制中心的主要设备机房设有气体灭火系统保护。气体灭火系统主要包括控制主机、探测设备、报警设备、灭火装置等。气体灭火系统相对独立。气体灭火系统的控制主机将系统故障信号、每个防护区的预警信号、火警信号、系统状态信号、气体释放信号发送给FAS主机，在气体灭火保护区有火灾时通过FAS主机实现一些联动设备动作，并通过FAS主机与控制中心火灾报警控制系统联网。

（二）自动喷水灭火系统

"自动喷水灭火系统"是一个专业术语，特指由洒水喷头（开式/闭式）、报警阀组、水流报警装置（水流指示器或压力开关）等组件，以及管道、供水设施组成的自动灭火系统。此系统应能在初期火灾阶段自动启动喷水，以达到灭火或控制火势发展蔓延的目的。自动喷水灭火系统是目前国际上应用范围最广、用量最大、灭火成功率最高、造价最为低廉的固定灭火设施，并被公认是最为有效的建筑火灾自救设施。按照系统的组成与技术特点，此系统可划分为湿式、干式两大类。

（1）湿式灭火系统：湿式系统（水喷雾系统）的自动喷水是由玻璃喷头的动作而完成的，当发生火灾时装有热敏液体的玻璃球由于受热，因压力增加而爆裂，密封垫脱外，喷出压力水，同时，压力开关动作，将水压信号变为电信号起动喷水水泵保持水压。喷水水流接通水流开关，其浆片随水流动作，接通延时电路，发出电信号给控制中心，以辨认发生火灾区域。整个湿式自动喷水灭火系统示意图如图6-11所示。

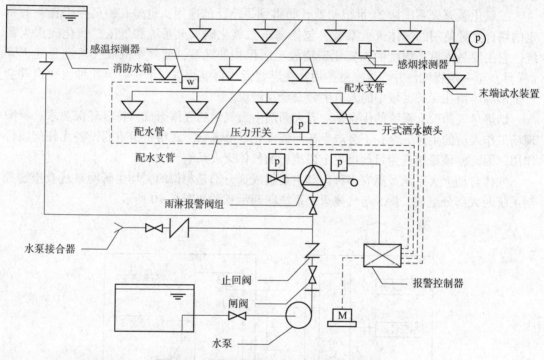

图6-11　整个湿式自动喷水灭火系统示意图

（2）干式系统：干式系统的工作原理基本上与湿式系统相同，不同之处在于干式系统平时管道内没有水，适用于寒冷地区有冰冻的场所。

第五节　出入口控制系统

出入口控制系统又称门禁系统，是在人进出重要通道的时候，进行适当级别的权限鉴别，以区分是否能通过的一种管理手段。

城市轨道交通门禁系统可保证授权人员在受控情况下方便地进入设备及管理区域，防止非授权人员进入限制区域，同时通过对进出人员信息的采集实现考勤、巡更、人员定位等管理，并且可以与自动售检票系统、公交卡系统、监控系统、火灾报警系统等实现联动，从而实现智能化管理与防护。

一、门禁控制系统概述

门禁控制系统（Access Control System，ACS）简称门禁系统，一般可以通过卡片、指纹、虹膜（眼睛）来识别来人的身份，从而判断来人是否有权限进入。城市轨道交通门禁系统属于大型门禁系统，它具有控制点数多、数据通信量大、数据传输距离远、联动设备多、安全性能要求高等特点。设置门禁系统对车站设备管理区通道门和设备管理用房进行统一监控和管理，同时可用于工作人员的考勤自动化管理，提高运营管理水平。

随着网络技术的发展和广泛的应用，门禁系统的发展也由传统的主从式智能门禁系统模式转换为基于 Internet 的远程、网络控制模式。门禁管理系统由单一的门禁控制管理功能发展到集计算机技术、通信技术、自动识别技术、机械工程和安全管理的大型门禁综合管理系统。门禁系统示意图如图 6-12 所示。

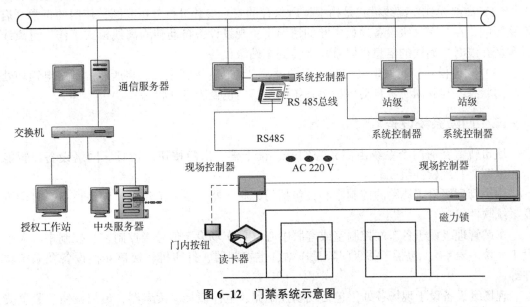

图 6-12　门禁系统示意图

（一）门禁系统的功能

门禁系统的功能有中央级、车站级和就地级功能三种。

（1）中央级功能：中央级管理工作站实现对各车站（区域）内所有门禁终端的监控。主要功能包括：

①监视、控制车站级设备的运行。

②门禁卡授权管理及发卡功能。

③利用不同的操作密码，实现不同级别的操作权限。

④系统报表生成。

⑤实现维修管理功能。

⑥具有与中央主时钟同步的功能。

（2）车站级功能：

①每个车站设置一台门禁工作站，对本站范围内的门禁设备进行实时监控管理。

②车站级工作站应能模拟门禁终端的布置，图形化地监控各门禁终端的通信状态、运行状态及故障情况。

③当非法操作及故障时，车站级工作站上应能及时给出报警信息。

（3）就地级功能：

①就地控制器读取车票内的授权信息，向电子锁发出动作信号，由电子锁执行门的升启和锁闭操作。同时应具有本地存储功能。

②检测电子锁及门的开启状态，就地设备应能接受时钟信息。

③具有通信口的现场设备通过现场总线和就地控制器相连接，实现数据的通信。

④当就地控制器不工作时，门的状态必须为开启，以此避免发生火灾或控制器损坏使门无法开启的情况发生。

（二）门禁系统的现场设备运作模式

（1）在线模式：在线模式下，全线各车站处于正常的运行状态，门禁系统的所有设备处于正常的工作状态。门禁控制器将信息上传到车站级设备，并接收车站级设备的指令。

（2）离线模式：离线模式是指根据所保存的安全参数进行分析判断，使门的正常开启不受影响。在与车站级设备通信中断的情况下，现场设备自动转为离线模式工作，且离线后重新在线时，离线的信息可以重新上传到车站级设备。

（3）灾害模式：当发生火灾时，现场设备自动转为灾害模式。将所有设备房电锁均处于开门状态，与此同时，自动售检票系统的闸机门也处于打开状态。

二、门禁系统设备

城市轨道交通门禁系统由门禁控制器、读卡器、出门按钮、锁具、网络设备、智能卡、电源、管理软件组成。

中央管理级设于线路的控制中心，包括门禁服务器、授卡工作站、网络设备、打印机及系统软件等。

车站管理级设于各车站控制室或客服中心（停车场设于信号楼控制室、控制中心大楼设于大楼值班室），包括车站级门禁工作站、主控制器、打印机、接口转换设备及系统软件等。

现场级设备设于现场各处，包括现场控制器、电控锁具、读卡器、出门按钮、紧急破碎玻璃按钮等。

（一）读卡器

读卡器是将读取到的卡片信息进行鉴证、识别，并将数据处理上传至门禁控制器，由门禁控制器发出相关工作指令，门锁执行动作。

卡片通过读卡或读卡加密方式来识别进出权限，按卡片的种类可以分为磁卡和射频卡，从材质和外形，又分为薄卡、厚卡、异形卡。

（二）卡片

（1）磁卡：采用接触式读取卡片的信息，其特点是成本低、读卡设备易磨损、使用寿命短、卡片易复制、卡片信息容易在外界磁场下丢失导致卡片无效。

（2）射频卡：射频卡采用非接触方式与读卡设备进行数据交换，一般采用13.56 MHz的频率进行数据交换。射频卡的特点是方便安全、使用寿命长、卡片很难被复制、卡片信息能保存 10 年。射频卡可以分为 Mifarel 卡、Motorola 卡、EM 卡、HID 卡、Legic 卡等。

（三）控制器

控制器是整个系统的核心，负责整个系统信息数据的输入、处理、存储、输出，控制器与读卡机之间的通信方式一般均采用 RS485、RS232 及韦根格式。

（1）控制器监控车站级工作站的运行状态，收集车站级工作站的运行状态数据，以及对数据库建立、备份、清除；门禁卡授权管理功能设置车站系统运作参数，下达运作命令及设置系统运行模式到各个车站；紧急状态下可以解除车站门禁状态。

（2）卡片管理功能：发卡、退卡、挂失卡。

（3）记录管理功能：对操作信息、报警信息进行实时记录、历史记录；进行故障查询和分析，可以自行编辑报表，也可自动生成日、周、月、年的报表；进行档案资料的记录和存储。

（4）网络监视管理功能：对系统及网络具有在线监视、自诊断、自恢复及在线修复功能，并可显示网络负荷情况。

（四）门禁控制器

门禁控制器通常可分为一体式和分体式。一体式即控制器与读卡器连成一体的门禁设备，它具有体积小、功能简捷、安装简易等特点，在民用建筑上使用较多；分体式即控制器与读卡器分散独立安装，特点是接线较多、复杂，体积较一体式大。

（五）锁具

锁具是整个系统中的执行部件，目前有三大类：电锁口、磁力锁、电插锁。一般根据用户的要求和门的材质进行选配，电锁口一般用于木门，磁力锁用于金属门、木门，电插锁相对来说应用较为广泛，各种材质的门均可使用。作为执行部件，锁具的稳定性、耐用性是相当重要的。

电子锁易采用断电释放式的磁力锁及可起到防盗作用的电子阴阳锁，在火灾时全部断电释放。

（六）紧急开门按钮

紧急开门按钮直接接在电锁的供电回路里，安装方式与门锁的安装有关，在打碎玻璃后应保证电锁处于打开状态，在紧急情况下能保证疏散通道畅通。

（七）电源

电源设备是整个系统中非常重要的部分，如果电源选配不当或出现问题，整个系统就会瘫痪或出现各种各样的故障，但许多用户往往会忽略电源的重要性。门禁系统一般都选用较稳定的线性电源。

三、自动售检票系统

自动售检票系统（Automatic Fare Collection，AFC）是国际化大城市轨道交通运行中普遍应用的现代化联网收费系统，随着自动售检票系统的启用，乘客现在可以通过各入口处的自动售票机购买电子票。

自动售检票系统可实现轨道交通售票、检票、计费、收费、统计、清分、管理等全过程的自动处理，通常包括自动控制、计算机网络通信、现金自动识别、微电子计算、机电一体化、嵌入式系统和大型数据库管理等高新技术的运用，是乘客直接面对和使用的一套系统，一定程度上代表着运营企业的形象。

自动售检票系统的自助服务功能有：

（1）在原有人工售票的基础上，增设了自动购票机，实现了乘客自助购票，可减少排队等候时间。

（2）增加了自动查询机，方便乘客自助查询。

（3）增设了"一卡通"卡自动充值机，实现自助充值，方便乘客。

自动售检票系统主要由线路中央 AFC 系统、车站 AFC 系统、终端设备和车票网部分组成。

（一）中央 AFC 系统

中央计算机系统（CC）是中央 AFC 系统的首脑机关，它是由一组计算机组成的几个服务器和几个工作站，共同完成服务器功能和系统运营管理的各项功能，主要包括中央主机（数据库服务器）、通信服务器、远程拨号服务器、中央工作站（监控、系统设置、数据库、网管工作站等），这些计算机通过集线器和网卡相连接。中央计算机系统的主要功能如下：

（1）收集及保存车站计算机上传的各类有关票务、账务、客流、车站设备运行状态等数据。

（2）监视和控制所有车站设备的运行状态。

（3）设置系统运营参数及系统运行模式，并下达给车站计算机和车站设备。

（4）按照设定的周期（日、月、季、年）处理和统计收集到的各类数据，生成相应的各类报表并打印。

（5）时钟同步功能。

（二）车站 AFC 系统

车站计算机系统（SC）是车站 AFC 系统的核心，主要负责把一个车站的自动售票机、人工售票机、人工补票机、进/出口闸机等 AFC 车站终端设备联系在一起。

车站计算机系统的主要功能如下：

（1）对车站设备的操作控制，包括关闭、开启及设置工作模式等。

（2）监视车站 AFC 设备运行状态。

（3）采集、保存相关信息。

（4）提供车站一级的票务统计，能以要求的格式和内容进行车站报表打印。

（5）自动完成与中央计算机及各终端设备的时钟同步。

（6）与中央计算机实时通信，实现实时中央数据下载、下发和车站数据上传。

（三）终端设备

终端设备包括出/入站检票闸机、自动售票机、车站票务系统、自动充值/验票机等现场设备。

（1）自动售票机（TVM）：自动售票机是乘客自行操作的自动售票设备，主要完成单程票的发售功能。乘客可根据目的地票价，在设备上选择相应的票价键，同时投入相应的钱币，设备即可自动将已格式化的卡进行编码发售。

（2）人工售补票机（BOM）：人工售补票机也称窗口式售票机（由人工参与的售票机），是由售票员负责操作设备发售车票。它的主要功能是发售所有种类的车票，还可对所有车票进行充值、分析、更新等处理。

（3）闸机（GATE）：闸机也称检票机，主要有进站检票机、出站检票机、双向检票机三种。检票机的主要功能是检查乘客所持车票的有效性，即检查该车票是否为本运输系统的车票，是否有值，是否在有效期内，是否信息码等。如果检查结果符合上述条件，则检票机在该车票上记录时间、站号、设备号、编上信息码等，提示乘客是进站、出站还是去补票亭更新。

（4）编码/分拣机：编码/分拣机通常安装在票务系统的制票中心，其主要功能如下：

①对新购入的票卡按各种类型进行初始化编码，即对购入的票卡编入本运输系统所持有的密码，只有经过编码/分拣机初始化的车票，才能被认作有效票。

②根据运营需求，还可以对票卡进行赋值，以满足各种各样运营需求。这类车票可直接出售使用。

③对从车站回收来的车票，如果各种类型的车票混杂在一起（有单程票、储值票、老人票、儿童票、多程票等），设备将自动对这样混杂在一起的车票进行分拣分类，可根据票种、票值，以及车票的批号进行分拣。

（四）车票

车票有单程票、储值票、特殊票等。

单一票价是指不论乘客乘坐里程长短或站点数多少都实行一种价格的票价制度。

计程票价制又分为按区间分段计价和按里程分段计价两种。按区间分段计价是指按乘客乘坐的车站区间数量实行多级票价，根据设定的基本起步价、起价区间、每个计价段所包含的区间数、每一计价段价格等进行票价的计算。按里程分段计价是指按乘客乘坐的运营里程长短实行多级票价，根据设定的基本起步价、起价里程、每个计价段所包含的里程数、每一计价段价格等进行票价的计算。

第六节　电梯系统

一、电梯系统概述

电梯系统作为一种方便快捷的运输工具，是现代城市轨道交通建设中必不可少的系统之一。电梯系统主要由自动扶梯、垂直升降电梯组成，它每天担负着运送大量客流的任务，其对客流的及时疏散起到了至关重要的作用。

在城市轨道交通车站中，自动扶梯的用途主要是解决乘客的快速疏散，即列车到达后，大量的乘客从候车站台向地面站台疏散。由于车站的候场站厅一般离开地面 5~7 m（浅埋式），甚至 7~10 m（深埋式），乘客的上下只能依赖楼梯，而自动扶梯则提供了一种自动输送乘客的能力，满足了乘客对乘降舒适度的要求。自动扶梯是由一台链式输送机和两台胶带式输送机组合而成的升降传送系统，用于在建筑物的不同楼层间连续运载人员上下。由于其结构特殊，无论从造型还是从工作特性上都与单一的链式或胶带式输送机有很大的区别。

与一般电梯不同的是，自动扶梯有连续输送功能，能够在较短时间内输送大量乘客，主要优缺点是：

（1）输送能力大，生产效率高，能连续运送乘客，特别适合于有大量人流汇集与疏散的场所，如商店、车站、机场、码头等，对地下车站尤是如此。

（2）自动扶梯能逆转，上下行都能运转，同时近来又出现了旋转式和平行式等新型自动扶梯，以满足不同场所的需要，甚至可以实现车站从候车站台到地面出入口的连续输送。

（3）与一般电梯不同，当停电或重要零件损坏需停车时，可用作普通扶梯。

（4）自动扶梯构成中有水平区段，产生附加的能量损失，提升高度较大时，乘客在自动扶梯上停留时间较长。

（5）造价较高。自动扶梯一般要求其运行安全、平稳、结构紧凑、可靠程度高，同时为提高自身的运行效率（运营的经济性），自动扶梯应该有智能控制的功能。

二、自动扶梯

自动扶梯是带有循环运动梯路向上或向下倾斜输送乘客的固定电力驱动设备。按驱动装置位置可分为：端部驱动自动扶梯与中间驱动自动扶梯。

端部驱动自动扶梯的驱动装置位于自动扶梯的头部，并以链条为牵引构件。它由一系列的梯级与两根牵引链条连接在一起，运行在按一定线路布置的导轨上。牵引链条绕过上牵引链轮、下张紧装置并通过上、下分支的若干直线、曲线区段构成闭合环路。该环路的上分支中的各个梯级应严格保持水平，以供乘客站立。上牵引链轮通过减速器等与电动机相连以获得动力。扶梯两边装有与梯级同步运行的扶手装置，以供乘客手扶之用。为了保证自动扶梯乘客绝对安全，要求装设多种安全装置。

中间驱动自动扶梯的驱动装置位于扶梯中部，并以齿条为牵引构件。一台自动扶梯可以装多组驱动装置，也称多级驱动组合式自动扶梯。运行时，电动机通过减速器将动力传递给两侧构成闭合环路的传动链条，每侧传动链条之间铰接一系列的滚子，滚子与牵引齿条的牙齿啮合，驱使自动扶梯运行。

自动扶梯主要由桁架、梯级、裙板、扶栏、驱动链、梯级链、减速机、电动机、主驱动轴、梯级链张紧装置、导轨、扶手带驱动装置、扶手带、梳齿板、控制系统、安全装置等组成。其中安全装置又包括以下部分。

（1）驱动链断链开关：驱动链过度伸长和破断时，能使扶梯停止。

（2）梯级下陷开关：梯级任何一部分下陷，能使扶梯停止。

（3）梯级运行开关：两梯级之间卡入异物，梯级滚轮运行迹象异常时，能使扶梯停止。

（4）梯级链张紧装置：在梯级链过度伸长或不正常收紧时或破断时使扶梯停止。

（5）梳齿板开关：能在水平和垂直两个方向对扶梯进行保护。水平动作力达 900~1 200 N 时水平开关动作；垂直动作力达 100~200 N 时垂直开关动作，扶梯停止。

（6）裙板开关：当有异物卡入梯级与裙板之间，使裙板受异常压力时，扶梯停止。

（7）扶手带断带开关：在扶手带破断时使扶梯停止运行。

（8）超速开关：超速至 1.15 倍额定速度时，控制制动器动作；超速至 1.3 倍时，附加制动器动作。

（9）扶手带入口开关：对扶手带入口部施加 10~30 N 的压力，能令该开关动作，扶梯停止。

（10）主、附制动器开关：制动器未完全释放或调整不当，扶梯不能启动。

（11）断相错相保护装置：主电源发生断相错相时，扶梯停止运行。

（12）扶手带速度监控装置：扶手带与梯级的速度差超出 0~+2% 并持续 10 s 时，向 EMCS 系统发出信号，这种速度超出 −5%~+5% 并持续 10 s 时，应使扶梯停止。

（13）地板安全开关：当扶梯地板被非正常打开时，扶梯停止运行。

（14）防逆转装置：在扶梯速度意外降低至额定速度的20%时，控制制动器动作；扶梯出现逆方向运行时，在速度为0前，附加制动器动作，使扶梯停止。

三、垂直升降电梯与楼梯升降机

（一）垂直升降电梯

曳引式垂直升降电梯一般采用引轮作为驱动部件，钢丝绳悬挂在曳引轮上，钢丝绳一端悬吊轿厢，另一端链接对重装置。电动机转动时轿厢与对重装置的重力使曳引钢丝绳与曳引轮槽之间产生的摩擦力，带动钢丝绳使轿厢和对重在井道中沿着轨道作上下相对运动。

垂直升降电梯包含其所依附的建筑物（机房和井道）和不同功能的八个系统组成。分别是：曳引系统、导向系统、轿厢、门系统、重量平衡系统、电力拖动系统、电气控制系统和安全保护装置。

（1）曳引系统主要由曳引机齿轮箱、曳引电机、曳引机制动器、曳引钢丝绳、导向轮及反绳轮组成，是电梯的动力传递系统。

（2）导向系统由导轨、导靴和导轨架组成。

（3）轿厢是运送乘客或货物电梯构件，由轿厢架、轿厢体和承重装置构成。

（4）门系统由层门和轿厢门组成。层门设在层站入口处，轿厢门与轿厢随行。

（5）重量平衡系统由对重和重量补偿装置组成。

（6）电力拖动系统由牵引电机、供电装置、速度反馈装置和调速装置等组成，对电梯实行速度控制。

（7）电气控制系统由操纵装置、位置显示器和选层器组成。

（8）安全保护系统主要包括防越层保护装置、上行超速保护装置、下行限速器、电气安全触点、强迫关门装置、缓冲器等。

（二）楼梯升降机

楼梯升降机是一种较新颖的设备，属于液压梯的一个分支。安装在车站站台到站厅和地面到站厅步行楼梯一侧，提供给坐轮椅的乘客上下楼梯使用。它主要由以下几部分组成：

（1）轮椅平台：由钢铁构件制成，其结构有足够的强度和刚度。平台包括钢板、安全护栏、活动板、安全挡板等。

（2）驱动机：采用直流电机，内有制动器，制动器断电抱闸，通电松闸，制动弹簧是压缩弹簧。

（3）导轨：固定在楼梯表面。导轨和支撑件采用钢铁制作，导轨单个部件不需要润滑。

（4）控制柜：放置在楼梯升降机的内部。包括直流电机、蓄电池、主电源开关、上行继电器、下行继电器、中间继电器、时间继电器、马达辅助继电器等。

（5）充电装置：将交流电整流成直流电后给蓄电池充电。指示灯功能如下：绿色指示灯，若充电装置电源供给正常，该灯始终亮；黄色指示灯，当蓄电池开始充电时，该灯快速闪烁，当电池充满电后，该灯慢速闪烁。

（6）低电源蜂鸣器：该声音信号用作电池需要充电时的提醒。

（7）安全装置：包括：限速器开关、侧板开关、底板开关、护栏开关、限位开关、极限开关、抱闸装置、旁通开关。

第七节　屏蔽门系统

一、屏蔽门系统概述

（一）屏蔽门系统功能描述

屏蔽门（Platform Screen Doors，PSD）系统是安装于城市轨道交通沿线车站站台边缘，用以提高运营安全系数、改善乘客候车环境、节约运营成本的一套机电一体化的机电设备系统，如图6-13所示。屏蔽门系统作为站台公共区与轨道列车之间的可控通道，其功能是：列车进站时配合列车车门动作打开或关闭滑动门，为乘客提供上下列车的通道。屏蔽门系统的使用，隔断了站台侧公共空间与轨道侧空间，避免了人员跌落轨道的安全隐患以及驾驶员驾车进站时的心理恐慌问题；隔离了列车运行时所产生的噪声、活塞风，保证了站内乘客良好的候车环境，并避免了活塞风所造成的站内空调冷量的损失，节省了运营成本，同时还可减少设备容量及数量，减少土建工程量等投资建设成本，产生了良好的社会、经济效益。

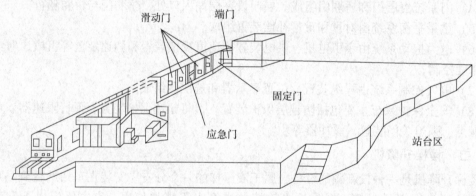

图6-13　屏蔽门系统示意图

屏蔽门系统设置有系统级、站台级、人工操作（或称手动操作）三种正常控制模式。系统级控制是执行信号系统命令的控制模式；站台级控制是执行站台PSL操作盘发出命令的控制模式；手动操作是站台工作人员在站台侧用专用钥匙解锁或由乘客在轨道侧推动解锁装置打开滑动门。此外，屏蔽门系统设置有火灾控制模式，即在相应的火灾模式下，车站值班人员在车站控制室操作消防联动盘控制开关，配合打开滑动门，疏散乘客和配合环控系统排烟。上述模式的控制优先权从高至低依次为人工操作（或称手动操作）模式、火灾控制模式、站台级控制模式、系统级控制模式。

屏蔽门系统具有障碍物检测功能，即滑动门关闭时检测到障碍物，会后退做短暂停止以释放夹到的障碍物，然后再关闭，从而避免夹伤乘客。

屏蔽门系统与车站机电设备监控系统（BAS）之间或主控系统（MCS）之间设有通信接口，用于传送屏蔽门系统运行状态、故障诊断信息，便于车站控制室人员、维修人员监视屏蔽门状态。

在站台监控亭设有屏蔽门系统监控器（PSA），车站工作人员、屏蔽门维修人员可在PSA上监控屏蔽门系统运行状态，查看/下载屏蔽门系统运行历史记录，修改、上载屏蔽门系统控制程序、参数等。

屏蔽门系统在站台设有应急门、端门。应急门一般当作固定门使用，在列车进站无法停靠在允许的误差范围位置时，必有一道列车门对准应急门，此时若需要由应急门紧急疏散，可由乘客在轨道侧列车上打开相对应的列车门后推动应急门的解锁装置或由站台工作人员在站台侧用专用钥匙打开应急门进行紧急疏散。应急门使用后必须确保关闭与锁紧。端门是车站工作人员通道，可在轨道侧推动端门推杆锁的解锁装置或由站台工作人员在站台侧用专用钥匙打开。

（二）系统相关术语缩写

（1）PSD-PLATFORM SCREEN DOORS，即屏蔽门，由屏封及门组成、控制及驱动系统组成，将站台与轨道间隔开，使站台成为封闭式，当列车进站停稳后开列车门时，开滑动门上下客，列车关车门时关滑动门。

（2）EED-EMERGENCY EXIT DOOR，即应急门，列车进站不能准确停靠时的紧急疏散通道。

（3）PED-PLATFORM END DOOR，即端门，车站工作人员由站台侧两端进入轨区侧的通道。

（4）ASD-AUTOMATIC SLIDE DOOR，即滑动门，是正常运行时乘客上下车的通道。

（5）PEDC-PIATFORM EDGE DOOR CONTROL，即屏蔽门主控制器。

（6）PSL-PSD LOCAI CONTROL PANEL，即站台操作盘，用于实现站台级控制。

（7）PSA-REMOTE WARNING PANEL，即屏蔽门监视器，用于监视屏蔽门状态及诊断屏蔽门故障状态。

（8）ATC-AUTOMATIC TRAIN CONTROL，即自动驾驶控制系统。

（9）EMCS-MECHANICAL&ELECTRICAL CONTROL SYSYEM，即机电设备监控系统。

（10）MCS-MAIN CONTROI SYSTEM，即主控系统。

（11）DCU-DOOR CONTROL UNIT，即门控制单元，安装于门机内，控制门单元运动，并反馈控制状态给PEDC。

（12）CAN-CONTROL AREA NETWORK，即控制器局域网，一种支持分布式控制和实时控制的串行通信网络。

（13）SMT-PSD SYSTEM MAINTAIN TOOL，即系统诊断软件工具。

二、屏蔽门系统构成与设备

屏蔽门系统是典型的机电一体化设备，由机械和电气控制两部分组成，集成了现代微机控制、伺服驱动、网络技术、UPS电源技术、钢化玻璃技术、精密机械技术。其构成大致由门体、门机、电源及控制系统等组成。

（一）门体结构

（1）支撑结构：包括（上、下底部）支承部件、门梁、立柱、顶部伸缩装置等构件，能承受屏蔽门的垂直载荷、隧道通风系统产生的风压、列车运行时形成的正负水平风压荷载、乘客挤压荷载等。

（2）门槛：包括固定门门槛和滑动门门槛。固定门门槛承受固定门的垂直荷载，滑动门门槛承受乘客荷载。门槛结构中有滑动导槽，配合滑动门滑动。

（3）滑动门：是正常运行时乘客上下列车的通道，有系统级、站台级、手动操作三种控制模式。由钢化玻璃、门框、门吊挂连接板、门导滑板、门胶条、（左滑动门）手动解锁装置等组成，门吊挂连接板设有滑动碳刷架，使金属门框接轨地。

（4）固定门：由钢化玻璃、门框等构成，门框插挂于立柱的方孔内，门框与立柱之间设有橡胶减震垫。

（5）应急门：由钢化玻璃、门框、闭门器、推杆锁等装置组成。

（6）端门：由钢化玻璃、门框、闭门器、推杆锁等装置组成。

（7）顶箱：包括铝合金型材（用于安装门机部件）、门楣、前后盖板、电缆线槽、密封胶等。

（二）门机构成

（1）DCU：门控单元。有电子式、气动式等多种类型，随着微机技术、微电子技术、电子功率器件技术的发展，现代的门控单元采用微机控制电子式门控单元，配置有模式转换开关接口、手动测试接口、门头闸锁接口、（可能有两路冗余）现场总线接口、关键信号硬线接口、配套电机电缆接口等。它具备自诊断功能，能与维护计算机连接，可进行测试、组态编程维护，从而实现了信息化、智能化及集成网络控制。

（2）电动机与减速箱组件：采用直流无刷伺服电动机、直流伺服电机等微特电机，带有霍尔传感器或光电编码器，或由 DCU 使用矢量技术，实现闭环控制及位置控制。由DCU 采用脉宽调制（PWM）驱动。减速箱减速用于减速及提高输出驱动力矩。

（3）传动副：是电动机与减速箱组件输出轴至门扇的传动机构，一般是皮带/齿轮式、螺杆式：

皮带/齿轮式：齿型橡胶皮带、滑轨及惰轮；门机内机械传动部件，实现牵引门扇运动；非对称门设有变速齿轮组，为窄型门扇提供相应的比例速度，以实现宽窄两门扇动作同步。

螺杆式：电动机与减速箱组件的输出轴经联轴器与丝杆连接，丝杆的螺距体现传动链上的变比，丝母与被驱动门扇刚性连接。

（4）门锁紧装置：包括闭锁检测开关（2个）、手动解锁检测开关（2个）、解锁电磁铁、凸轮（2个）、门锁支架。

（5）应急门检测开关：用于检测应急门开关状态，输入至 DCU，以及构成门单元的关闭与锁紧信号。

（6）金属电缆槽：包括通信线路线槽、控制线路线槽、电源供电线路线槽，位于顶箱之上。

（三）电源

（1）驱动电源 UPS：为门机提供门头电源，当外电中断供电时，能为断电后屏蔽门提供一定开关门次数的控制驱动能量，为车站人员提供应急处理的时间。

（2）控制电源 UPS：为系统控制线路提供电源，当外电中断供电时，能为屏蔽门控制回路提供不少于 30min 的后续能量，为车站人员提供应急处理的时间。

（3）系统配电柜（PDP 柜）：包括系统总开关、主隔离变压器、门单元分路负荷开关、各控制回路工作电源开关、车站低压配电接地保护等。

（4）屏蔽门与轨地：上下安装支架设有绝缘套，使屏蔽门金属构件（包括门槛、立柱、门机铝箱、盖板、门楣、滑轨、门扇框架等）与车站地绝缘。屏蔽门金属门体构件通过地线与轨道连接，使屏蔽门金属构件与列车车体等电位。

（5）站台绝缘地板：沿屏蔽门在站台侧及屏蔽门端门轨侧设有一定宽度的绝缘地板。

（四）电气控制系统

完整的屏蔽门电气控制系统（以标准车站为例）由主控机（PCS）、站台端头就地控制盒（PSL）、门机单元控制器（PEDC，每个PSC含有两个PEDC）、屏蔽门控制开关（PCS）、操作指示盘（PSA）、屏蔽门状态报警盘（PSAP）、声光报警装置、模式开关（自动/旁路/测试）、测试开关、门机控制器（DCU）、安全继电器、总线网络和硬线控制路等组成，以每个车站为单位构成一个完整的监控系统。

（1）主控机（PSC）。PSC是屏蔽门控制系统的核心，采用先进的工业控制计算机，具备与信号和EMCS的通信功能，能接收和发送信号系统以及DCU、PSL等内部设备的各种控制信号和状态信号。系统具有运行监视控制功能和自诊断功能。PSC操控简单，可通过PSA上的人机界面进行故障诊断调试，并留有与便携式计算机的接口，可连接便携式计算机，实现对系统进行编程、数据及程序下载、参数修改等编程控制功能。

（2）站台端头就地控制盘（PSL）。根据列车运行的需要，可以在站台靠列车行进方向的一端或两端设置，其布设位置应与列车正常停车时驾驶室的门相对应。PSL与单元控制器PEDC和门机控制器DCU之间均采用硬线连接，包括开门信号、关门信号、滑动门关闭锁紧等关键信号。当设置两个PSL时（列车有双向运行需求），这两个PSL具有同等优先级，当操作其中任意一个PSL时，另一个将失去控制作用。

（3）门机单元控制器（DCU）。DCU是滑动门电器的控制装置，它是门机系统的核心。每个滑动门均配置一个DCU，并安装在门体上部的顶盒内。DCU内装有一个微处理器，是存储数据、电动机速度曲线和软件的存储单元，并具有自诊断功能。DCU内还配置模式（自动/旁路/测试）开关控制输入接口、手动开/关门开关控制输入接口和门状态指示灯、两路冗余网络总线接口以及用于连接PSL、PEDC的硬线接口，并提供声光报警装置的I/O接口、开/关门指令的接口，可对相邻EED开关状态信号进行检测。

（4）声光报警装置。声光报警装置分别设置在每挡屏蔽门顶盒面板上。

（5）模式、测试开关。模式开关位于每挡屏蔽门的上方，具有自动/旁路/测试选择功能。当模式开关处于"旁路"状态时，该挡屏蔽门与整个屏蔽门控制网络脱离；测试开关能向DCU发出开/关门指令，用于对该挡屏蔽门进行测试；并且利用测试开关，能够对屏蔽门故障时发出的告警声进行消声。

（6）屏蔽门状态报警盘（PSAP）。PSAP布置在每个车站的站台控制室内；具有声光报警器，且有消声功能，能够对屏蔽门系统的状态进行实时监控。

（7）操作指示盘（PSA）。PSA布置在车站控制室内，它具有足够的存储单元，并通过网络接口连接至PSC，其MMI中文人机界面能显示各挡屏蔽门的开关状态和故障信息，并可通过PSA内置的编程/调试接口实现对系统进行编程、数据及程序下载、参数修改等编程控制功能。

（8）屏蔽门控制开关（PCS）。PCS位于车站控制室内，由相应钥匙进行控制，可以对屏蔽门的开关门动作进行控制，钥匙由车站值班员负责管理。

（9）现场总线（FIELDBUS）。现场总线是现场通信网络和控制系统的集成，现场总线技术在屏蔽门控制系统中起到关键的作用。屏蔽门控制系统采用网络技术，把挂接在网络上、作为现场总线节点的各设备，连接为网络集成式的全分布控制系统，以实现对屏蔽门的控制功能以及参数值更改、报警、显示、监视等综合自动化功能。屏蔽门控制系统网络如图6-14所示。

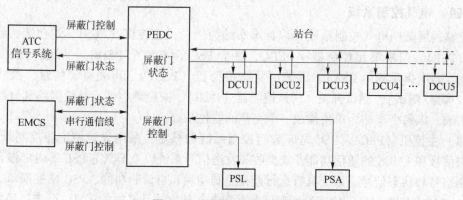

图6-14　屏蔽门控制系统网络

第八节　乘客信息系统

一、乘客信息系统概述

随着时代的发展以及城市轨道交通文化的丰富，现代城市轨道交通不再只是一种交通工具，它更多的是作为社会沟通与文化传播的窗口，为人们的出行、购物、娱乐、广告、通信等提供一个多样化的信息空间。乘客信息系统（Passenger Information System，PIS）在此背景下应运而生。

城市轨道交通的主要服务对象是乘客，PIS可以为乘客提供直观、高效和人性化的服务，通过正确的服务信息引导，使乘客安全便捷地乘坐轨道交通，同时极大地提高了城市轨道交通的服务水平、运营效率、应急处理能力及市场竞争力。另外，通过信息发布渠道开展广告等商业活动还可以获得额外的收益。

早期的PIS信息来自人工，只有简单的文字导向和宣传告示，引导乘客乘车；随着计算机网络技术的飞速发展，PIS采用最新的显示技术、先进的通信技术及智能的管理技术，使PIS成为相对独立多功能乘客服务系统。PIS是依托多媒体网络技术，以计算机系统为核心，基于SDH（同步数字体系）多业务接入的端到端IP数据和音、视频广播系统级技术。该系统利用数字电视技术与网络基础相结合。车站、车载显示终端由媒体向乘客提供信息服务。

正常状态下此系统播放乘车须知、服务时间、列车到发时间、列车时刻表、管理者公告、政府公告、出行参考、股票信息、媒体新闻、赛事和广告等实时动态的多媒体信息。紧急状态下中断其他信息的播出，在火灾、阻塞及恐怖袭击等非正常情况下，提供动态紧急疏散、救援指示。

乘客还可以通过触摸屏自行查询气象信息、换乘信息、车站周边情况、新闻等各种资讯，为广大乘客提供一个便利的信息平台，同时也给城市轨道交通运营公司带来新的商机。

PIS 项目的引入是以提高城市轨道交通运营和乘客服务水平为目标，通过引进先进的数字电子媒体以及互联网技术，为城市轨道交通乘客带来实时的运营服务信息和多元化商业广告资讯信息，极大地丰富和活跃城市轨道交通的品牌形象，增加城市轨道交通的社会和经济效益。

（一）PIS 基本要求

与城市轨道交通系统的供电、信号等基础系统相比较，PIS 体现了社会、科技的日新月异，也使得城市轨道交通文化更加融入人们的生活当中。新的需求也对 PIS 提出了不同于其他系统的要求：

（1）注重系统的科学化、合理化，从终端设备布置、软件体系开发及发布的资讯内容等方面充分考虑以人为本的要求，具备为乘客服务，便于操作人员管理、使用等特点。

（2）应考虑不同城市环境、不同城市轨道交通车站地理环境状况，甚至是不同的地域文化等特色，合理、有效地分布终端显示设备，规划信息显示，形成一套简洁完善的地铁乘客信息系统。

（3）信息的显示具有良好的优先级控制和分区控制功能，满足紧急情况下的需要。

（4）采用模块化的整体设计，各部件尽量遵从标准化、系列化和组合化的原则，可以根据使用需求进行灵活调整。

（5）车站视频及 LED 设备的显示效果应满足国家有关标准。

（6）充分考虑城市轨道交通系统通信、导向标识等系统的接口设计，确定显示终端数量和位置以满足乘客的需求，及时得到所需信息，又不与其他系统设备发生冲突和干扰。

（7）系统应对数据处理提供良好容错性。即使外部运行环境临界异常，仍能正常工作。

（8）系统软件应具有可扩展性、兼容性，软件界面设计应充分考虑运营维护人员的便利。

（二）PIS 概况

（1）PIS 功能：城市轨道交通运行信息主要是为了方便乘客乘坐城市轨道交通列车而设置的，主要显示下一列列车到站信息、列车时刻表、地铁票务票价信息等。这些信息从地铁自动列车监控系统自动获取，同时根据不同的需要，在站厅、站台内分别显示不同的内容。

PIS 包含信息发布系统及信息查询系统，操作员通过控制中心（OCC）和车站子系统的控制，在指定的时间，将指定的信息显示给指定的人群。PIS 的总体功能主要体现在下述几个方面：

①实时信息显示。PIS 的主要功能之一是实时显示各种信息。系统采用同屏幕多区域信息并行发布形式，使屏幕不同区域的信息根据数据库信息的改变实时更新。每个显示区域可以独立设置，实时信息的更新可以通过自动或手动由操作人员干预完成。通过中心信息管理工作站，操作员可以及时编辑指定的提示信息，发布至指定的终端显示屏，设置发放信息的优先级并指定信息是以特别形式或紧急形式发布。

②紧急疏散功能。PIS 提供应急功能——紧急灾难告警模式。通过 PIS 与消防、公安、监视系统等紧密结合，预先设置多种紧急灾难告警模式，一旦发生紧急状况，立即中断正常信息发布，通过声音与图像的形式提醒乘客紧急避险，指示正确的疏散通道。

③广告发布功能。PIS 提供了广告发布平台，可以播出文字、图片、影音多媒体等多

种形式的咨询信息，吸引乘客的注意力，提高城市轨道交通运营公司的运营效益。

④综合信息发布功能。PIS 提供信息查询功能，乘客通过触摸屏等终端设备，检索城市轨道交通公司宣传资料、地面交通信息、电子地图、网络广告、车船航班票价信息、旅游信息、酒店及宾馆资料等。

⑤时钟显示功能。PIS 提供与时钟系统的接口，可读取该系统的时钟基准，同步系统所有设备的时钟，并在播出各类信息的同时显示多媒体时钟。

⑥对终端显示设备有广泛的兼容性。PIS 能够良好地兼容多种终端显示设备，包括 LED、触摸屏、PDP、投影仪、LCD、CRT 显示屏等多媒体显示设备。

⑦全数字传输功能。PIS 从中心信号采集开始即采用全数字方式，所有信息经过视频流服务器处理和 IP 网关封包，转换成 DVB-IP 数据包，通过传输网络发送至各站，车站显示设备将数据包解码，转换成数字视频信号进行显示。

⑧友好的操作界面及完善的播放机制。PIS 软件应具备友好的操作界面。PIS 各站点信息的发布采用集中控制和自动播出方式，设立标准的时间表播放机制，包括周、日、节假日等。系统根据时间表自动播出，不需要有人值守。

⑨网管功能。PIS 具有网管功能，提供远程管理控制，可以实时监控各终端显示节点状态，并自动生成网络故障统计报表。

（2）系统支持的信息类型：

①换乘信息。为引导乘客安全快速地乘坐列车和离开站台到达地面，该系统在站厅、站台显示实时乘客疏导信息，引导乘客有秩序地候车和乘车，同时以最快的速度疏导乘客，保证地铁的运力最大化。

②政府公告。作为公众信息的发布平台，可以根据政府的宣传方针，在城市轨道交通中发布城市轨道交通公司和政府的重要公告和宣传信息。

③电视台节目、公益广告、商业广告等高质量的媒体节目。PIS 采用先进的数字电视处理技术，为乘客提供精彩纷呈的视音频节目。可以将电视台的信号接入本系统中，全部或者部分播放电视台的节目。例如，在城市轨道交通所有车站的站台、站厅，甚至在城市轨道交通车厢内都可以看到电视节目。系统还可以将一些娱乐节目结合公益和商业广告存储起来，按照事先编排好的顺序播放。该系统主要采用 LCD 液晶电视作为信息发布终端，使信息发布更加清晰，为乘客提供优质的娱乐服务，在提高地铁收益的同时，也提升了地铁的服务形象。

④天气预报等各类生活资讯。乘客在候车和乘车时，会有大量的空余时间，PIS 在这段时间内，可发布生活资讯，这些信息包括如下内容：全国天气预报、污染指数、地铁周边商业信息、旅游信息等，为乘客提供方便。

⑤临时通告和紧急通告系统在紧急状况时播放临时的通告和警示，引导乘客。在发生火灾、地震等重大灾害需要乘客迅速逃离时，通过这个系统可以随时中断所有或部分服务信息，播放与紧急状况处理相关的信息。由于城市轨道交通站台和站厅内面积较大，而且内部结构较复杂，各个位置的逃生路线各不相同，本系统可以针对站台的每个位置，设置不同的逃生路线，引导乘客迅速撤离，将损失降低到最小限度。

⑥股市行情、外汇牌价。系统可以将股票、外汇、期货等实时性非常强的信息在地铁车站进行播放，为乘客提供各类财经资讯。

⑦铁路、航班时刻表。系统可以同铁路和民航系统连接在一起，在城市轨道交通中播

放铁路和民航的时刻表，为乘客外出提供方便。

⑧车载视频监控子系统。目前，国际防恐形势日益严峻，西班牙的马德里地铁大爆炸和英国伦敦地铁大爆炸警示世人地铁运行和管理的安全性多么重要。建设 PIS 的项目方兴未艾，同时大家都注意到把车载视频监控也放到 PIS 来建设，可以减少两者业务承载网络的重复建设。车载视频监控系统可以实时地将车厢内的情况和驾驶员的情况传送到控制中心，控制中心可以任意调用图像来实时监控列车的情况，而且可以定期保存监控图像资料用于以后的分析和调查。

（3）系统信息显示的优先级。PIS 的每一类信息具备不同的显示优先级，高优先级的信息优先显示，相同优先级的按照先进先出的规则显示。具体的优先规则要求为，信息类型的优先级由高到低排列如下：紧急灾难信息、列车服务信息、乘客引导信息、一般站务信息及公共信息、商业信息。低优先级的信息不能打断高优先级信息，高优先级信息可以打断低优先级信息。后来的信息能够打断当前播放的信息。紧急灾难信息是最高优先级信息。

二、乘客信息系统的组成

（一）车站乘客信息系统

城市轨道交通车站乘客信息系统（PIS）由信息源、车站播出设备和车载传输设备组成。

（1）信息源：根据地铁运营要求接收采集旅客信息、公共信息、商业广告信息和有线电视信息、移动电视接收信息、时钟信号等，形成 ODBC 数据库接口。

信息编辑中心层：接收、存储和转发地铁外部信息。制作和发布广告列表时，按广告客户要求制订好广告列表，并下发到各个车站，然后定义本线模板文件，调度发布播放列表，监视本线系统运营。

车站播出控制层：接收发布乘客导乘及公共信息，通过播放控制器对本站或本线列车所有的 LED 显示终端和交互式多媒体查询机播放信息，并统一控制和管理，监视本站本车系统运营。

（2）车站播出设备：LED 液晶显示屏。

（3）车载传输设备：具有同一传送内容的断点续传功能，实现运行列车通过无线局域网及时有序地接收信息内容，并且车载设备利用车—地无线通信系统、有线传输网络将车上监视图像传递到控制中心。

（二）全线乘客信息系统

全线乘客信息系统是由中心子系统、车站子系统、广告制作子系统、网络子系统组成的，如图 6-15 所示。广告制作子系统负责制作、编辑广告，并将完成的广告片通过骨干网发送至中心子系统，中心子系统搜集外部信息源、广告制作子系统等处传来的信息，经编辑制作后通过骨干网传送到车站子系统，经车站子系统传送到 PIS 终端设备。从控制结构上分，PIS 又可以分为三个层次：中心播出控制层、车站播出控制层和车站传输至列车设备。PIS 结构如图 6-16 所示。

（三）中心子系统

中心子系统是 PIS 的核心部分，对外它采集整个 PIS 需要的外部信息资源，如地面交

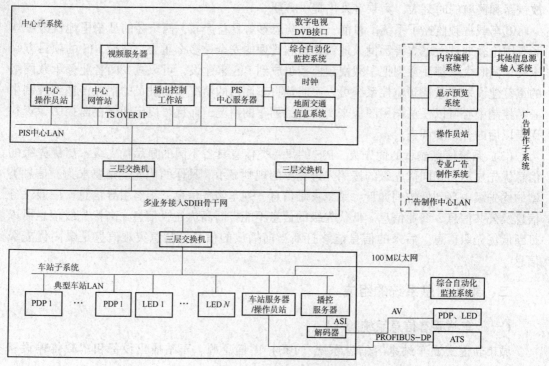

图 6-15　全线乘客信息系统

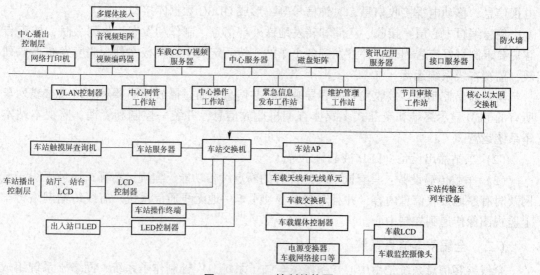

图 6-16　PIS 控制结构图

通路况、股票信息、天气预报等，对内它将所需的信息以及列车运行状况等进行整合、编辑以供使用，此外它还负责视频流的转换、播出控制、网络管理、PIS 设备工作状态的监控等工作。

中心子系统的主要设备有：中心服务器、视频流服务器、中心操作员工作站、播出控制工作站、数字电视设备以及网络的网管设备等。

（1）中心服务器：中心服务器是整个 PIS 的管理中心和信息交换中心。它的作用主要是：管理整个 PIS，包括所有工作站、用户的登入/登出，用户账号名称、权限、密码，共享冲突仲裁，中心公共信息的发布、编辑、保存等。它可以实时监控 PIS 所有工作站、终端显示设备的运行情况，智能判断系统设备故障并提供报警信号，创建并导入车站子系统、广告中心子系统的各种运行日志，包括告警日志、事件记录、用户操作记录、分类信息播放日志、外部系统导入/导出信息记录等；同步整个 PIS 各节点设备时钟信号；并可进行磁盘空间维护，具备日志数据自动导出备份、自动删除及可用存储空间报警等功能。

（2）视频流服务器：视频流服务器提供多路网络视频通道和存储空间。外部视频信号，如 DVB 数字信号、有线电视信号、DVD 和录像带通过服务器的上传通道上传到服务器中，广告制作子系统的视频文件通过数据网关上传到视频流服务器。视频流服务器在播出控制工作站的控制下，按照预定的播出时间表播出多路 DVB ASI 直播/录播视频信号，经 DVB-IP 网关复用为 DVB Over IP 数据包，通过 SDH 骨干网直接传送到各车站。

（3）中心操作员工作站：中心操作员工作站对终端显示设备具有最高操作控制优先级，它为操作员提供一个友好直观的操作界面。通过该工作站，具备超级管理员权限的操作员可以配置 PIS，包括各车站子系统的总体配置、各车站子系统工作站的配置、各车站子系统终端显示设备的配置、终端显示设备分组管理；配置和管理用户账号，包括用户账号的添加/编辑/删除、用户账号权限配置、用户组的管理、用户账号冻结/失效/激活/重置等。中心操作员可设置中心公共信息，如紧急灾难信息、紧急疏散信息、地铁公益信息等，并根据需要设置查询条件、排列顺序等。

（4）播出控制工作站：播出控制工作站对乘客信息系统的所有播出设备（包括中心的视频服务器、视频切换器、上载录像机、车站终端显示设备等）进行集中播出管理。播出控制工作站提供成套定时播出功能，对所有设备的开机、关机，播出列表的编制，播出的启动通过网络进行统一管理，从而可以达到各车站无人运行值守的目的，降低人为操作带来的失误和故障。如夜间停播时，播出控制工作站自动将第二天各站点需要的播出列表发送到各站点播出控制工作站，进行播出准备。

（5）数字电视设备：数字电视设备可以采用 DS3 信道直接播出，也可以采用 MPEG-2 Over IP 的方式，通过 TCP/IP 网络播出。

（6）网络的网管设备：中心子系统实际上是基于以太网构架组成的，其核心是一台具有三级交换功能的网络交换设备。

（四）车站子系统

车站子系统主要负责管理车站内的 PIS。它集中监控本车站内的系统设备，接收中心子系统的数据，并分发至车站内的 PIS 每一显示终端，除此之外还负责外部系统数据的导入、导出，控制站内 PIS 每一显示终端的信息发布和站务信息的编辑保存。

PIS 车站子系统设备主要包括：车站服务器、车站操作工作站、显示控制器及各类显示终端。

（1）车站服务器：车站服务器上行与中心服务器进行数据传输，下行则集中管理本站内的所有车站操作工作站、显示控制器、终端显示设备。它的部分工作与中心服务器类似，如管理本站内的 PIS 设备，实时监控站内所有工作站终端设备，创建、导入显示控制器的日志数据，维护磁盘空间，管理站内 PIS 与外部系统的接口等。此外它还具备一些其他作用：

①与中心服务器实时进行本车站内各种 PIS 设备配置数据的同步。

城市轨道交通概论

②从中心服务器、广告制作子系统接收控制命令和数据，集中转发至站内的终端显示设备，进行解释执行。

③定时向中心服务器上传本车站设备所有的日志数据。

④具有网络流量控制机制，车站服务器在任意设定的非网络繁忙时间，向显示控制器发布时间表和播放节目数据。这一功能可避免显示控制器在网络繁忙时从车站服务器下载数据量庞大的信息流，造成网络拥堵，影响系统其他功能的正常执行。

⑤自动从中心服务器读取时钟信息，作为车站子系统的时钟基准。

⑥提供一定存储空间，用于存储和实时输出从中心子系统视频流服务器实时下载的视音频素材。

（2）车站操作工作站：车站操作工作站为 PIS 提供车站级控制功能，它的功能与中心操作员工作站相同，但只为本站 PIS 设备提供服务，可以看作是一个缩小化的中心操作员工作站。与中心操作员工作站不同的是，它采用了地图式的监控界面，将站内各终端设备显示为地图上的一个节点，直接显示本车站内所有终端显示设备的工作状态及故障告警位置，使操作员工作站更便捷、直观。

（3）显示控制器：PIS 采用各种不同的显示终端设备，故存在着对应的显示控制器，如等离子显示控制器、LED 显示控制器、触摸屏、LCD 显示控制器等，所有显示控制器的功能基本上一致，作为车站播出设备控制层，它具备以下功能：

①每一个或一组终端显示设备配备一个显示控制器，以实现每一个或每一组终端显示设备可靠自主的显示独立指定的内容，并智能地处理各种异常情况。

②根据终端设备的不同，支持不同格式文件的显示，如 LED 显示控制器支持文本动画、图像动画、AVI 影视文件、数字时钟的显示，而 PDP 具备 MPEG-2 影视文件、各种常用文本格式文件、网络视频流、网页、模拟时钟的显示等。

③支持动态分屏播放模式。屏幕的子窗口结构、布局配置、分辨率等能够根据时间表的预先设定，动态地改变。布局的改变不需要重新启动机器。

④支持 8 个以上的子窗口分屏播放模式，每一个分屏子窗口能够单独进行设置，能够独立播放各自的节目序列，且能够播放所有系统支持的节目类型。

⑤具有容错功能，当网络发生故障时仍能正常工作。

⑥具备自动维护功能，可以自动删除无用的节目数据，自动导出、上传并删除各种日志数据。

（五）乘客信息系统的接口

从某种角度来看，乘客信息系统好像是一个邮递员，它接收了城市轨道交通内外不同系统的各种信息，经过其自身处理后以不同的方式提供给使用者，所以 PIS 的资源越多，提供的信息量也就越大，也就能提供更好的服务。PIS 与地铁中其他系统的接口主要包括：

（1）与 ATS 的接口：

物理接口。PIS 与 ATS 的物理接口采用 PROFIBUS-DP 从站。在 PIS 的车站服务器中装有 PROFIBUS-DP 从站接口卡，选用 PCI 总线插卡。传输方向为单向传输，从 ATS 到 PIS。

功能需求。通过预先定义好的命令帧格式，PIS 可以检测接收 ATS 发送过来的命令，显示播放行车信息。车站操作员可以预先设定各种 ATS 命令的响应处理，如 ATS 发送来列车阻塞信号时，系统自动将此信息解释传输至各站台显示屏显示。

（2）与综合监控系统的接口：

物理接口。PIS 与综合监控系统（或 BAS）的物理接口采用以太网 TCP/IP 接口。车站服务器安装两块网卡，一块与 PIS 的交换机连接，一块与综合监控系统车站以太网的交换机连接；也可以通过虚拟子网的划分，将 PIS 的车站交换机和综合监控系统的车站交换机直接相连，实现可控通信。

功能需求。PIS 检测接收综合监控系统发送过来的命令，显示播放指定的一些站务信息和紧急信息。由综合监控系统发送给 PIS 的信息有：

警报信息；

一般站务信息，如"1 号出入口电梯维修暂停使用"等信息；

紧急站务信息；

一些提前定义的触发播放信息；

站内环境温湿度信息；

站外环境温湿度信息；

非正常运营模式信息。

由 PIS 反馈给综合监控系统的信息有：

PIS 的设备状态信息；

PIS 的工作状态信息。

（3）与时钟系统的接口：PIS 与时钟系统的物理接口采用 RS422。在 PIS 的中心服务器中安装有 RS422 接口，实现 PIS 与时钟系统数据通信。在中心子系统由中心服务器从时间系统读取时间同步信息。从时钟系统到 PIS 进行单向传输。

（4）其他接口：

与网络系统的接口，接入地铁骨干网系统；

与地面交通信息系统的接口；

与数字电视系统的接口；

与气象信息系统的接口；

与证券系统的接口。

三、导向标识系统

（一）概述

城市轨道交通车站内导向标识系统的主要功能是引导乘客安全、顺利及迅速地完成整个车站的行程，避免乘客滞留在车站内引起拥塞。在紧急疏散时，导向标识必须能清晰地引导乘客顺利地离开危险区域及车站。城市轨道交通车站中的导向标识系统具有两重性：一是具有指令性交通标识的作用；二是具有引导性标识公共设施符号标识的功能。城市轨道交通车站作为交通建筑的一种，在客观上要求使用者能够快速移动，并能最大限度地减少使用者的无效停留时间，所以科学合理地使用标识系统，也是提高城市轨道交通服务质量、体现管理水平的重要手段。

城市轨道交通导向标识涉及面广，目前在全世界范围内还没有一个明确统一的国际标准，不同国家、地区、城市根据其不同的文化特征、生活习惯、乘客心理、传统禁忌而各不相同，如伦敦、巴黎、东京、香港等城市轨道交通的标识系统设计上就各不相同。但有些国际公认的准则为大家普遍所采用，如标识颜色，红色表示禁止，蓝色表示命令，绿色

城市轨道交通概论

表示安全；安全警告的标识图案也采用了国际通用的图案，如"禁止吸烟"的图案等，这些在我国地铁的导向标识中均很明确地使用。我国对于主要引导乘客的标识文字，采用了中英文两种文字，对每一个人（包括外国乘客）传递同样的资讯，不能产生歧义，因此除车站站名外，中英文对照不能采用音标的翻译。这也是我国城市的文明程度、开放性和国际化的具体体现。

导向标识系统的运用在人们的生活中随处可见，其设备从小型的不锈钢、塑材标志，到大型灯箱，采用反光材质、太阳能节能措施的标识牌等，其类型、材料、大小不一，从普通的到采用高科技技术的，各式各样、五花八门，但标识系统总的发展趋势是朝着更加科学合理化、人性化、节能化的方向前进，随着时代、文化地域的不同而呈现不同的特色。

（二）导向标识系统的设置原则

导向标识系统设置的合理性包含两方面的内容：第一，标识必须设置在城市轨道交通车站最科学的位置，并能为使用者提供在此位置最需要的信息；第二，合理设置的标识应能"主动"地为使用者提供其所需的信息，而非使用者寻找标识来获取其所需信息。前者建立在行为学、地下空间环境心理学等基础理论之上，而后者则建立在人体环境工程学的基础理论之上。城市轨道交通系统的导向标识设置原则如下：

（1）车站服务标识应设置在乘客最需要引导的位置，内容与设置位置相对应，为乘客提供在该位置满足其行为的最需要的信息。

（2）以选择目的地、行动、确认目的地各个阶段的信息需求进行系统化的综合设计。

（3）导向标识应设置在通道及人流通行区域的中心线上，并与人流方向相垂直；在导向标识的宽度范围内，禁止设置商业广告及其他与服务标识内容无关的任何设施。

（4）导向标识系统的设置以进站乘车，下车出站以及站内换乘等行为为基础，使车站内部设施、观光及过街等标识在不同位置满足乘客对信息的需求。

（5）在人流的交叉点、分流点以及人流的转向处，必须设置相应的导向标识。

（6）辅助导向标识、提示与警告标识等宜平行于客流方向设置，且在距此类标识内，不应布置广告。

（7）在售票处、检票口、出口、站台等人群流动必须停顿处以及卫生间、公用电话等设施处，设置相应的定位标识以及与此相关的地面信息标识。

（8）城市轨道交通车站必须设置独立供电的防灾导向标识系统，由紧急出口导向与紧急出口定位标识组成，紧急出口导向标识应尽可能采用单向导向标识。

（9）消防标识应考虑地铁所在城市的特点，不仅符合国家相关规程、规范要求，还应遵守所在城市的相关消防规定。

（10）组合标识中最重要的信息应布置在标识的中央，同一标识信息的种类不宜过多。

（三）导向标识系统的分类

（1）按标识体系分：

导向标识：指标识系统中引导旅客前往进站口、检票口、出站口、紧急出口等地点及行车方向、换乘导向标识的标识板。

定位标识：指标识系统中的地铁站标识、站名标识、补票定位标识以及洗手间、电话、银行、站务室、警务室、电梯、紧急出口等所在位置的标识板。

信息标识：指出口关闭时间表、列车时刻表、运营网络图、行程路线图、运营时刻表、运营线路资费图、乘车位置标识、线路标识等。

提示标识：指标识系统中的通行提示、注意、禁止吸烟、禁止奔跑、禁止危险品、禁止饮食、禁止携带动物、报警设施等标识。

（2）按安装方式分：悬挂式、贴附式、镶嵌式、柱立式。

（3）按照明方式分：

内部照明式：指通过配电后，采用荧光灯、LED 等光源在标识内部直接或间接照明的导向标识灯箱、消防应急标识等。

非照明式：指不通过配电，采用不发光，蓄能自发光或反光形式的标识板。

（4）按设置位置分：站内标识、各出入口标识、地面引导标识。

第九节　机电设备监控系统

一、机电设备监控系统概述

对于"机电设备监控系统"的翻译，各地铁公司有所不同，有些公司翻译为 Building Automation System（BAS），而有的公司翻译为 Electrical and Mechanical Control System（EMCS），还有的翻译为 Main Control System（MCS），本书采用 BAS 的翻译方式。

BAS 是以计算机为基础的自动化系统，通过计算机系统对所控设备的运行情况进行实时监控与动态跟踪分析，同时根据运营要求对这些设备的运行发出相应指令进行动态调整。系统主要由工作站、服务器、各种设备控制器、终端设备、交换机及网络系统组成，对通风空调系统、消防报警系统、给水排水设备、自动扶梯、照明设备、屏蔽门系统等的运行状态进行实时监控；对设备的运行进行远程控制；对空调系统进行节能控制；在火灾发生的情况下，可接收火灾报警系统（FAS）的报警信号，自动控制所有设备转入防灾工作模式，控制排烟风机、通风机、气体灭火装置、消防水系统协调工作，以保证人员和设备的安全。

BAS 的目的就是对车站机电设备进行自动化监控及管理；为乘客和运营人员提供舒适的环境；节约能源，降低运营费用。系统的设计原则：安全、可靠、节能。

二、机电设备监控系统设备

机电设备监控系统是从楼宇自控系统（Building Automation System，BAS）的概念引申而来的，楼宇自控主要是针对大楼的环控设备进行自动控制，城市轨道交通行业的 BAS 除了对环控设备进行监控外，还增加了其他一些设备系统。一个典型车站的 BAS 控制的对象通常包括：环控系统（冷水机组、冷却水泵、冷冻水泵、冷却塔风机、空调机组、空气处理机、风机盘管、新风机、送风机、回排风机、TVF 风机、射流风机、U/O 风机、联锁风阀、电动防火阀、全电动防火阀、二通调节阀、压差调节阀、温度传感器、湿度传感器、压力传感器、流量传感器、压差传感器等），给水排水系统（水泵、电动蝶阀），照明系统（照明回路、事故照明），人防门系统，电梯系统，自动扶梯系统，屏蔽门系统。还有一些设备也会逐步纳入机电设备监控系统，所以 BAS 已经是一个比较成功的集成系统。如果以 BAS 为基础，纳入更多的其他系统，则可以成为一个典型的城市轨道交通综合监控系统（ISCS）。

城市轨道交通 BAS 由设置在控制中心的中央级监控系统、设置在各个车站车控室的车站级监控系统及就地级监控设备组成。系统网络结构分为车站监控系统局域网、城市轨道交通骨干网和 OCC（控制中心）局域网。车站监控系统局域网与 OCC 局域网均采用冗余的高速以太网，局域网之间通过骨干网进行数据和命令的传输。由于地下车站的环控设备系统复杂、耗能多，而地面和高架车站的环控设备系统简单、耗能少，所以地下车站应设置 BAS，地面和高架车站一般不设 BAS。BAS 的控制范围示意图如图 6-17 所示。

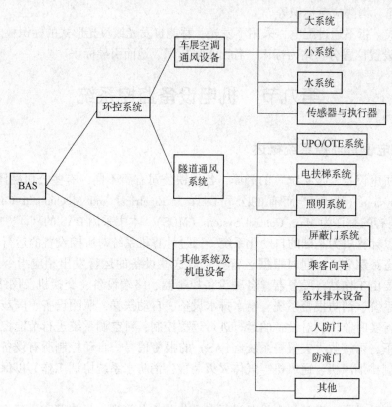

图 6-17 BAS 的控制范围示意图

（一）BAS 的组成

系统架构：BAS 一般分为中央级、车站级和就地级三个层次。BAS 的网络构成图如图 6-18 所示。

（1）中央级监控系统：中央级监控系统由中央级局域网络组成，网络内包括主/备监控工作站、主/备服务器、档案管理计算机、打印机服务器、通信转换接口、打印机、大屏幕显示系统等设备。中央级监控系统设备在集成系统中也可作为其他系统的设备来使用。

①中央级局域网：采用高速工业以太网，网络冗余配置，采用 TCP/IP 协议，通信速率为（10 Mbit/s）/（100 Mbit/s），通信介质为同轴电缆或五类双绞线。中央级局域网把控制中心的所有 BAS 设备联系起来，通过城市轨道交通骨干网实现中央级局域网与车站 BAS 局域网的连接。

②中央级监控工作站：在控制中心配置两台监控工作站，执行 BAS 监控和数据采集功能，主要用于环控调度员的日常环控设备操作、监视和调度管理工作。

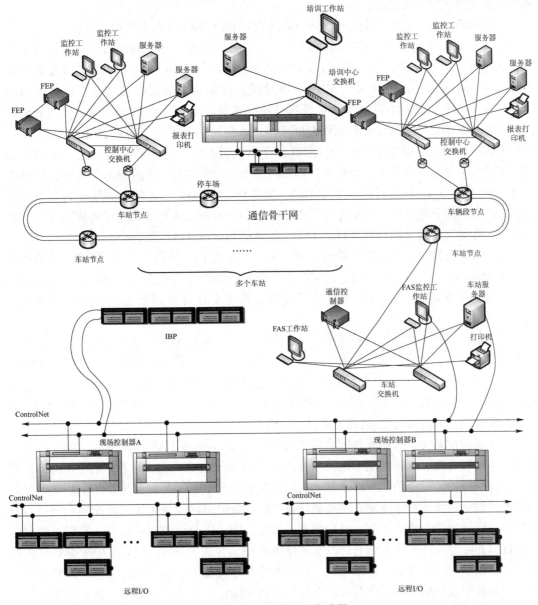

图 6-18　BAS 的网络构成图

③服务器：采用冗余的两台服务器，实现全线数据的管理。

④维护工作站：主要供维护工程师在控制中心从事全线 BAS 软件的维护、组态，运行参数的定义，系统数据库的维护及用户操作画面的修改、增加，故障的检查和资料查询等，实现 PLC 系统程序及各监控站流程图、数据库等远程上载、下装、监视及修改功能，满足远程系统维护的要求。

⑤打印机：实现事件打印、报表打印和日常维护管理打印功能。事件打印机用于操作记录、事故记录、报警记录、测量数据的实时打印；报表打印机用于各类数据报表的定期打印，同时还有图表的输出打印。

⑥大屏幕系统：可与其他系统共用，用于显示全线各站被监控设备的工作状态，便于

调度人员及时了解设备情况。

⑦不间断电源：在控制中心设置不间断电源，保证 BAS 供电电源稳定可靠。

（2）车站级监控系统：车站级监控系统建立在开放的、高可靠性的冗余交换以太网上，局域网上设有车站监控工作站（车站服务器）、车站控制器（主控 PLC）及综合后备控制盘（Integrated Backup Panel, IBP）。车站级监控系统主要监控隧道及车站的通风系统、空调大系统、空调小系统、冷水系统、照明系统、给水排水系统等设备；监测公共区、设备室等地点的温湿度；并配置与屏蔽门、人防密闭隔断门、自动扶梯、电梯、FAS 的数据接口，对上述设备进行监控；同时在车站控制室设置综合后备控制盘（IBP），实现紧急状态下对环控设备的手动模式控制。网络由一台车站监控工作站进行管理，信息通过打印机打印。BAS 同时将站内其他系统，如 FAS、SCADA 系统的有关数据纳入监控范围，BAS 和站内其他系统一起同车站服务器按 Client/Server 结构方式构成集成系统，各系统之间的数据交换通过局域网进行，所有过程数据共享在软件服务器中。

①车站局域网：采用高速工业以太网，网络冗余配置，采用 TCP/IP 协议，通信速率为（10 Mbit/s）/（100 Mbit/s），传输介质为光纤、同轴电缆或五类双绞线。车站局域网把车站的所有 BAS 设备连接起来，并通过城市轨道交通骨干网实现与中央级局域网的连接。

②车站级监控工作站：负责正常及事故情况下对车站各系统设备的监视、管理、控制指令发出。监控工作站接入冗余车站局域网，并通过城市轨道交通骨干网与中央级 BAS 监控工作站通信，接受并执行中央级 BAS 监控工作站发出的控制命令，并将设备运行状态信息上传到中央级监控工作站。同时车站监控工作站接收和处理由 BAS 控制器上传的设备运行状态和数据，并向 BAS 控制器下达对设备的控制指令。

③车站控制系统：采用硬件冗余的大型 PLC 产品，组成 BAS 控制网络，对设备进行监视、控制和管理。车站控制系统的主控站 PLC 接受来自中央监控站和车站监控站的控制命令、控制模式、设定值的更改和其他关联参数的修改信息，并通过连接在车站冗余控制网络上的就地控制器，实现对车站所属设备和区间隧道通风设备按照一定控制策略进行开停控制、联锁控制、模式控制、优化控制等控制功能，以及设备运行状态、数据采集和管理功能，并实时将这些状态信息送到车站服务器中。在主控站主/备 PLC 中配备具有大容量数据存储空间的处理器，将站内设备信息备份在存储器中，以提供过程数据存储的可靠性。当通信网发生故障时，所有控制器能保持独立操作，并暂时存储未上传至车站控制的设备状态信息。当通信设备恢复运行后，控制器可即时将信息上传，保证系统的连续性。

④综合后备控制盘（IBP）：设置在车站控制室，作为车站监控工作站的后备设备，可以对隧道通风系统、车站环控大系统和小系统设备进行监控，是在紧急情况下使用的按键式模拟监控盘。当发生火灾或列车阻塞，同时车站监控站或通信网络发生故障时，作为系统操作备用，由行车值班员按不同的事故区域和性质在 IBP 上启动对应的运行模式，向 BAS 控制器（PLC）发出相应的控制模式命令。

⑤车站控制网：车站 PLC 与就地 PLC 及变频器之间采用开放式工业控制网络，该网络是一种高速确定性网络，通信速率为 10Mbit/s，通信介质为特种电缆，用于有苛刻要求应用场合的信息传输。为保证 BAS 数据和控制指令传输的可靠性，控制网络宜采用双冗余网络配置。

⑥打印机：实现本车站操作记录、事故记录、测量数据等事件打印和各类数据报表的

定期打印和图表的输出打印。

⑦不间断电源：在车控室设置不间断电源，保证 BAS 供电电源的稳定可靠。

（3）就地级设备：根据机电设备的设置情况，在被控设备附近设置就地级监控设备和就地控制柜等。

①冗余 PLC：在环控机房配置冗余 PLC，每台 PLC 配主/备 CPU 模块、电源模块、通信模块，确保控制的可靠性，实现对车站、隧道通风系统和大小空调系统设备的监视、控制及管理。

②就地控制器：配置 PLC，通过冗余接口连接车站冗余控制网络，并通过可编程通信接口与 FAS 控制器、屏蔽门主机、冷水机组控制器、电扶梯、照明控制系统通信，实现对各种设备的运行控制和监视功能。

③传感器及执行机构：在城市轨道交通车站设置的传感器类型有：室内温湿度传感器、风管式温湿度传感器、水管温度传感器、压差传感器、流量传感器、二通调节阀、旁通调节阀，用于采集环境控制所需的各类参数。

习　题

1. 简述乘客信息系统的构成。
2. 简述乘客信息系统的作用。
3. 简述地铁标识系统设计的主要构成元素。
4. 试分析导向标识系统的特性。

第七章
城市轨道交通运营管理 ▶▶▶

第一节　城市轨道交通行车管理

一、城市轨道交通列车运行计划

城市轨道交通列车运行计划，主要通过全日行车计划进行，是在每天运营期间每个小时运行的列车对数计划。它规定了轨道交通线路的日常作业任务，是科学地组织运送乘客的办法，它的编制以客流计划数据为基础，为编制车辆配备、运用与检修计划、日常调整计划等做铺垫。全日行车计划编制的基础是客流计划。全日行车计划是根据营业时间内各个小时的最大断面客流量、列车定员人数、车辆满载率和希望达到的服务水平综合考虑进行编制的。

（一）全日行车计划编制资料

1. 营业时间

城市轨道交通系统营业时间的安排主要考虑两个因素：一是考虑乘客的出行特征，方便旅客进行各种日常活动；二是考虑各项设备需要维护，必须留出适当的时间进行检修。较长的运营时间，是城市轨道交通系统提高服务水平的体现。表7-1列出了世界主要城市的轨道交通系统运营时间。

表 7-1　世界主要城市的轨道交通系统运营时间

城市	开始运营年份	每日营业时间/h	城市	开始运营年份	每日营业时间/h
伦敦	1863	20	莫斯科	1935	19
纽约	1868	24	华盛顿	1976	18
芝加哥	1892	24	北京	1969	18
巴黎	1900	20	香港	1979	19
柏林	1902	21	上海	1993	18
东京	1927	19.5	广州	1997	17.5

2. 全日分时段最大断面客流量

站间 OD 客流数据是计算最大断面客流量的原始资料，根据站间 OD 客流数据首先计算出多站上、下车人数，然后计算出断面客流量，最后得到最大断面客流量。

3. 列车定员数

列车定员数是列车编组辆数和车辆定员数的乘积。列车编组辆数的确定以高峰小时最大断面客流量作为基本依据。

在客流量非常大时，为了解决乘客拥挤问题，除了可以采用提高行车密度外，还可以在条件允许情况下加挂车辆提高列车定员数。在车辆密度已经很大时，为了适应客流的增加，通常采用后者。

不同车型有着不同的体积和内饰布置，是决定各类型车辆定员的因素，因而购置什么样的车型也成为决定列车定员的一个必不可少的因素。表 7-2 列出了部分城市地铁公司车辆尺寸及定员情况。

表 7-2 部分城市地铁公司车辆尺寸及定员情况

车型数据	洛杉矶	莫斯科	新加坡	上海	香港
车宽/m	3.08	2.71	3.20	3.00	3.11
车长/m	22.78	19.21	23.65	24.14	22.85
座位/人	68	47	62	62	48
站位/人	164	187	258	248	279
定员/人	232	234	320	310	327
制造国	意大利	俄罗斯	日本	德国	英国

4. 线路断面满载率

线路断面满载率是指在单位时间内某个指定断面上列车搭载乘客的效率，在日常工作中，用来表示高峰小时或客流最大断面线路断面满载率。计算公式如下：

$$\beta = \frac{P_{\max}}{C_{\max}} \times 100\% \qquad (7-1)$$

式中：β——线路断面满载率；

$P_{\max}$——单向最大断面客流量，单位：人；

$C_{\max}$——高峰小时线路输送能力，单位：人。

线路断面满载率不仅体现了最大客流断面的载客效率，还体现了列车给乘客带来舒适的程度。在实际工作中不仅要考虑乘客是否满意，还要考虑城市轨道交通运营的成本，为了经济有效地进行运输组织，可以采用在高峰小时适量地进行超载运输。

（二）全日行车计划的编制

1. 编制程序

（1）计算营业时间内各小时开行列车数；

（2）计算行车间隔时间；

（3）对各行车间隔进行微调；

（4）最终确定全日行车计划。

2. 编制方法

（1）确定全日分时最大断面客流量数据；

（2）计算全日分时行车计划中开行的列车对数，计算公式如下：

$$n_i = \frac{P_{\max}}{P_{列}\beta} \tag{7-2}$$

式中：n_i——某 i 小时内应开行的列车数（列或对）；

$\quad\quad P_{\max}$——该小时单向最大断面客流量，单位：人；

$\quad\quad P_{列}$——列车定员数（人）；

$\quad\quad \beta$——线路断面满载率，一般高峰时可取 120%，其他时段可取 90% 左右。

（3）计算发车间隔时间，计算公式如下：

$$t_{间隔} = \frac{3\,600}{n_i} \tag{7-3}$$

式中：$t_{间隔}$——行车间隔时间，单位：s；

$\quad\quad n_i$——某 i 小时内应开行的列车数（列或对）。

3. 最终确定全日行车计划

通过上述公式可以求出每个小时开行列车的对数，以及每辆列车的发车间隔，此时还应该再根据具体情况进行调整，避免客流的聚集。如果一味地考虑运营成本，就会把发车间隔规定得太长，服务质量下降，造成客流量损失。高峰时段，行车间隔一般不大于 7 min，其余时间段发车间隔最好不大于 10 min。

（三）运用车配备计划

运用车配备计划：指为了保障城市轨道交通系统正常的运营工作，完成全线全日行车计划，城市轨道交通系统所需要的车辆保有数量计划。

运用车配备计划按现场运用上的区别，可以分为推算运用车辆数、检修车辆数和备用车辆数三部分。

1. 运用车辆数

为了保障城市轨道交通系统正常的运营、防止因为意外事故而造成线路长时间的中断，需储备状态优秀的车辆，这称为运用车。其数量需要根据列车旅行速度、折返站停留时间以及高峰小时开行对数等因素确定，并按如下公式计算：

$$N = \frac{n_{高峰}\theta_{列}m}{3\,600} \tag{7-4}$$

式中：N——运用车辆数；

$n_{高峰}$——高峰小时开行列车对数；

$\theta_{列}$——列车周转时间，单位：s；

m——列车编组辆数。

列车周转时间是列车在线路上往返一次所需要的全部时间。它不仅包括列车在中间站停车供乘客乘降、折返站进行折返作业的时间，还包括列车在区间运行的全过程所需要的时间。按如下公式计算：

$$\theta_{列} + \sum t_{运} + \sum t_{站} + \sum t_{折停} \tag{7-5}$$

式中：$\sum t_{运}$——列车在线路上往返一次各区间运行时间的和，单位：s；

$\sum t_{站}$——列车在线路上往返一次各中间站停站时间的和，单位：s；

$\sum t_{折停}$——列车在折返站停留时间的和，单位：s。

当列车在折返站的出发间隔时间大于高峰小时的行车间隔时间时，必须在折返线上预先布置一列列车用于周转，因此运用车的数量也要相应增加。

2. 检修车辆数

检修车是指处于定期检修状态的车辆。车辆的定期检修是一项有计划的预防性维修制。车辆经过一段时间的运用后，各部件会产生磨耗、变形或损坏，为保证车辆技术状态良好和延长车辆的使用寿命，需要定期对车辆进行检修。检修列车数量需根据运用列车数量综合维修能力、修程修制取得，一般为运用车辆数量的 10%~15%。一般情况下的检修计划表如表 7-3 所示。

表 7-3　检修计划表

检修级别	运用时间	走行/km	检修停时
双周检	2 周	4 000	4 h
双月检	2 月	20 000	2 d
定修	1 年	100 000	10 d
架修	5 年	500 000	25 d
大修	10 年	1 000 000	40 d

3. 备用车辆数

为了适应客流变化，确保完成临时紧急的运输任务以及预防运用车发生故障，必须保有预备若干技术状态良好的备用车辆。备用车的数量一般控制在运用车数的 10% 左右。备用车原则上停放在线路两端终点站或车辆段内。新线车辆状态一般较好，客流量不大，备用车辆数量可以适当减少。

以上海地铁为例，表 7-4 为上海地铁系统运营设备的配置情况。

表 7-4　上海地铁运营设备配置情况

线路编号	1号线	2号线（一期）	3号线（一期）	合计
线路长度/km	21.0	19.0	24.9	64.9
地下线路长度/km	13.0	15.8	—	28.8
车站数量/座	16	13	19	48
地下车站数量/座	11	12	—	23
计划配属车辆/列	29	24	28	81
目前配属车辆/列	21	17	12	50
正线运行车辆/列	17	10	10	37
运行间隔/s	270	435	540	—
日均客流/万人次	47.70	27.03	18.03	93.13
最大日均客流/万人次	57.31	33.46	21.22	111.99

（四）列车交路计划

当轨道交通线路较长，客流分布不均衡时，通过合理可行的交路组合来安排列车输送能力是一种充分利用有限资源、降低运输成本的有效方法。规定列车交路的方法与过程就是编制列车交路计划。

1. 列车交路计划

列车交路计划是指根据运营组织的要求及运营条件的变化，按列车运行图或由行车调度指挥列车按规定区间运行、折返的列车运行计划。可见，列车交路计划规定了列车的运行区段、折返车站以及按不同交路运行的列车对数。

（1）列车交路的种类：

①长交路：也称单一长大交路，是指列车在全线各站间运行，为全线提供运输服务，列车到达折返线或站后返回，如图 7-1 所示。长交路具有对中间站折返线路要求不高、行车组织运行方式简单的优点，但不考虑区段客流量不均衡的因素，合理运用性能方面有所欠缺。

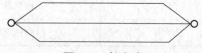

图 7-1　长交路

②短交路：也称分段运行交路，是指列车在某一区段内运行，在指定车站折返，它可以为某一区段旅客提供服务，如图 7-2 所示。在城市轨道交通的运营组织中除个别特殊情况外，短交路一般不被采用。

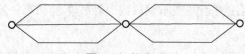

图 7-2　短交路

③混合交路：也称大小交路或嵌套交路，指线路上长短交路并存的情形，既能够在两个终点站间折返运行，也能够在中间站折返运行，如图7-3所示。混合交路的行车组织方式是比较经济合理的一种运行方案，特别是在区段客流不均衡程度高，造成某一区段运能不能满足运量的需要时，混合交路运营方式尤为适用；但这种方式行车组织较为复杂，同时对客运组织也有较高要求。

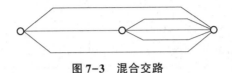

图7-3　混合交路

（2）列车交路的模式：

①单一交路模式：全线单一交路是指列车在城市轨道交通某线路上每站都停，并在线路的起讫点折返，为每个站的旅客提供运输服务。该交路是最简单、最基础的交路，适用于每个断面的客流量比较均衡的情况，如图7-4所示。

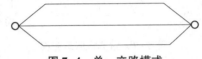

图7-4　单一交路模式

②衔接交路模式：衔接交路是指列车只在规定的某个区段内运行，并不跑完全程，在城市轨道交通线路中的某一个中间站和折返站折返。这种交路可以满足几个断面客流量有着明显不同区段的需要，同时还可以降低运输成本，如图7-5所示。

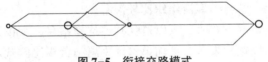

图7-5　衔接交路模式

③大小交路嵌套模式：大小交路嵌套是指有的列车只在规定的两个中间站之间运行，其他的列车每站都停并在线路两端折返。该列车交路计划可以用于中间几个车站断面的客流与其他断面有着非常明显的区别的情况，如图7-6所示。

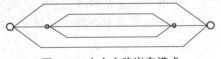

图7-6　大小交路嵌套模式

（3）交路模式比较：采用符合实际情况的列车交路计划，可以提高城市轨道交通运营效率，降低运营成本，在保证原有的服务水平上提高列车的运载能力。单一交路可以使每个站的可达性十分均衡，但是有时会造成列车运载能力浪费。大小嵌套交路和衔接交路较单一交路可以提高运输组织效率，并且节约成本，但是对列车的组织要求非常高。

2. 列车折返方式

列车折返是指列车运行至图定的终点或折返站时，进入折返线路，改变运行方向的过程。

折返作业时驾驶员驾驶列车到达终点或折返站，车站行车人员以及驾驶员按照有关规定完成折返操作的程序和步骤。列车折返方式分为站前折返、站后折返以及混合折返等三种方式。

（1）站前折返方式：列车在中间站或终点站经由站前渡线进行折返作业，如图 7-7 所示，其中图（a）、(c) 为列车在终点站利用交叉渡线进行站前折返，图（b）、(d) 为列车在终点站利用单渡线进行站前折返。

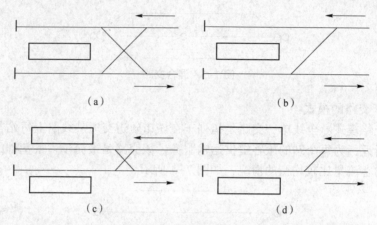

图 7-7　站前折返示意图

(a)、(c) —列车在终点站利用交叉渡线进行站前折返；(b)、(d) —列车在终点站利用单渡线进行站前折返

①适用性分析：采用侧式站台站前折返方式，道岔距离车站端部距离很近，能够保证具有较大的折返能力。如图 7-7（c）所示，站前为交叉渡线时，由于列车交替使用两个股道，乘客很难选择进入哪侧站台，此种站台形式会延长乘客的候车时间。而且在客流量大时，上下车乘客共用一站台，客流组织比较混乱。

采用岛式站台站前折返方式时，可以避免乘客选择站台，无论列车停在哪一股道，进入岛式站台的乘客都可以顺利乘车。站前道岔区距离站台相比侧式站台大大增加，列车在道岔区的干扰时间长，折返能力比侧式车站低。

②优缺点分析：站前折返的优点是，列车空车走行距离少，折返时间较短；乘客能同时上下车，可以缩短停站时间；车站正线兼折返线，能减少投资费用。站前折返的缺点是，列车在折返过程中会占用区间线路，从而影响后续列车闭塞，对行车安全有一定的影响，出发列车与到达列车存在敌对进路；进出站侧向通过道岔，列车的速度会受到限制，影响乘坐舒适感；客流量大时，可能会引起站台客流秩序的混乱。

综合以上，城市轨道交通系统中较少采用这种折返方式，特别是当行车密度高、列车运行间隔短的条件下一般不会采用站前折返方式。

（2）站后折返方式：由站后尽端折返线折返的方式，如图 7-8 所示，其中图（a）为列车在终点站利用交叉渡线进行站后折返，图（b）为列车在中间站利用折返线进行站后折返。

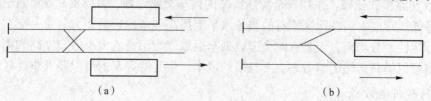

图 7-8　站后折返示意图

站后折返方式避免了站前折返方式中的进路交叉问题，安全性能良好；而且站后折返时列车进出站速度较快，有利于提高列车进出站速度。通常，站后尽端折返线折返是国内外城市轨道交通最常见的折返方式。同时，站后渡线方法可以为短交路提供方便，如图 7-9所示。站后折返的主要不足是列车折返时间较长。

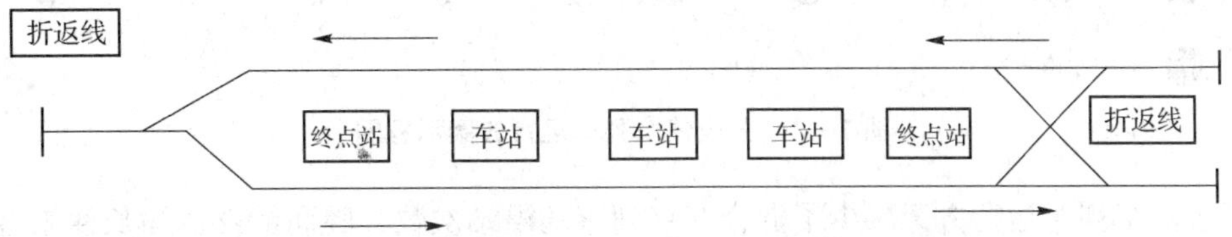

图 7-9　站后尽端折返线折返及站后渡线折返示意图

另外，在站后折返方式中，有一种特殊的折返设备——环行线折返设备，其节省设备费用与运营成本，但是施工量大。由于列车在小半径曲线上运行，钢轨的磨耗也较大，而且不能停放检修列车，也难以进行线路扩展，如图 7-10 所示。

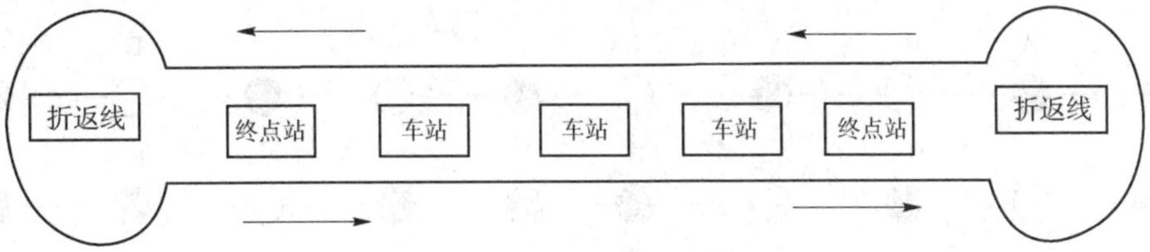

图 7-10　环形折返示意图

（3）混合折返：站前、站后混合布置折返线。混合折返的目的是提高列车折返能力与线路通过能力，有利于行车组织调整，适用于对折返能力要求较高的端点站。

（4）列车折返模式：

①列车自动折返（AR）模式：列车自动折返模式仅在某些特定区段使用。对于站前折返，列车进入到达线站台，即完成了折返作业，最后由此发车；对于站后折返，列车以允许的速度从到达停车线自动驾驶进入和驶出折返线，最后进入发车股道。当列车进入折返线停车时，列车自动转换前后驾驶室的控制权，原列车的后驾驶室控制列车前进。

②ATP 监控的人工驾驶（SM）模式：ATP 监控的人工驾驶模式折返时，对于站前折返，列车进入到达线即完成折返作业，最后由此发车；对于站后折返，列车在驾驶员驾驶下从到达股道进入和折出折返线，最后进入发车股道。当列车进入折返线停车时，列车自动转换前后驾驶室的控制权，原列车的后驾驶室控制列车前进。

③人工折返：某些站的存车线及其他临时列车运行交路需要的折返线路，可按非自动转换模式折返，根据行车组织要求，可在车上配备 1~2 名驾驶员。

3. 列车停站设计

我国城市轨道交通在列车停站设计中大多采用站站停的方案。但为了提高列车运行速度以及满足乘客的不同需求，根据线路的客流特点，还可以采用其他不同的列车运行方案。

（1）分段停车列车运行方案：该方案在混合交路的基础上，规定了长交路列车在短交路区段以外进行站站停车作业，在短交路区段内不停车通过，而短交路运行列车则在短交路区段内站站停车，如图 7-11 所示。

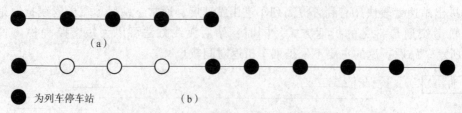

为列车停车站 　　　　　　　　　（b）

图 7-11　分段停车列车运行方案示意图

分段停车列车运行方案减少了混合交路列车的停站次数，因而能够压缩长途乘客在列车上的总旅行时间；列车旅行速度的提高也有利于加快长交路运行车辆的周转。该方案的主要问题是上下车不在同一交路区段的乘客需要换乘，增加了这部分乘客的全程旅行消耗时间。

（2）跨站停车列车运行方案：将全线车站划分成 A、B、C 三类，A、B 两类站按相邻分布原则确定，C 类车站按每隔若干个车站选择一站原则确定。所有列车均应在 C 类车站停车作业，但在 A、B 两类车站则分别停车作业，如图 7-12 所示。

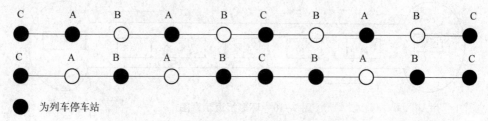

为列车停车站

图 7-12　跨站停车列车运行方案示意图

跨站停车列车运行方案减少了列车停站次数，因而能够压缩列车旅行时间和乘客换乘时间，提高旅行速度；还能够加速车辆周转速度，减少车辆使用，降低运营成本。该方案的问题是由于 A、B 两类车站的列车到达间隔增大，乘客候车时间增加，另外在 A、B 两类车站间乘车的乘客需要在 C 类车站换乘，不太方便。该方案适用于在 C 类车站客流量较大，而在 A、B 类车站客流量较小，并且乘客平均运距较长的线路。

4. 列车交路计划的确定

城市轨道交通的运营十分复杂，列车交路计划的制订也十分不易，必须依据大量的基础数据才能做出最后的决定。列车交路计划的确定应建立在对线路各区段客流量进行统计分析的基础上，充分考虑行车组织与客运组织的条件，进行可行性研究后加以确定。

（1）列车交路计划须遵守原则：

①最大限度地使客流顺畅；

②把城市轨道交通的高速度和远距运输能力发挥得淋漓尽致；

③满足城市轨道交通运营设备载荷的要求；

④与其他城市轨道交通线路配合安排；

⑤考虑实际工作中的可行性。

（2）列车交路计划需考虑因素：

①客流特性：客流在时间上、空间上不均衡性；

②线路条件：折返线的设置；

③行车条件：折返时间、追踪间隔时间；

④车底（动车组）数；

⑤客运组织工作：乘降作业、列车清客、客运服务工作。

（3）列车交路计划确定的一般步骤：需要所有断面客流量数据并加以详细分析，然后考虑各种计划实施的可行性，最后制订列车交路计划。

①对所有断面的客流在时间和空间上进行细致的分析，总结出每个断面客流的特征，再进行不均衡性分析，所有的这些分析都是列车交路计划制订的基础。

②由于建设成本的关系，每个城市轨道交通车站不会都修建用于折返的线路，而且由于行车条件的限制，不同的发车间隔会制约某些交路上列车的运行，因此必须对这两方面因素加以充分考虑。

③车站的客运服务程度是必须考虑的因素之一。车站的客运服务水平越高，越能够在较短时间内疏散大量的客流，可以为列车运行图的铺画创造有利条件，同时为列车交路计划的确定提供更宽松的环境。相反，如果客运服务水平低，会影响列车的停站时间，打乱整个的运输计划和列车交路计划。因此在制订列车交路计划之前一定要调查清楚每个车站客运服务的情况。

（五）日常运输调整计划

由于途中运缓、作业延误或设备故障等原因，列车会晚点，城市轨道交通具有行车密度高、间隔小、对安全要求高的特点，需要根据列车运行的实际情况，按照恢复正点和行车安全兼顾的原则，对运输计划进行合理调整。

列车运行是运输生产活动的重要环节，在日常运输活动中，为了保证列车运行安全和按图行车，需要设置专门人员，调整运输计划。日常运输计划调整的主要方法有：

（1）始发站提前或推迟发出列车；

（2）组织列车加速运行；

（3）加速车站作业过程，压缩停站时间；

（4）组织列车不停车通过某些车站；

（5）变更列车交路，组织列车在具备条件的中间站折返；

（6）组织列车反方向运行；

（7）调整列车运行时间间隔；

（8）扣车；

（9）停运某车次列车。

二、城市轨道交通行车组织

（一）城市轨道交通行车组织机构及职责

1. 城市轨道交通行车指挥机构

城市轨道交通行车指挥机构如图 7-13 所示。轨道交通系统设立运营控制中心（OCC），OCC 一般按照分工设置不同的调度工种，通常设有值班主任、行车调度、电力调度、环控调度及维修调度等岗位。

一般城市轨道交通行车指挥机构分为一级、二级两个指挥层级。一级指挥包括：行车调度、电力调度、环控调度和维修调度；二级指挥包括：车站值班站长、车辆段信号楼值

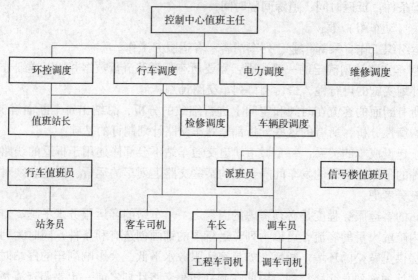

图7-13 城市轨道交通行车指挥机构层次图

班员、车辆检修调度、派班员。各级指挥根据各自职责任务独立开展工作，并服从OCC值班主任总体协调和指挥。原则上，各级指挥要根据各自的职责独立开展工作，二级服从一级指挥。

（1）OCC、车辆段及车站的指挥工作关系：

①车站由值班站长、车辆段由车辆段调度统一指挥。

②列车在区间时，电客车由驾驶员负责指挥，工程车由车长负责指挥；列车在车站时，由车站值班站长负责指挥，或由行车调度员用无线电话直接指挥列车驾驶员。

③发生行车设备故障，车站值班站长（行车值班员）应及时报告维修调度员和行车调度员；由行车调度员跟进维修调度员或车辆段调度员组织抢修处理。

（2）城市轨道交通行车组织原则如下：

①在ATC系统正常工作情况下，客车以ATO模式驾驶，驾驶员需在客车出库或交接班时输入乘务组号。

②目的地和车次信息的获取。在ATS有计划运行图时，客车进入正线运行时自动接收目的地及车次信息；在ATS没有计划运行图时，客车在正线运行时，驾驶员或者行车调度员输入目的地编码和车次信息。

③行车时间以北京时间为准，从零时起计算，实行24小时制；行车日期划分：以零点为界，零时以前办理的行车手续，零时以后仍视为有效。

④正常情况下，正线上驾驶员凭车载信号显示或者行车调度员的命令行车，按运营时刻表和DTI显示时分掌握运行及停站时间。

⑤在非正常情况下，驾驶员应严格掌握进出站、过岔、线路限制等特殊运行速度。

⑥客车在运行中，驾驶员应该在前端驾驶；推进运行时，由副驾驶员或引导员在前端驾驶室引导和监控客车运行。

⑦在车场范围内指挥列车或车场调车的信号以地面信号和调车专用电台为主，以手信号旗/灯为辅。

⑧客车驾驶员可以使用客车广播系统向乘客进行信息广播。遇到信息广播故障时，可

以使用人工广播；当人工广播也不能使用时，则报告行车调度员，按行车调度员的指示办理。

⑨客车晚点处理。比照运行时刻表，单程每列晚点 3 min 以内为正点，3 min 及以上为晚点；排队晚点时则按排队的要求进行统计。行车调度员应根据客车晚点情况及时采取措施，调整客车运行。

2. 各行车机构主要职责

（1）运营控制中心（OCC）：OCC 是城市轨道交通系统运营日常管理、设备维修、行车组织的指挥中心，通过各调度员对全线列车运营和设备运行情况进行监视、控制、协调、指挥和调度，也是城市轨道交通系统运营信息收发中心，所有与行车有关的信息必须通过 OCC 集散。

（2）车辆段控制中心（DCC）：DCC 是车场管理、车辆维修组织和作业的控制中心，负责车场范围内的行车组织、维修施工管理，负责车辆日常检修、清洁、定修和临修工作控制，为轨道交通系统运营及设备维修施工提供数量足够和工况良好的客车和工程列车。

（3）车辆段信号楼：车辆段信号楼设有微机联锁设备，集中控制车场范围内的进路、道岔和信号机，隶属车辆段调度员管理，车场信号控制室与其相邻车站通过进路照查电路，共同组织与监控列车进出车场。

（4）车站：车站设有车控室，主要任务是接发列车，并做好乘客服务工作，遇突发情况进行应急处理，确保行车安全和乘客人身安全。

3. 主要行车人员的职责

（1）行车调度员：行车调度员负责城市轨道交通的日常行车工作、指挥工作，按照《运营时刻表》的要求组织行车，实现列车安全、准点地运营。另外，负责监控全线客流的变化情况，调集人力物力和备用车辆，疏导突发大客流。负责组织、实施正线、辅助线范围内的行车设备检修以及各种施工、工程车运输作业。负责组织、处理在运营过程中发生的各种故障、事件甚至事故。

（2）列车司机：列车司机负责城市轨道交通列车驾驶及车辆故障的处理工作，听从行车调度员指挥，按照列车时刻表为乘客提供安全、准点、快捷、舒适的优质服务。

（3）车站行车值班员：车站行车值班员负责车站的行车组织工作，监控本站的客流变化情况，负责组织、实施本站范围内的行车设备检修以及各种施工组织工作，负责组织、处理车站在运营过程中发生的各种故障、事件及事故。

（4）车辆段人员：车辆检修调度员，负责车辆的计划维修、故障抢修、事故处理、调试、改造作业安排及组织实施，监视所有车辆技术状态，提供运行图所规定的客车数上线服务，并确保其状态良好，符合有关规定。车辆段调度员统一指挥车辆段内的行车组织工作，全面负责组织实施客车、机车车辆转轨、取送作业，组织实施列车调试作业、列车出入车辆段等工作，科学合理地调配人员、机车车辆，协调、安排车辆段内行车设备、消防设备及库房等设备、设施的检修维护。车辆段信号楼值班员根据接发列车作业计划、调车作业计划操作微机联锁设备，负责列车进出车辆段的行车组织工作。

（二）城市轨道交通行车组织的基本工作制度

城市轨道交通行车组织类的规章制度是轨道交通运营企业技术管理的核心，是规范所有行车组织工作从业人员生产活动的行为准则。各行车组织岗位人员必须严格遵守、执行规章制度，确保整个系统安全、有序、高效地运作。

1. 城市轨道交通行车组织规则

（1）行车组织规则的内容：行车组织规则是各城市轨道交通企业根据各自运营线路信号及有关设备系统运营使用功能和行车设备的配置及实际运营要求情况制定的，是一个企业行车管理的基本法规。

①技术设备：包括有限界、线路、限速、轨道、道岔、信号机、电客车、屏蔽门、通信设备、供电设备、机电设备和车辆段等；

②行车组织指挥系统：包括行车组织原则、运营组织指挥机构及功能、运营指挥执行层次等；

③行车闭塞法：主要包括固定闭塞法、电话闭塞法；

④列车运行有关规定：主要包括列车运行模式、电客车运行的准备和条件、电客车出入车辆段的组织、列车接发作业规定、电客车运行中的操作、工程车开行规定等；

⑤非正常情况下的行车组织：包括列车反方向运行规定、列车退行规定、列车推进运行规定、信号系统设备故障时的行车办法、客车故障处理、救援列车的开行、屏蔽门故障的处理、NRM 模式运行的规定、隧道内线路积水时的行车规定、遇到恶劣天气条件时的行车组织等；

⑥设备维修规定：设备的日常养护维修、设备检修施工组织、运营时间的设备抢修、非运营时间的设备检修施工、施工防护等；

⑦信号设备操作规定：主要包括 HMI 操作规定、LCW 操作规定、LCP 盘的操作规定；

⑧固定信号、手信号显示方式、显示意义的规定及信号示意图；

⑨其他：包括隧道照明、标志、行车日期的划分、电动列车驾驶员添乘要求、行车凭证及行车表簿的格式及填写要求等。

（2）行车组织规则的编制要求：行车组织规则是运营管理的基本法规，它规定了各部门、各单位在从事运营生产过程中，必须遵守的基本原则、工作方法、作业程序和相互关系；行车组织规则需要明确运营工作人员的主要职责和必备的基本条件，并对工作流程做出原则性说明；各部门、各单位制定的有关技术业务方面规程、规则、细则和办法等都必须符合行车组织规则；随着城市轨道交通系统的不断发展完善、线路的不断延伸、信号管理模式的改变，行车组织规则也需要不断充实和完善。

2. 城市轨道交通行车调度工作规则

（1）行车调度工作规则的主要内容：

①行车调度的组织机构、职责范围和工作制度；

②行车调度设备和日常调度工作；

③调度命令的下达程序及要求；

④中央控制室 ATS 操作及故障处理；

⑤施工计划的安排实施及运营前的多项准备；

⑥非正常情况下的列车运行调整；

⑦列车运行图的铺画规定；

⑧运行记录、图表；

⑨运营分析及信息传递；

⑩调度员的培训工作。

（2）行车调度工作规则的编制要求：

①编制时应该以行车组织规则为依据，内容不应该与行车组织规则的规定相冲突；

②在行车调度工作中，行车调度工作规则应对调度工作具有指导作用；

③行车调度工作规则应根据线路、信号等设备的调整进行相应的修改。

3. 城市轨道交通车站行车工作细则

（1）车站行车工作细则的主要内容：

①车站概况和技术设备：车站概况包括有车站的性质、位置、等级和任务；技术设备包括有股道、信号、联锁及闭塞、客运设备、自动售检票系统、通信、照明、供电等设备；

②日常作业计划及生产管理制度；

③车站行车组织工作：包括正常运营期间及非正常情况下车站行车办法；

④车站客运组织工作：包括正常运营期间及非正常情况下车站客运组织办法；

⑤特殊运输工作组织；

⑥检修施工管理；

⑦行车备品管理及行车簿册填记要求；

⑧设备故障时车站广播宣传的规定；

⑨列车与车辆技术作业过程及其时间标准。

（2）车站行车工作细则的编制要求：

编制时应以行车组织规则为依据，细则中的规定不能与行车组织规则的规定相违背；车站行车工作细则的编制应从车站实际情况出发，制定的规定需要符合车站工作要求，充分发挥现有设备的运用效能，从实际出发，更新改造限制能力的薄弱环节，不断提高作业效率，扩大设备能力。

车站行车工作细则的编制内容是以行车组织规则的规定在车站工作的具体细化，并根据车站实际情况做补充，用合理的劳动组织推行作业标准化，做到各项作业的连续性、均衡性，最大限度地平行作业，减少各种等待、干扰时间，加速车辆周转，实现安全、正点、畅通、优质、高效地为乘客服务。

（三）不同情况下的行车运行组织

1. 正常情况下列车运行组织

行车组织工作包括列车进出车辆段、正线列车运行组织和车站接发列车三部分，分别由控制中心、车站和车辆段三地协调完成。城市轨道交通的列车运行由控制中心统一指挥，车站和车辆段作为二级调度，按照控制中心的指挥组织列车运行。

为统一指挥日常运输生产工作，城市轨道交通的行车工作必须坚持"高度集中、统一指挥、逐级负责"的原则。城市轨道交通具有行车密度高、运行间隔小、安全运营要求等特点。根据信号设备所提供的运行条件，一般分为调度监督下的自动运行控制、调度集中控制和调度监督下的半自动运行控制三种方式，按照列车运行图规定的行车计划组织列车运行。

（1）调度监督下的自动运行控制：列车自动运行控制是城市轨道交通列车运行组织的主要控制方式，自动运行控制方式利用计算机技术对列车实行自动指挥和自动运行监护，并有列车运行保护系统可以提高行车安全系数。在正常情况下，系统根据列车运行图自动排列列车进路，列车以自动驾驶模式运行；非正常情况下，按调度指令调整行车计划。调度监督下的自动运行控制可实现的基本条件如下：

①计算机系统可输入及储存多套列车运行图，并可根据设定的列车运行图实现列车的指挥功能。对正线运行列车实行自动追踪、显示进路、道岔位置、区间及线路占用情况。可自动或人工对列车运行进行调整，可人工对进路排列、信号开放、道岔转换进行控制。提供中央及车站两级运行控制模式，并可根据需要进行控制权转换。

②列车运行自动保护系统对列车运行设定防护区段，控制前后列车运行的安全间距。列车可使用自动驾驶功能，也可采用人工驾驶，列车占用区间的凭证是列车收到的速度码。通过计算机系统自动绘制列车实际运行图，并进行有关运营数据统计。

（2）调度集中控制：调度集中控制下的行车组织方式，在控制中心行车调度员的统一指挥下，利用行车设备对列车在车站的到达、出发、折返等作业进行人工控制及调整。调度集中控制下的组织指挥由行车调度员实施。在大多数情况下，车站不直接参与行车组织工作。调度集中控制可实现的基本条件如下：应具有微机联锁和电气集中联锁设备，实现远程控制功能，并从设备方面提供列车的运行安全保障；通过控制屏或显示器可监护全线列车运行状态、信号显示、道岔位置及线路占用情况；应能利用微机联锁或电气集中联锁设备转换道岔、排列进路、开放信号，指挥和调整列车运行；应能自动或人工绘制列车实际运行图。

（3）调度监督下的半自动运行控制：此方式是在控制中心行车调度员的统一指挥和监督下，由车站行车值班员操作车站微机联锁设备、电气集中联锁设备或临时信号设备控制列车运行。在一些新线上，由于信号系统尚未安装调试完毕，在过渡期运营时会采取这种方式进行行车组织。在信号设备完全安装完毕的条件下，当中央列车自动监控子系统设备发生故障时或在特殊情况下也可采取此种方式。调度监督下的半自动运行控制可实现的功能有：

车站信号控制系统具有联锁功能，可对进路排列、道岔转换、信号开放实行人工操作；可实时反映进路占用、信号及道岔等工作状态，对线路上的列车运行进行监护；可储存信号开放时刻、道岔动作、列车运行等各类运行资料，并根据需要调用；车站根据调度指令对列车运行进行调整；计算机自动绘制或人工绘制列车实际运行图。

2. 特殊事件下列车运行组织

非正常情况下的行车组织是相对于正常情况下的行车组织而言的，其主要是指由于人、设备或环境等因素导致不能继续采用正常情况下的行车组织方法组织行车的情况。

城市轨道交通由于采用了较多的先进设备，自动化程度较高，因此出现意外情况的概率较小。也正是由于平时很少遇到故障情况，一旦出现故障，如果处理不当就很容易出现大面积的晚点现象，严重的甚至造成人员伤亡。因此，各大城市轨道交通运营单位都非常重视非正常情况下的列车运行组织，都制定出了详细的应急处理方法和预案，在日常的培训和管理中，重点加强员工对非正常情况下应急处理能力的培训及演练，提高员工的应急处理水平，降低事故造成的影响。

非正常情况根据发生的原因主要分为以下几类。

（1）设备故障：一般对于列车正常运行影响较大的设备故障包括列车故障、信号系统故障、轨道线路故障、供电系统故障、通信系统故障及其他设备设施故障。

①列车故障包括制动系统故障、牵引系统故障、车辆构件故障等。

②信号系统故障包括联锁系统故障（包括系统故障、轨道电路、道岔及信号机故障等）、列车自动监控子系统故障、车载列车自动防护子系统故障、轨旁列车自动防护子系统故障等。

③轨道线路故障主要是指钢轨故障，包括钢轨变形、断裂、破损，道岔转动故障、无显示等情况。

④供电系统故障主要包括停电、变电系统故障、接触网故障等。

⑤通信系统故障主要是指用于行车组织的通信工具故障，它会影响正常指挥信息的传递并影响列车的运行指挥。

⑥其他设备设施故障包括建筑结构变形倾斜、部件脱落，直接威胁行车安全等。

（2）自然灾害：自然灾害通常是指强台风、暴雨、暴雪、地震等灾害，自然灾害一方面可以直接影响正常的行车组织，另一方面也会影响设备系统的运作，进而引发故障，影响正常的行车组织。

（3）人为因素：这主要是指由于人为操作失误（包括故障处理失当）、故意行为等，列车运行组织的情况受到了影响。过往事故的统计数据表明，约70%以上事故的发生都是由人为因素造成的。

第二节　城市轨道交通客运管理

一、城市轨道交通客流组织

（一）城市轨道交通客流概念

城市轨道交通的客流是指人们为了实现各种出行需要，选用城市轨道交通方式，在一定时间和空间范围内做有目的的移动；或者是指在单位时间内，轨道线路上乘客流动人数和流动方向的总和。其内涵包括了乘客在时间和空间上的位移和位移数量，该位移具有方向和起止特征，则乘客的流动人数、出行时间、运行距离及流动方向构成了城市轨道交通客流的四要素。客流可以依照时间分布特征、空间分布特征和来源进行分类。先简单介绍各分类客流的基本概念。

（1）车站客流：指在城市轨道交通车站上、下车换乘的客流。

（2）断面客流：指通过城市轨道交通线路各区间的客流。

（3）车站客流量：指在规定时间内城市轨道交通车站上、下车和换乘的客流量，以及经由不同出入口、收费区的进出站客流量和分方向换乘的客流量。一般包括全日、高峰小时和超高峰期车站客流量。

（4）断面客流量：指在单位时间内通过城市轨道交通线路某一地点的客流量。顾名思义，某一断面客流量就是通过该断面所在区间的客流量。同时，断面客流量有上行和下行之分。

（5）最大断面客流量：指在单位时间内通过城市轨道交通线路各个断面客流量的最大值。一般而言，上、下行方向的最大断面不在同一个断面上。

（6）高峰小时断面量：指在以小时为单位计算断面客流量时，全日分时的最大断面流量不相等，其最大值称为高峰小时最大断面客流量。城市轨道交通系统的高峰小时一般出现在早晨和傍晚，称为早高峰小时和晚高峰小时。另外，超高峰期是指在高峰小时内存在于一个上、下车客流特别集中的时段，一般为 10~20 min。高峰小时断面量可为城市地铁修建、车辆类型选择、列车编组及行车密度确定等决策提供基本依据；同时，车站高峰小时客流量和超高峰期客流量可为车站规模的确定以及站台和售检票等辅助设备容量和能力的设计提供依据。

（二）城市轨道交通客流组成

客流是城市轨道交通投资决策的基础，也是衡量建设项目经济成本、预测建设项目投入运营后经济效益的关键指标。城市轨道交通的客流是动态变化的，由基本客流、转移客流和诱增客流三部分组成。

（1）基本客流：指城市轨道线路既有客流与按正常增长率而增加的客流的总和。

（2）转移客流：指因为城市轨道交通具有快速、准时、舒适、整洁等优点，原来选择公交、自行车出行的客流转移到城市轨道交通出行。

（3）诱增客流：指因为地铁线路的运营而促进沿线土地的开发、经济的发展、商业的繁荣以及住宅形成所诱发的新增客流。

（三）城市轨道交通客流特征

1. 城市轨道交通客流时间特征

（1）全年季节性或各月客流变化特征：全年中各月存在天气情况，重大节假日分布等特征的差异性，致使客流年中各个月份中的分布特征有所差异。通过对某一典型城市的客流特征的总结可以得到城市轨道交通客流按月份分布的差异性特征。在我国，同一年内上半年的客流量一般比下半年低，1、2、6月份的客流量与其他月份相比较低，但在 7 月份之后，客流量开始明显持续走高，直到年底。全年最大月度客流量基本发生在 10 月份，年中最高日客流基本上是"十一"期间创下的；一年中的最小客流基本发生在春节期间。长假期间客流量增加较明显，比日常增加 20%~40% 的客流量。

（2）一周内各日客流特征：城市轨道交通线路主要是以通勤、通学客流为主，双休日客流有所减少，而连接商业网点、旅游景点的轨道交通线路双休日客流增加。另外，星期一与节假日后的早高峰小时客流、星期五与节假日的晚高峰小时客流，都会比其他工作日早、晚高峰小时客流量大。

另外，现代市民的活动规律是以工作日与非工作日为循环。在每个工作日内，通常会出现早晚两个客流高峰，客流分布曲线为双向峰型，如图 7-14（a）所示；而在双休日出现的早晚高峰并不是很明显，全日客流相比较工作日往往也有所减少，客流分布为平峰型，如图 7-14（b）所示。

（3）一天内小时客流特征：城市轨道交通小时客流分布可以归纳为单向峰型、双向峰型、全峰型、突峰型、无峰型等五种。

①单向峰型：轨道交通线路所处的交通走廊具有明显的潮汐特征或车站周边地区用地功能性质单一时，车站客流分布集中，有早、晚错开的一个上车高峰和一个下车高峰。

②双向峰型：车站位于综合功能用地区位时，客流分布与其他交通方式的客流分布一致，有两个配对的早、晚上下车高峰。

③全峰型：轨道交通线路位于用地已高度开发的交通走廊或车站位于公共建筑和公用设施高度集中的地区时，客流分布无明显的低谷，双向上下车客流全天都很大。

④突峰型：车站位于体育场、影剧院等大型公用设施附近，演出或体育比赛结束时有

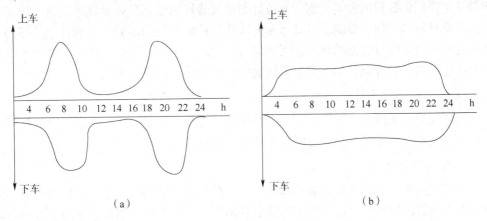

（a）双向峰型；（b）平峰型

图7-14 客流分布曲线图

一个持续时间较短的突变的上车高峰。一段时间后，其他部分车站可能有一个突变的下车高峰。

⑤无峰型：当轨道交通本身的运能比较小或车站位于用地还没有完全开发的地区时，客流无明显的上下车高峰，双向上下车客流全天都较小。

2. 城市轨道交通客流空间特征

（1）方向上的客流分布特征：一般线路都有上、下行两个方向。两个方向的客流量在同一时间分组内是不相等的，其中有双向型和单向型。双向型的上下行运量大致相等，市区线路属于双向型较多；单向型的上、下行的运量数值差别很大，通向郊区或工业区的线路多属于单向型的。

（2）断面上的客流特征：一般线路上各车站的上下车人数是不等的，因此车辆途经各断面时的通过量也不相等，如将一条线路各断面的通过量按上行或下行的前后次序组成一个数列，（城市轨道交通沿线土地利用对其客流的影响）这个数列就近似动态地显示出断面上的客流，从而看出客流在不同时间内在断面上的分布特点和演变规律。

线路各断面上的客流分布是有一定特点的，对整条线路归纳起来，主要有以下几种类型：

①均等型：环线布置或是位于用地已高度开发的线路，各车站的上下车客流大致相等，沿线客流比较稳定，不存在客流明显突增的路段。

②中间突增型：当城市轨道交通线路途经高密度开发区、大型的对外交通枢纽或是车站利用常规公交线路扩大辐射范围时，线路客流存在突增的路段，位于该区域车站的上下车客流明显激增。

③两端萎缩型：当城市轨道交通线路的两端位于尚未完全开发的城市边缘或郊区时，线路两端的车站客流会小于中间路段的客流。

④逐渐缩小型：当城市轨道交通线路两端的车站位于城市中心地区或大型对外交通枢纽时，随着线路向外延伸，客流会逐渐缩小。

（四）城市轨道交通客流计划

1. 客流计划概念

运营部门需要了解未来一定时期内客流的情况，因此需要对客流做出相应的规划，这个规划就是我们常提到的客流计划。客流计划是运输计划编制阶段对轨道交通线路客流的规划，是全日行车计划、车辆配备计划和列车交路计划编制的基础。客流计划的编制一般分为新运营线路和既有线路两种。新投入运营的线路，客流计划根据客流预测资料进行编制，既有运营线路的客流计划根据客流调查资料和统计资料进行编制。

2. 客流计划主要内容

客流计划的主要内容为各站的到、发客流量，各站方向上、下车人数，全日高峰小时和低谷小时的断面客流量，全日分时最大断面客流量等。

3. 客流计划编制

客流计划是全日行车计划编制的基础资料。在客流计划编制过程中，以站间发、到客流量数据作为原始资料，通过计算可以得到各站上、下车人数，继而绘制出各方向站间客流断面图，最后分析全日分时最大断面客流量等数据。对于高峰小时断面客流量的计算可通过高峰小时站间发、到客流数据根据上述方法计算得到，也可以根据全日站间发、到客流量数据求出全日断面客流量数据后，依据各小时断面客流量所占全日客流量的一定比例来估算，而对于比例系数的取值则可通过客流调查确定。

（五）成果轨道交通客流指标

为更好地描述运输计划，定量地对其进行描述，定义了以下一些旅客运输计划指标：

（1）线路客流量：单位时间内乘坐某条轨道交通线路的乘客数量，为该线路进站人数量和线路换乘人数量之和；一般包括全日客流量（万人/d）和各小时段的客流量（万人/h）。

（2）线网客流量：单位时间内，城市轨道交通线网中各线路客流量之和（万人/d）。

（3）客流强度：线路客流量与线路长度的比值，可分为线网客流强度和线路客流强度（万人/（km·d））。

（4）全线客流高峰小时系数：全线高峰小时内客流量占全日客流量的比例。

（5）车站乘降量：单位时间内在某轨道交通车站上车和下车的乘客数量之和，一般包括全日、早高峰、晚高峰小时的上下车客流量（万人/d 或万人/h）。

（6）车站客流超高峰系数：描述车站高峰小时内客流量的不均衡性，以其中 10 ~ 15 min 的最大乘降客流量与高峰小时的相等时间的平均乘降量的比计算，取值一般不超过 1.4。

（7）车站进站量：单位时间内，付费进入轨道交通系统并在车站上车乘坐轨道交通的乘客人数（万人/d 或万人/h）。

（8）车站出站量：在单位时间内，在车站下车离开轨道交通系统的乘客人数（万人/d 或万人/h）。

（9）站间断面客流量：单位时间内，两车站区间一个方向的客流量。可以按照上行、下行方向以及分时段进行统计计算。因此可以分为：全日断面客流量（万人/d）、早高峰小时断面客流量（万人/h）、晚高峰小时断面客流量（万人/h）等。高峰小时内单向断面客流量中最大值称为高峰小时单向最大断面客流量。

（10）高断面高峰小时系数：高峰小时单向最大断面客流量与对应断面全日单向断面客流量的比值。

（11）线路站间 OD 矩阵：单位时间内，线路中各个车站之间的起讫客流量（万人/d

或万人/h），通常用一个二维表格来表示，可分为：全日站间 OD 矩阵、早高峰小时站间 OD 矩阵、晚高峰小时站间 OD 矩阵。

（12）线路平均运距：单位时间内，某一轨道交通线路上所有乘客一次乘车的平均距离。

（13）线网平均乘距：单位时间内，轨道交通网内所有乘客利用轨道交通完成一次出行的平均距离。

（14）客运周转量：设计线在单位时间内所完成的客运工作量，它是一项综合指标，用客流量与其相应运距的乘积来表示。

（15）换乘客流量：单位时间内，在换乘车站由一条轨道交通线路换入另一条轨道交通线路并上车的乘客数量，分换乘站换乘量、线路换乘量、线网换乘量，一般包括全日、早高峰、晚高峰小时的分方向换乘客流量（万人/d 或万人/h）。

二、城市轨道交通客运服务

城市轨道交通系统是以高质量完成乘客运输任务为目标的系统，其系统内部势必要求合理进行客运组织，使乘客安全舒适地完成空间位移。客运组织既合理布置和使用与客运相关的设备设施，同时通过科学设置客流流线，对城市轨道交通系统内的客流进行合理引导，从而完成大容量的乘客运输任务。

（一）客运组织内容

客运组织包括：车站售检票位置及数量的确定、车站自动扶梯和铁马等设备设施的设置、车站导向及广播导向的设置、工作人员的配备及车站应急措施等。

为及时快速疏散乘客，避免城市轨道交通系统拥挤堵塞，应遵循以下客运组织原则：

（1）合理安排售检票位置、出入口、楼梯及自动扶梯，保证乘客在城市轨道交通系统中的流线分明，尽量做到客流互不交叉、对流。

（2）保证乘客换乘其他交通方式方便安全，人流与车流相分离，保证乘客安全和车辆正常行驶。

（3）完善车站导向系统，避免客流聚集导致拥挤堵塞，实现乘客在城市轨道交通系统中的快速分流。

（4）满足乘客换乘的各类要求，如舒适、方便等，设置残疾人无障碍通道、保证换乘距离适中、实现站内同站台换乘或站厅换乘等。

（二）客运服务流程

客运服务工作是反映城轨系统运营管理的重要指标之一，客运服务的好坏直接影响着社会公众对城轨系统的认知。客运服务流程：引导乘客进站—提供问询服务—提供售检票服务—组织乘客乘降工作—出站检票。

三、城市轨道交通票务管理

城市轨道交通系统主要收益来源为票务收入，是企业发展的根本动力，因此做好票务管理工作是重中之重。

（一）票制

票制是票价制式的简称，我国城市轨道交通系统目前存在的票制有两种，分别为单一票制、分段计程票制和混合票制三种。其中单一票制就是根据乘车次数进行计费，过去的北京地铁就采用过这种票制。分段计程票制则是根据进出站检票系统检测乘客的乘坐距离，根据每千米计费标准核算乘车费用。混合票制是计时计程收取费用，根据乘客乘坐的距离长短和占用付费区时间等因素计算乘车费用。

（二）售检票方式

售检票方式分为人工售检票和自动售检票，人工售检票虽投入的设备固定成本较少，但耗费人力物力较大，且不够精确。随着经济社会的发展，应运而生的高科技自动售检票系统投入使用，它不仅起着快速售检票作用，还对收入审核、票务清分等工作有着重要作用，是城市轨道交通系统向现代化迈进的一个重要里程碑。

（三）AFC 系统

AFC 系统的全称是轨道交通自动售检票系统（Automatic Fare Collection System），是计算机自动控制的自动售检票、自动收费和统计的电子数据库系统，是城市轨道交通系统现在所使用的自动化管理系统，集售检票、票务清分、计费、收费为一体，大大提高了售检票等工作的效率，方便了乘客的出行。AFC 系统由线路中央计算机系统、车站计算机系统、车站终端设备、清分系统和车票五个层次构成。

（1）线路中央计算机系统：包括数据库系统、数据传输设备、监控工作站等，主要作用为进行整个线路的数据存储、管理和分析，监控各站的自动售检票系统的运营情况等。

（2）车站计算机系统：包括车站计算机、监控工作站、数据传输设备等，主要作用为接收中央计算机系统的票务指令，并下发给车站终端设备，同时接收终端设备的票务数据，传达给中央计算机系统，管理车站各项终端设备。

（3）车站终端设备：包括自动售检票机、自动充值机、自动验票机等，其中自动验票机用于乘客自助查询车票的相关信息，如乘车记录、车票金额等。

（4）票务清分系统：主要发挥票务清分、数据管理、运营参数管理、客流分析等作用。

（5）车票：轨道交通目前使用的票卡为非接触式 IC 卡。

习 题

1. 城市轨道交通运输计划一般包含哪几个方面的内容？
2. 简述车辆运用工作的重要内容。
3. 什么是列车交路，一般有哪几种形式？

第八章
城市轨道交通安全管理

第一节　安全管理体系

一、安全的定义及特征

（一）安全的定义

众所周知，人类活动往往伴随着众多安全问题，安全是随人类活动产生而产生，随人类活动结束而结束的。国家标准（GB/T 28001）对安全的定义为："免除了不可接受的损害风险的状态。"也就是说，安全是在人类生产过程中，将系统的运行状态对人类的生命、财产、环境可能产生的损害控制在人类能接受水平以下的状态。它与人们的日常生活息息相关，是人类发展生存的基本要求，是生命与健康的基本保障。

（二）安全的特征

（1）安全是相对的，绝对的安全是不存在的，因为风险只能趋近于零，事故只能接近零而不能为零。这就需要我们时刻保持警醒，时刻防范危险的发生，做好危险发生的应急措施。

（2）安全具有依附性。在实际生产中，安全指的是不发生伤亡、工伤事故、设备的损坏和财产的损失。安全依附于生产活动的整个过程而存在，哪里有生产活动，哪里就会出现安全问题。因此，安全是生产活动正常进行的前提和保障。

（3）危险源是事故发生的原因。能够造成事故的潜在危险因素称作危险源，它们是一些人的失误、不良的环境因素等。因为有了这些危险源的存在，在实际生产工作中才会引发一些安全问题。

（4）不同的环境、场所下，可接受损失的水平是不同的，因此衡量系统是否安全的标准也是不同的。在生产活动中，发生事故并不能代表该项活动不安全，反之，没有发生事故也不能代表安全。要根据该事故的损失程度、系统的危险性的允许限度是否在可接受的范围内来评判。

（5）安全不是一瞬间的结果，而是对系统在某一时刻、某一阶段过程状态的描述。形象地说，安全是一个关于时间的函数，是一个动态的过程。安全状态的可能性往往是通过概率统计和模糊数学来说明的。

（6）安全工作具有长期性和系统性。在生产活动的每一个环节中，都需要大量的人力、物力、设备、适宜的环境条件，还需要政治、经济、科技等因素的辅助。如果发生事故，系统内部不但受到破坏，连同其外部的环境政治因素也遭受影响。然而，人们对安全问题的认识往往是滞后的，很难提前看出安全系统中存在的各种问题。只有随着科技的进步和社会的不断发展，人们才能解决其暴露出来的旧问题，但与此同时新的问题又会产生。所以，安全工作是一个长期的过程，必须提高警惕，常抓不懈。

二、安全管理的概念及其内容

（一）概念

安全管理是指国家或企事业单位安全部门的基本职能。它运用行政、法律、经济、教育和科学技术手段等，协调社会经济发展与安全生产的关系，满足社会和个人的安全方面的要求，保证社会经济活动和生产能顺利进行。安全管理大体上可归纳为安全组织管理、场地与设施管理、行为控制及安全技术四个方面。

安全管理是企业管理的一个重要组成部分，它以安全为目的，进行有关安全工作的职能，合理有效地使用人力、财力、物力、时间和信息。

（二）安全控制

安全控制就是保护组织资产、防止威胁、减少脆弱性、限制安全事件影响的一系列安全实践、过程和机制。为了维系系统的正常运转，系统的活动均需要控制。

（三）主要内容

城市轨道交通系统安全性包括所有涉及安全方面的工作，一般也称为安全工程或安全性工程，主要内容有安全管理、安全技术、安全生产、安全保障体系、劳动保护、事故应急救援及事故调查处理等涉及系统安全的各个方面。按照城市轨道交通安全管理的基本原理和要求，城市轨道交通安全管理的内容主要包括总体管理、重点管理、事后管理。

1. 总体管理

总体管理的目的是提出一定时期的运营安全的要求。

总体管理的内容：组织管理、技术管理、教育管理和法规管理。

（1）组织管理：组织管理是指通过建立组织结构，规定职务或职位，明确责权关系等，以实现运输企业安全管理体制的正常运转。组织管理的内容是设计、建立一种组织结构。组织管理的内容有三个方面：组织设计、组织运作和组织调整。

（2）技术管理：技术管理是指在技术行业中所做的管理工作，管理者一般具有较高的技术水平。技术管理是管理者对所领导的团队的技术分配、技术指导和技术监察，为运营安全提供可靠的技术依据。管理者用自己所掌握的技术知识来提高整个团队的效率，不断吸收现代科技的先进成果，促进运营安全管理科技含量日益提高。

（3）教育管理：教育管理就是管理者通过组织协调队伍，充分发挥教育人力、物力、财力，利用团体内部的有利条件，有效地实现管理目标的过程。轨道交通的教育管理通常有安全思想教育、安全知识教育、安全技能教育和事故应急处理教育。通过日常培训和练习，使轨道交通工作人员能积极应对紧急事故的发生。

（4）法规管理：法规管理的任务是要严格按照国家规定的有关轨道交通运营安全的条文规定，对各种运输作业和制度进行完善、贯彻和落实，使轨道交通运营安全工作做到有法可依、有法必依、执法必严、违法必究。

2. 重点管理

重点管理包括人员安全管理、设备安全管理和作业安全管理。

（1）人员安全管理：人员安全管理的核心是提高对人员安全管理的水平。

（2）设备安全管理：城市轨道交通设备维修管理的核心内容是现场设备管理，是整个系统的基础。在管理设备时通常使用设备台账，其中包括设备名称、位置、型号和保修期等。当需要进行设备检查维修或设备出现故障时，能够及时准确地发现所在位置。

（3）作业安全管理：工务进行作业时，必须坚持"安全第一、预防为主、从严务实、综合治理"，当发生紧急情况时，根据实际情况，依靠各级组织的工务调度，实时控制，确保行车与人身安全。

3. 事后管理

事后管理指事务多属于突发性事件，只能通过事情发生以后的情况进行处理。事后管理是安全系统管理不可缺少的重要组成部分，主要包括事故调查处理和事故应急处理。

三、安全管理体系

城市轨道交通运营是一个复杂的联动系统，包含很多专业方面的知识。安全是轨道交通高效运营，提供安全、可靠、准点、便捷、舒适的服务的基础和保障，运营管理水平的直接体现是安全管理体系的构建和水平的高低。

（一）安全管理体系的组成

轨道交通安全管理体系包括保证系统、控制系统和信息系统，如图8-1所示，这三项系统是正常运营的前提和根本。

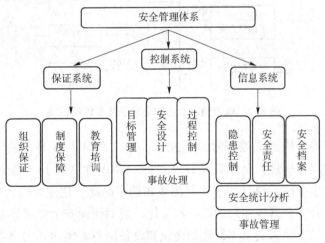

图8-1　安全管理体系组成结构图

1. 保证系统

保证系统包括组织保证、制度保证、教育保证。安全管理需要企业各层次积极有效的配合，只有这样才能实现管理制度和决策的落实。安全管理规章制度是以岗位安全生产为实施细则的，确保每个岗位都有一个明确的安全责任。安全教育和培训工作应当引起重视，掌握有关工作常识，才能避免或消除不安全行为。

2. 控制系统

控制系统能够对被控制过程中发生的实际情况进行比较和检查，并根据应当发生的理论情况进行引导和修正，确保主体在复杂多变的环境下实现目标。

3. 信息系统

信息系统主要包括：利用生产管理信息网络对安全信息进行收集和传递，建立一个安全统计分析、安全控制系统和安全责任系统等子系统，建立计算机辅助系统，建立安全管理自动化办公场所。

（二）目标和原则

城市轨道综合安全管理体系的目标是：使城市轨道交通的安全生产与管理达到预先规定的标准，使事故等级和事故频率控制在预先规定的范围内。

安全管理体系贯穿于城市轨道交通的方方面面，包括各种硬件设备、人为因素和自然灾害，各种社会政治矛盾也为城市轨道交通的安全带来了不利因素。然而，城市轨道交通运输组织专业性强、技术复杂、时效性强、客流量大，因此会造成事故救援难度增加。另外，城市轨道交通安全性低和事故的频繁发生，会降低公众的信任度，影响国家经济的发展和居民的生活。这就需要一个完整的安全管理体系机构来解决，改善城市轨道交通的安全问题。城市轨道交通安全管理体系机构组成如图8-2所示。

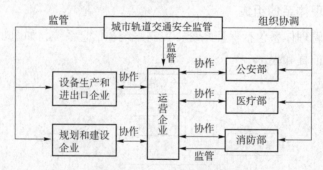

图8-2 城市轨道交通安全管理体系机构组成

近几年来，国内外轨道交通事故接连发生，2017年4月3日，俄罗斯"北方之都"圣彼得堡发生地铁爆炸事件，至少造成14人死亡。2019年3月18日凌晨3时左右。中国香港地铁中环站发生事故，两列列车在荃湾线相撞。因此，建立和完善安全措施和制度，是城市轨道交通综合安全管理体系的核心和主体。规划建设安全要求体系和设备质量安全要求体系主要是指城市轨道交通项目规划建设和设备制造必须达到安全要求，以及投入运营后一定时期内对这些要求符合程度的具体规定。

第二节 应急管理体系

一、应急的定义

(一) 概念

不管是日常生产还是轨道交通运营领域,都有突发事件的发生。发生突发事件,就要进行有效的应急处理,确保人员伤亡和财物损失降至最低。突然发生的需要紧急处理的事件通常被人们称为"紧急事件",而需要立即采取某些超出正常工作程序的行动。对于已经发生的紧急重大事件进行相应的处理,以避免事故发生或减轻事故后果的状态,称为应急,有时也称为紧急状态。如抗震救灾、应急避难等。

(二) 应急管理的阶段

针对应急管理,美国危机专家罗伯特·希斯提出了 4R 模型,如图 8-3 所示,也就是应急管理的四个阶段:预防、准备、响应、恢复。四个阶段加在一起就是一个应急管理过程。

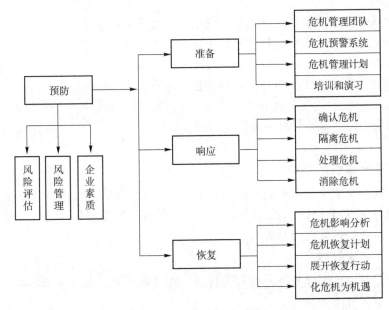

图 8-3 应急管理 4R 模型

(1) 在应急管理中,预防有两层含义,第一层是事故的预防工作,也就是通过安全技术等手段,最大限度地减少事故的发生;第二层是假定事故必然发生,通过提前实施的预防措施,使事故产生的损失降到最低,尽量减少财产的损失和人员的伤亡。预防阶段主要包括:风险评估、风险管理和企业素质的培养。

(2) 准备阶段。主要准备两个方面:第一,增加突发事件发生时可以有效利用的救援资源。第二,提前制订好应对突发事件的救援计划。准备的内容包括:组建危机管理团队、建立危机预警系统、制订危机管理计划、对全体员工进行定期的培训和演习。准备的目标是尽可能提高事故应急救援所需的应急能力。

（3）响应阶段。指在突发事件发生以后所进行的各种紧急处置和救援工作。响应的工作内容主要有：确认危机、隔离危机、处理危机和消除危机。响应的目的是通过提供疏散和营救等紧急救援功能，在最大限度上救援受困群众，保护受到威胁的乘客，进而维护人民生命财产安全和社会经济稳定。及时响应也是应急管理的主要原则之一。

（4）恢复阶段。恢复是指突发事件得到控制和消除后所采取的处理工作，恢复工作包括短期恢复和长期恢复。短期恢复应该在事故发生后立刻进行，使受灾车站或受害区域立即恢复到相对安全的状态，进而再努力逐步恢复到正常状态。长期恢复工作是在受灾严重的情况下进行的，包括车站的重建工作、设备的换购和补修。恢复阶段的工作内容主要有：进行危机影响分析、制订危机恢复计划、展开恢复行动，另外有些情况下可以将危机转化为机遇，完善城市轨道交通的建设。

四个阶段构成了一个过程，充分体现了"预防为主，常备不懈"的应急管理理念。另外，根据预案的规定，突发事件发生后，运营单位要及时通过媒体告知群众相关信息，确保不造成群众的过度恐慌。

二、应急管理

（一）分类

（1）自然灾害应急。主要包括水旱、气象、地震等灾害应急。

（2）事故灾害应急。主要包括生产企业的各类安全事故应急、交通运输事故应急、公共设备和环境污染应急。

（3）公共卫生应急。主要包括传染病应急、食品安全和动物疫情应急等。

（4）社会安全应急。主要包括恐怖袭击、霸权主义以及涉外事件应急等。

不管是哪类应急，提前做好防范措施，制订好应急管理计划，才能保证突发事件造成的损失最低。

（二）应急管理编制目的

做好城市轨道交通事故灾难的防范与处置工作，确保及时有效地处理城市轨道交通事故灾难，加强对突发事件处置的综合协调指挥，维护社会的稳定和经济的可持续发展，使城市轨道交通行业快速优质的发展。

（三）应急预案管理

应急预案就是突发事件紧急处置行为规程，在功能上要求体现职责分明、操作简单。应急预案分为以下几类：

1. 总体预案

《国家总体应急预案》中提到，要提高政府保障公共安全和处置突发公共事件的能力，最大限度地预防和减少突发公共事件及其造成的损害，保障公众的生命财产安全，维护国家安全和社会稳定，促进经济社会全面、协调和可持续发展。总体预案是全国应急预案体系的总纲，是国务院应对特别重大突发公共事件的规范性文件。

2. 现场预案

现场预案是突发事件发生时，规定现场救援人员应急救援的操作规程。现场预案应当具体简单，并且针对性要强。现场预案要求相关人员应知应会，熟练掌握，并且不管是在平时的演练中还是在突发事件中，都要做到迅速反应、正确处置。

3. 专项预案

专项预案指国务院或地方人民政府的有关部门、单位根据其职责分工，为应对某类具有重大影响的突发公共事件而制定的应急预案。专项预案是针对具体的事故类别、危险源和应急保障而制定的计划或方案，是综合应急预案的组成部分。专项预案的制定应有明确具体的应急救援措施。

（四）应急管理的规定

按照《城市轨道交通运营管理办法》的有关规定，城市人民政府指定的城市轨道交通主管部门应当会同有关部门制定处理突发事件的应急预案；城市轨道交通运营单位应当根据实际运营情况制定地震、火灾、浸水、停电、反恐、防爆等分专题的应急预案，建立应急救援组织，配备救援器材设备，并定期组织演练。

三、突发意外事故

（一）事故等级标准的确定

按照事故损失及对运营造成的影响和危害程度，将事故分为特别重大事故、重大事故、较大事故和一般事故四个等级。

1. 特别重大事故

在运营工作中，造成以下情况之一的为特别重大事故：造成 30 人以上死亡、造成 100 人以上重伤（包括急性工业中毒，下同）、造成 1 亿元以上直接经济损失。

2. 重大事故

在运营工作中，造成以下情况之一的为重大事故：造成 10 人以上 30 人以下死亡、造成 50 人以上 100 人以下重伤、造成 5 000 万元以上 1 亿元以下直接经济损失。

3. 较大事故

在运营工作中，造成以下情况之一的为较大事故：造成 3 人以上 10 人以下死亡、造成 10 人以上 50 人以下重伤、造成 1 000 万元以上 5 000 万元以下直接经济损失。

4. 一般事故

未构成较大以上事故的为一般事故。

（二）安全事故类型

城市轨道交通安全事故及灾害是指在运营过程中发生的人员伤亡及系统运营受到严重影响的事件。由于城市轨道交通有很多不确定性，安全事故频频发生，并且往往是几种灾害同时发生。所以，城市轨道交通安全中心应该将安全风险防范工作放在重中之重的地位。根据城市轨道交通中事故灾害的性质，安全事故主要分为列车事故、火灾事故、恐怖袭击、自然灾害和系统水灾。

1. 列车事故

列车事故是指由于操作不当、通知不及时或信号设备故障，列车出现了相撞、脱轨，进而人员伤亡、运营中断等。历年来发生的代表性列车事故如表 8-1 所示。

表 8-1　城市轨道交通列车事故一览表

事故时间	事故地点	事故后果
2006 年 10 月	意大利	列车追尾死 1，伤 236 人
2009 年 10 月	法国	巴黎列车脱轨，伤 36 人
2017 年 2 月	美国	纽约地铁出现三起意外事故，2 名男子被压死，1 名男子严重受伤
2017 年 11 月	新加坡	地铁追尾 28 人受伤
2019 年 9 月	菲律宾	马尼拉城市轻轨 2 号线列车相撞，伤 29 人
2017 年 12 月	印度	新德里首条无人驾驶地铁试运行撞墙
2019 年 3 月	中国香港	两列列车试车期间发生碰撞

2. 火灾事故

火灾事故是对城市轨道交通造成影响最为严重、危害最大的一类事故。历年来发生的较严重的火灾事故如表 8-2 所示。

表 8-2　城市轨道交通火灾事故一览表

事故时间	事故地点	事故后果
1983 年 8 月	日本	名古屋变电站起火，3 人死亡，3 人受伤
1999 年 10 月	韩国	火灾致 55 人死亡
2006 年 7 月	美国	芝加哥列车脱轨起火，14 人受伤
2017 年 4 月	俄罗斯	圣彼得堡发生地铁爆炸事件 至少造成 14 人死亡
2017 年 9 月	英国	伦敦帕森格林地铁站发生爆炸，29 人受伤

3. 恐怖袭击

恐怖袭击主要有人为纵火、携带管制刀具恶意伤人、投放毒气手榴弹等。历年来国内外发生的恐怖袭击如表 8-3 所示。

表 8-3　国内外城市轨道交通恐怖袭击一览表

事故时间	事故地点	事故后果
2000 年 11 月	德国	杜塞尔多夫车站炸弹袭击，伤 9 人
2001 年 9 月	加拿大	毒气袭击，伤 40 余人
2003 年 2 月	韩国大邱	人为列车纵火，死 192 人
2004 年 1 月	中国香港	人为列车纵火，伤 14 人
2005 年 7 月	英国伦敦	连环爆炸，死 56 人，伤百余人

4. 自然灾害

自然灾害主要是由地震、海啸、台风等引起城市轨道交通的停运或造成重大损失的灾害。历年来国内外发生的典型自然灾害如表 8-4 所示。

表 8-4　国内外城市轨道交通自然灾害一览表

事故时间	事故地点	事故后果
1985 年 9 月	墨西哥墨西哥城	地震，地铁侧墙与地层结构出现分离破坏
1995 年 1 月	日本神户	地震，使 5 座车站、3 km 隧道遭到严重破坏
2001 年 9 月	中国台北	台风，使台北捷运高架线路长时间停运
2007 年 7 月	中国重庆	雷击，供电设备破坏，区间断电
2007 年 8 月	美国纽约	雨水倒灌，使多条地下线路淹没

5. 系统水灾

内部管道漏水、破裂或地下结构的破坏导致出现水淹车站的事故。历年来国内发生的代表性系统水灾如表 8-5 所示。

表 8-5　国内城市轨道交通系统水灾一览表

事故时间	事故地点	事故后果
2005 年 4 月	上海	河南中路站管道破裂渗水，四号出入口封闭超过 2 小时，部分商铺受影响
2008 年 3 月	上海	泡沫塑料堵塞下水道，地面严重积水，4 部电梯停运
2008 年 7 月	北京	雨水倒灌进入车站，停运 3 小时

第三节　安全技术

一、列车与车站安全技术

（一）列车安全技术

1. 列车车门安全

列车车门用于乘客上下列车，车门的数量、高度等都决定了乘客乘降的速度。由于列车车门数量多且开关频繁，故障率相对较高，会给城市轨道交通安全运营带来很大影响，而列车车门出现故障时，会延误列车运行及乘客出行，给城市轨道交通运营企业造成负面影响。列车故障开门或开门运行则可能造成乘客掉落轨道。遇紧急情况车门不能及时打开，乘客不能快速疏散，将会带来数以万计的经济损失。所以说，列车车门的安全性对安全运营意义重大，直接决定了乘客安全和行车安全。

（1）驾驶室侧门：驾驶室侧门用于驾驶员出入驾驶室，与客室侧门有所不同，如图 8-4 所示。驾驶室侧门从驾驶室内、外都能使用钥匙打开和锁定。驾驶室侧门未关好时，列车不能启动牵引，这就进一步保障了列车的发车安全。驾驶室侧门两侧应设有扶手，方便驾驶员从轨道旁直接进入驾驶室。驾驶室侧门上安装有玻璃窗户，用于驾驶员探出头观察车外情况，对紧急情况及时做出相应措施。

图8-4　驾驶室侧门

（2）驾驶室通道门：列车驾驶室与客室之间设有连通门，其净开宽度不小于550 mm，高度不低于1 800 mm。驾驶室通道门上安装有仅能从驾驶室察看客室的观察孔，便于观察乘客的乘坐状况。该门通常使用机械锁进行锁闭，防止乘客误入驾驶室，威胁到行车安全。在客室一侧，驾驶室通道门可以使用钥匙打开，也可以使用紧急手柄打开。紧急手柄通常位于驾驶室通道门上方，在紧急情况下，乘客可以根据标记的操作方法，自主打开通道门，进入驾驶室通过紧急疏散门逃生。紧急手柄在正常情况下不准使用，应标注警示通告。

（3）紧急疏散门：根据有关规定，在未设安全通道的线路上运行的列车两端应设紧急疏散门，如图8-5所示。当列车不能运行，客室侧门又不具备逃生条件时，就可以启用驾驶室前端的紧急疏散门，保证列车具有紧急疏散乘客的能力。紧急疏散门通常安装在驾驶室正、副驾驶台中间的前端墙上。门扇的开启方式一般也有两种：一种是向车外侧开启，另一种是向车外顶部开启。

图8-5　列车紧急疏散门

紧急疏散门安全要求：
①紧急疏散门应有锁闭装置。分开式的紧急疏散门、门扇和疏散通道应分别安装锁闭

装置，防止在列车运行过程中自行打开。

②疏散通道两侧应提供扶手，以便适合各个年龄段的人员在紧急情况下安全通行。

③疏散通道的走行表面应进行防滑处理。

④疏散通道的坡度应适当，长度应满足安全到达轨道和安全达救援列车的要求。

⑤疏散通道的载荷强度应能承受最大实际人数而无永久变形。

⑥紧急疏散门平时不得随意开启。

⑦驾驶室控制台上应能显示紧急疏散门的开启或关闭状态。

⑧紧急疏散门要求结构简单、易于操作，开门所需的力要小。

（4）客室侧门：客室侧门应数量充足、分布均匀、净开度大。一般情况下，每节车厢每侧有 4~5 个门，如图 8-6 所示。客室侧门的净开度不小于 1 300 mm，高度不低于 1 800 mm。客室侧门的开闭指令只能来自运行驾驶室（紧急开门指令除外），可以由驾驶员手动控制，也可由 ATC 自动控制。列车运行时，车门被锁闭，只有当列车速度为零时，驾驶员才能从驾驶室打开车门；车门没有关好时，车门不能锁闭，且不能运行发车。驾驶室有控制客室两侧车门开关的按钮，当车辆进站时，只可开关同侧车门。每个客室侧门车体上装有指示灯，车门打开时指示灯点亮，车门关闭时指示灯熄灭，车门处于移动状态时指示灯闪烁。

图 8-6　客室侧门

2. 列车广播安全

列车外部显示设于列车两端，循环显示目的地、列车号等信息。媒体显示器用来播放乘车须知、目的地、到站信息、广告等。动态地图显示器实时显示列车运营路线、列车运行方向、列车始发站与终到站信息。工作人员通过列车内监控摄像头、控制中心、车站、驾驶员实时观察车内情况，及时发现安全隐患，如图 8-7 所示。

图 8-7　列车广播室

（1）控制中心向列车的广播：控制中心有无线调度台，车站有无线电台，列车安装有车载无线电台，有关人员配备无线电台，以便实现通信。控制中心与驾驶员之间的通信是调度员向驾驶员发布指示，驾驶员同时向调度员汇报列车有关情况。车载无线电台具有与列车有线广播设备的接口，驾驶员可以操作相关按钮，使信息从车载无线电台传入列车有线广播设备。

（2）驾驶室向客室的自动广播：自动报站装置根据预先录制储存的音频信息，实现驾驶室向客室的自动广播，两列车重联运行时，由受控驾驶室对两列车的客室进行广播，及时向乘客播报终点站、前方停车站和开门侧等信息。列车驾驶员可以根据实际情况设定起点站和终点站，也可以根据实际情况选择信息对乘客进行播报。

（3）驾驶室向客室的人工广播：当自动广播故障时，列车驾驶员可以对乘客进行人工广播，两列车重联运行时，由受控驾驶室对两列车的客室进行广播。人工广播需要使用普通话，口齿清楚，内容简洁。

（4）驾驶室之间的内部通信：列车首尾驾驶室之间能够进行内部通话。当两列车重联运行，四个驾驶室之间能够互相通话。当前端驾驶室故障、施工或救援时，列车可推进运行，这时前端驾驶室必须有引导员监控列车运行，并随时与其他驾驶室保持联系。救援列车连挂故障列车推进运行时，驾驶员可以在前进方向的救援列车前端驾驶室驾驶，故障列车前端驾驶室应配备驾驶员或引导员协助瞭望，并保持通话顺畅。当驾驶室之间无法实现内部通话时，前、后端驾驶员应携带无线手持电台进行联系。

（5）驾驶室与客室的紧急通话：列车的每个客室内都安装有紧急通话装置，具有双向通信功能，驾驶员和乘客之间能够相互通话。紧急通话装置的按钮一旦被按下，驾驶员立刻收到报警信息。若几个紧急通话装置的按钮被同时按下，系统将进行排队处理。驾驶室具有立即识别报警车辆的功能，驾驶员能够查阅报警信息来自哪节车厢。紧急通话装置的种类较多，操作方法各异，应在旁边标注使用说明。由于该装置大多数情况下是提供给乘客在紧急情况下使用的，操作步骤应简要清晰，防止复杂说明造成使用不当，延误处理紧急事件。

（二）车站安全技术

1. 站台屏蔽门安全

屏蔽门作为轨道区和站台的屏障，安装于站台的边缘。屏蔽门有一定的硬度、刚度和抗疲劳强度等技术参数的要求，不能因人员挤压而变形或破碎，并且其强度要求应满足全年运行。屏蔽门应进行必要的防漏电处理，避免乘客因触碰而触电。屏蔽门应采用安全钢化玻璃，避免因紧急情况造成人员伤亡。

屏蔽门分为全高屏蔽门和半高屏蔽门两种类型，全高屏蔽门又分为全高封闭式和全高非封闭式，如图8-8、图8-9所示。全高封闭式屏蔽门用于地下车站，其特点为从地下到顶棚为全封闭。其优点是减少车站空调能耗，防止乘客落入轨道，降低列车噪声，减少隧道活塞风吹吸乘客；全高非封闭式屏蔽门用于没有空调系统的地下车站，空气可以在轨道与站台之间流通。半高屏蔽门用于地面车站与高架车站，门体高度不小于1.2 m，造价低、维护成本低。全高非封闭屏蔽门与半高屏蔽门的主要作用是保证乘客安全，所以也称安全门。

2. 电梯安全

电梯用来方便乘客进出车站、乘坐列车。步行楼梯应保持畅通，不能堆放任何杂物，

图 8-8　全高封闭式屏蔽门

图 8-9　半高封闭式屏蔽门

除供乘客上、下楼，必要时能提供紧急疏散的条件。电梯主要有垂直电梯、自动扶梯和楼梯升降机三种，用来使乘客方便地上、下楼，同时能提高车站效率。自动扶梯同样可以作为事故疏散通道。

当遇到紧急情况时设于车站控制室的综合监控后备盘（IBP）能够监控电梯运行状态，必要时可以紧急停止电梯的运行。图 8-10 所示为电梯紧急停止按钮。

图 8-10　电梯紧急停止按钮

3. 车站紧急停车按钮

当列车运行遇到乘客落入轨道，继续运行会危及行车及乘客安全时，乘客可以通过按压紧急停车按钮来使列车紧急制动停车，避免造成更大的损失，如图 8-11 所示。

紧急停车按钮被按压后，进入限速区段的列车会紧急制动。岛式站台的有效停车范围为按压侧站台的一条线路，双岛式站台外侧的有效停车范围为被按压侧的一条线路，双岛式站台内侧的有效停车范围为中间两条线路，侧式站台的有效停车范围为两侧站台间的两条线路。

图8-11　站台及车内紧急停车按钮

触发按钮后，对应站台的出站信号机及所有通向该站台进路信号机不能开放，如果已经开放，将立刻关闭。

紧急停车由信号设备集中站控制室恢复，如所在站不是信号设备集中站，由所属控制站恢复。紧急停车恢复后，管辖范围的紧急停车限制被解除，列车恢复运行。

4. 车站应急照明

照明可分为正常照明、值班照明、过渡照明和应急照明。

正常照明是指在正常情况下使用的室内外照明；应急照明是指因发生紧急情况导致电源失效而启用的照明；值班照明是指非工作时间为值班设置的照明；过渡照明是指为减少房屋内部结构与外界亮度差过大而设置的亮度逐次变化的照明。

应急照明包括备用照明和疏散照明，正常情况为交流供电。交流电失效时，其自动转换为蓄电池供电，直至交流电恢复。应急照明供电时间不小于60 min，由其他照明情况转换为应急照明的切换时间不能小于5 s。

备用照明用于确保正常活动继续进行，车站控制室、站长室等应急指挥场所的备用照明照度不小于正常照明照度的50%，其他工作场所的备用照明照度不小于正常照明照度的10%。

疏散照明帮助人们在火灾浓烟中辨认正确方向，提高逃生效率。疏散照明由出口标志灯、疏散照明灯和指向标志灯组成。出口标志灯设于通向外界的应急出口处的上方。指向标志灯设于楼梯口、自动扶梯、站台、站厅。疏散照明灯设于站台站厅、自动扶梯、楼梯口、疏散通道、安全出口、房间通道等处。这些应急照明大大提高了城市轨道紧急疏散效率，能极大程度地减少人员伤亡和财产损失。

二、消防系统管理

城市轨道交通车站空间狭小、人员密集，一旦发生火灾，烟雾不易排出，难以辨认方向，疏散困难，消防车辆及装备难以靠近火灾现场，大大增加了灭火难度。因此，城市轨道交通需要高度重视自身消防系统的建设和完善。

城市轨道交通的消防系统包括火灾自动报警系统、自动灭火系统、消火栓系统和灭火器。自动灭火系统又包括高压细水雾自动灭火系统、自动喷水灭火系统和自动气体灭火系统。自动喷水灭火系统会使地面湿滑，会对人群造成二次伤害。高压细水雾自动灭火系统目前在城市轨道交通中的应用尚不广泛。自动气体灭火系统是目前城市轨道交通行业应用较为普遍的灭火系统。

（一）火灾自动报警系统

火灾自动报警系统是一种自动消防设施，如图 8-12 所示，它可以通过探测器实施反映烟雾和热量的变化，从而确定火灾发生的地点，进行警报并控制消防栓自动灭火。它也可以联合防烟排烟系统、照明系统、应急广播系统，实现对火灾应急的安全控制，其在火灾事故中发挥着重要的作用。

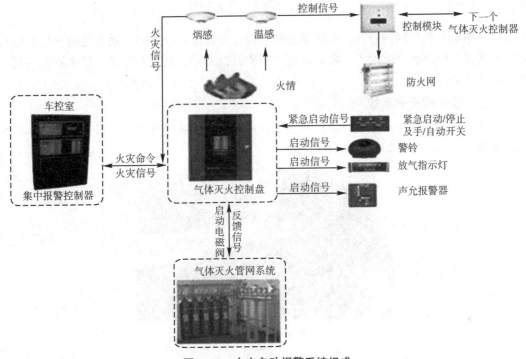

图 8-12　火灾自动报警系统组成

火灾自动报警系统分为中央级和车站级两级，中央级设置在控制中心，与各车站、车辆段的火灾自动报警系进行连接，实现对全线消防设施的监控管理。车站级通常设在车站控制室和车辆段，与中央级火灾自动报警系统连接，记录火灾信息并报送中央级。

值班室、办公室、走廊应设火灾探测器，设有气体自动灭火系统的房间应设两种火灾探测器，长度超过 60 m 的出入口通道应设火灾探测器。

（二）气体自动灭火系统

当像变电所、环控电控室、仪器精密，设备复杂、环境封闭等场所不宜用水灭火时，气体自动灭火系统就发挥了重要作用，如图 8-13 所示。

气体灭火系统同样具有自动报警和自动消防的功能，尤其是对无人看守的设备房等非常有效。气体自动灭火系统采用全淹没灭火方式，要求防护区的空间密闭，以保证在规定的时间内喷放规定用量的灭火剂能均匀地充满整个防护区。但是受灭火剂来源限制，防护

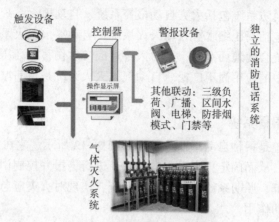

图8-13　气体自动灭火系统

区的门必须能从防护区内打开，向疏散方向开启，并且能自行关闭。缺点是防护区的硫气体自动灭火系统不能持续灭火。防护区有火灾声音报警器，火灾发生是通过声音及时提示人员撤离或防火。

（三）消火栓灭火系统

消火栓灭火系统使用方便、价格便宜、灭火效果好、适用范围广，是目前城市轨道交通最基本的灭火设备，如图8-14所示。

图8-14　消火栓

消火栓灭火系统分为室外消火栓系统和室内消火栓系统。室外消火栓通常在建筑物外，用于消防车取水，也可以直接连接水带、水枪灭火。室内消火栓用于建筑物内部灭火，安装在室内的消火栓箱内。车站出入口应设置室外消火栓，地下车站、地面车站等应设置室内消火栓。

消火栓系统由消防给水系统和消火栓等组成。车站消防水源来自市政给水系统，市政给水系统水量足、效率高等特点足够缓解地下车站消防用水压力，地面及高架车站需要通过消防泵增压来满足消防用水需求。

三、环境控制系统

环境控制系统主要应用于地下车站。由于地下车站埋深较深，空气不流通，其环境相较于地面有较大的差异，所以通过环境控制系统来改善地下车站的环境。

地铁列车的运行、旅客聚集和各种设备的运转等会发出大量的热量，并且地下环境潮湿，乘客呼出大量的二氧化碳，都会使空气变得污浊，使环境沉闷，进而影响乘客的心情。而城市轨道交通的地下线路除出入口、排风口等通风道口与外界连通外，基本上与外界隔绝，仅依靠出入口和风道口通风并不能达到改善空气环境的目的，所以环境控制系统就成为改善地下车站环境的必要系统。

（一）环境控制系统的功能

环境控制系统具有控制空气温度、空气流速、空气湿度和噪声等环境因素的功能，为乘客和工作人员营造安全舒适的乘坐环境和工作环境，并为满设备的正常运转提供必要的条件。

由于城市轨道交通地下线路走向一般沿着城市道路，风口设于人群、机动车密集处。引入的新风中含有粉尘和有害物质，环境控制系统需要进行有效过滤。城市轨道交通车站是人群大量聚集的公共场所，病菌传播速度较快。为此，环境控制系统还应具有杀菌的功能。

环境控制系统有三方面的功能：一是正常情况下，对空气进行降温、通风、除湿、滤尘和杀菌；二是区间或站内发生火灾时，进行排烟与通风；三是列车阻塞在区间隧道时，保证阻塞处有效通风。设置环境控制系统时，必须保证系统局部失效时，整体功能仍可维持在适宜的水平，满足乘客呼吸的基本需要，并在条件允许的情况下适当提高舒适度。

（二）正常工况的环境控制系统

环境控制系统分为通风系统和空调系统，为了降低成本、节约能源，通常优先采用通风系统，环境控制系统主要由地下隧道区间通风系统、车站站厅和站台通风与空调系统、车站设备及管理用房通风与空调系统组成，车站站厅和站台通风与空调系统也称环控大系统，车站设备及管理用房通风与空调系统也称环控小系统。

1. 地下隧道区间通风系统

地下隧道区间空间狭长，列车在隧道高速运行时会产生活塞效应，形成活塞风。活塞风不消耗任何能源，是由列车带动产生，考虑资源的充分利用，优先采用活塞通风，如图 8-15、图 8-16 所示。当活塞通风不能满足排热要求或布置有困难时，设置机械通风系统。

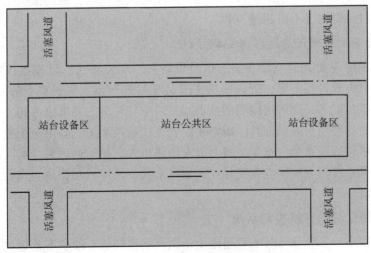

图 8-15　双活塞风道

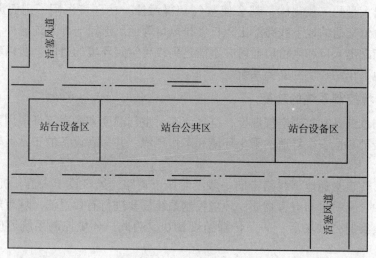

图 8-16　单活塞风道

活塞通风不能满足要求的情况主要有三种：

一是活塞效应产生的换气量有限不满足排除热量的要求；二是活塞风道过长，活塞效应失效；三是周边环境影响活塞风道的修建。

隧道夏季的最高温度标准为：列车不设置空调时，不得超过 33℃；列车设置空调、车站不设置屏蔽门时，不得超过 35℃；列车设置空调、车站设置屏蔽门时，不得超过 40℃。当隧道温度过高时，必须对隧道进行冷却通风。为了不影响列车运行，冷却通风一般在夜间进行。

2. 车站站厅和站台通风与空调系统

当通风系统达不到空气环境标准时，设置空调系统。设置空调系统的具体条件如下：夏季当地最热月的平均温度超过 25 ℃，且地铁高峰时间内每小时的行车对数和每列车车辆数的乘积大于 180。地下车站通常同时设置通风和空调两种系统，两种系统共用一套风管系统，但运行时用的设备不同。

地面车站和高架车站一般采用自然通风，采用通风系统时，最高温度不应超过 35 ℃；采用空调系统时最高温度不应超过 30 ℃。

3. 车站设备及管理用房通风与空调系统

车站设备用房主要有通信设备室、信号设备室、环控机房、环控电控室、牵引变电所、压变电所、电源设备室等，管理用房主要是车站控制室、值班室、备品库、会议室、更衣室、清扫工具间等。这些房间因用途不同，对空气环境的要求也不同。

地下车站的各类用房应根据其使用要求设置机械通风系统。地下牵引变电所和降压变电所应也设置机械通风系统，设备运转时散发的热量大，使用通风系统难实现或不够经济时，可设置冷风系统。卫生间应设置独立的通风系统，采用机械排风、自然进风，所排出的气体宜扩散。

（三）事故工况的环境控制系统

地下空间狭小，发生意外时疏散通道少、撤离路程较长，使乘客难以逃生。火灾产生的烟雾由于散发出口少不能及时排出，积聚在一起，使能见度降低，大大提升了逃生的难度，因此环境控制系统在紧急逃生中起到了至关重要的作用。地下车站及区间隧道内必须设置防烟、排烟与事故通风系统，使人、烟分流。

1. 列车阻塞在区间隧道的通风

由于非火灾因素的故障，列车停在区间隧道不能继续运行，称为列车阻塞在区间隧道。此时，乘客将会滞留在车内或者向外疏散，无论是哪种情况，乘客都将在区间隧道停留一段时间。在这段时间内，列车由于停车失去了活塞效应，隧道活塞通风终止，列车空调还会停止运转，然而列车等设备还有乘客，还在散发大量的热量，还在不断呼出二氧化碳，造成空气污浊。为了使乘客呼吸到新鲜空气，在这种情况下需要开启隧道两端车站的事故冷却风机，一端车站向隧道送风，另一端车站从隧道向外排风，如图 8-17 所示。

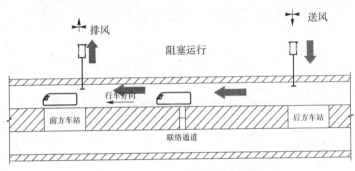

图 8-17 区间隧道通风示意图

2. 区间隧道发生火灾的通风排烟

区间隧道发生火灾有两种情况，一是列车着火，二是隧道设施着火。列车着火时，应尽量运行至前方站，方便乘客疏散和组织灭火。然而列车被迫停在隧道时，需要立即在隧道疏散乘客。不论哪种情况，都需要迅速开启排烟系统，改善空气环境，避免威胁乘客的生命安全。

具体方式为：采用推拉式排烟，一端车站送风，另一端车站排烟，要迎着多数乘客疏散方向送风，背着多数乘客疏散方向排烟。决定从列车头部排烟还是尾部排烟，要根据疏散方向和着火位置。列车头部着火，乘客只能向列车尾部方向疏散，这时需要由后方车站迎着乘客送风，前方车站排烟，如图 8-18 所示；列车尾部着火，乘客只能向列车头部方向疏散，这时需要由前方车站迎着乘客送风，后方车站排烟，如图 8-19 所示；列车中部着火时，乘客只能向两端车站疏散，由于靠近车站一端的乘客能很快疏散到站，考虑大多数人的安全，由远端车站送风，近端车站排烟。

3. 车站发生火灾的通风排烟

站厅发生火灾时，火灾探测器报警，进出口自动检票闸机全部开放，关闭屏蔽门，将气体灭火系统置于自动位，将环境控制系统设为站厅火灾模式进行排烟，开放站厅排风和站台送风，形成站台送风。新风来自两个方向，站外新风从出入口流入站厅，站台新风从楼梯口向上流入站厅。这时，车站应组织乘客向出入口方向疏散。

站台发生火灾时，启动站台火灾模式进行排烟，形成站厅送风、站台排风的气流，利用压差原理防止烟雾扩散到站厅，如图 8-20 所示。

设备和管理用房发生火灾时，由于情况不同，通风排烟的方式也不同。有气体灭火系统的房间设有机械通风系统，送风管和排风管上装有防火阀，气体灭火时防火阀关闭，灭

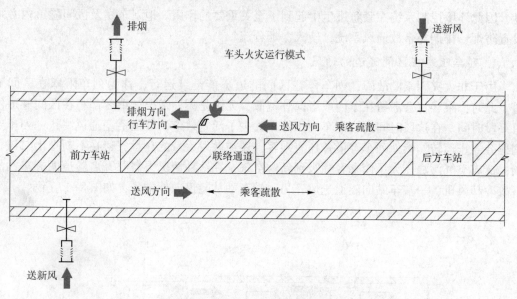

图 8-18 车头着火通风情况示意图

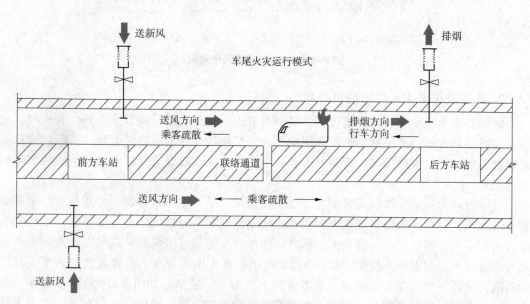

图 8-19 车尾着火通风情况示意图

火完毕后，打开排烟系统，将气体直接排出地面。没有气体灭火系统的房间发生火灾时，使用灭火器灭火，并关闭送风管防火阀，使排风管处于开启状态，以便及时排烟。

（四）环境系统的控制

地下区间隧道和车站的通风系统采用中央控制、车站控制和就地控制三级控制。地下车站设备及管理用房通风与空调系统采用车站控制、就地控制。中央控制设于控制中心，对全线环境系统进行监控，使全线的环境系统协调运行。

车站控制设于车站控制室，对本站及其管辖区间的环境系统进行监控，便于迅速处理车站的特殊情况。就地控制就是在各环境系统的电源控制柜处操作控制按钮，用于检测调试，具有优先权。

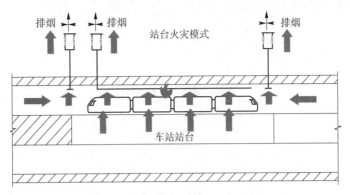

图 8-20 站台着火通风情况示意图

习 题 ▶▶ ▶

1. 城市轨道交通项目在安全管理方面具有哪些特殊性?
2. 管理对运营安全的重要性体现在哪些方面?
3. 什么是系统安全分析?
4. 试对一个你熟悉的城市轨道交通系统产品进行初步安全分析并识别隐患。

参 考 文 献

[1] 蒋阳升. 城市轨道交通概论 [M]. 北京：人民交通出版社，2014.

[2] 王明生. 城市轨道交通概论 [M]. 北京：人民交通出版社，2012.

[3] 张风琴，王绍军. 城市轨道交通概论 [M]. 北京：高等教育出版社，2020.

[4] 兰云飞. 城市轨道交通站务管理 [M]. 北京：北京交通大学出版社，2014.

[5] 林瑜筠，柳灵国. 城市轨道交通信号施工 [M]. 北京：中国铁道出版社，2021.